本书由上海适达公益基金会赞助出版

特奥口述史
Special Olympics Oral History

总主编 廖 梅

这一次 请听我说

特奥运动员领袖卷

本卷主编 蔡丽娟

上海人民出版社

谨以此书向致力于
促进智力障碍人士的尊严和社会包容、创造更美好世界的
个人和机构致敬

To people and organizations dedicated to promoting dignity and
social inclusion of persons with intellectual disabilities and a better
world for all

总 序 一

国际特奥会主席 蒂姆·施莱佛博士

50 年前，一项运动诞生了。

1968 年 7 月 20 日，第一届国际特殊奥林匹克运动会在美国伊利诺伊州芝加哥市战士体育场举行，来自美国和加拿大的 1 000 位运动员参加了比赛。如今，在世界各地，每天都有 108 000 余项运动和比赛正在上演，吸引了超过 500 万运动员。

特奥的历史广阔而深邃，由数百万个人的故事构筑而成，讲述了我们在 172 个国家的成长历程。这是变革的故事：家庭如何从自卑到自豪，运动员如何从面对不公到通过快乐找到公正。这是被告知"你不行"到向世界展示"我可以"的故事。

我们集体的故事编织在一起，创造出一幅美丽的包容之锦。

特奥中国是我们第一个到达 100 万名运动员的成员组织，并继续成为我们在全球的最大家庭成员。这个国度各地人民的故事，印证了为智障人士打开机会之门，是一件多么惊人的工作。愿这些规则改变者激励新一代——融合一代——在这一基础上再接再厉。

总　序　二

国际特奥会东亚区前总裁　顾抒航

我首次接触特殊奥林匹克运动是在 1999 年，当时国际特奥会、民政部和上海市民政局一起筹划做一个大型宣传活动，呼吁领导人和社会各界支持特奥运动和智障人士，将中国的特奥运动员人数从 5 万名发展到 50 万名。我非常荣幸受到时任上海市民政局局长施德容先生的邀请，作为志愿者帮助策划上海站的筹款活动。转眼之间我与特奥结下渊源已经 19 年了。从一名志愿者，到参与 2007 年上海世界夏季特殊奥运会，在组委会里负责开幕式、筹款、火炬跑，再到 2011 年正式加入国际特奥会组织，担任东亚区总裁，我从各个角度体会到了这项工作的意义与艰辛，同时也从各个维度看到了智障人士在学习、生活和工作中所面临的挑战。

无论是作为社会参与者还是专职工作者，我必须说，中国各级政府和社会中坚力量对特奥运动非常支持，也十分理解智障人士亟需解决的问题是融入社会。

基于这一认知，在过去 20 年里，中国的特奥运动员从 5 万发展到了近 120 万。其中相当一部分参与基层特奥运动，少部分参加全国运动会乃至世界运动会。

在我担任国际特奥会东亚区总裁时，承蒙教育界专家和中国残疾人联合会的支持，特奥的课程进入了全国近 2 000 所特教学校，让社会通过体育运动看到智障人士的能力，并愿意接纳他们。

鉴于亚洲教育的特殊现象，融合教育难以真正在主流学校发展，我们在整个东亚区推出了融合学校的项目，让普通学校和精英学校的同学们与特教学校的特奥运动员一起开展体育运动，增进友谊，同时也让未来的社会引领者更早了解到特殊人群的需求。

虽然因 2007 年世界夏季特奥运动会在中国举办，特奥的知晓度得到了前所未有的提高，但是我们与特奥家庭成员或者特教学校老师交流，依然发现他

们充满各种无奈，生活中满是困惑。当历史学者廖梅博士提出要做一套特奥口述史来纪念特奥 50 周年时，我特别赞同。智障人士因自身特点，无法表达自己的心声；监护人、家长、老师或者朋友、同事也没有更多渠道去分享大家的感受和经历。关于特奥运动的记录，在本书之前大多来自官方记录和新闻报道。因为口述史和特奥口述史项目，首次有了智障人自己记录下来的历史。50年前尤尼斯·肯尼迪·施莱佛夫人成立特奥会，便是希望通过这项运动向世界证明，所有像妹妹罗斯玛丽·肯尼迪这样的智障人士都应该得到社会的基本尊重和接纳。50 年后的今天，这套特奥口述史除了记载中国特奥发展中的点滴故事，更向社会发表了一项重要的声明——智障人士同样应该成为历史的一部分。

在本书的筹备过程中，我有幸参加了一些访谈活动，再次遇到了让我灵魂为之震撼的特奥运动员家长，也被一直致力于为智障人士提供平等机遇的普通人感动着。我相信这套口述史不仅仅是对过去的回顾和总结，更是翻开了特奥发展史的新篇章。

祝愿特奥事业蒸蒸日上，也感谢每一位为之付出辛勤劳动的参与者。

总 序 三

廖 梅

一

1941 年，23 岁的年轻姑娘罗斯玛丽突然从家中消失了。

兄弟姐妹们不知道她的去向。此后二十多年里，她似乎是一个不存在的人。

罗斯玛丽是约瑟夫·肯尼迪和罗斯·肯尼迪的第三个孩子，第 35 任美国总统约翰·肯尼迪的妹妹，出生时因为缺氧而导致智力障碍。此时，她被送往威斯康星州的一家天主教修道院，由专人照顾。她的父亲再也没有去看望过她。

1960 年代，罗斯玛丽的妹妹尤尼斯·施莱佛夫人在自家后院发起"施莱佛训练营"，带领智障孩子们进行各种体育活动。她立志帮助罗斯玛丽回归肯尼迪家庭，帮助无数像罗斯玛丽一样的人们回归美国社会，结束另一种意义上的"种族隔离"。

这是国际特奥会主席蒂姆·施莱佛在《让生命闪耀》（*Fully Alive*）中讲述的家族故事。蒂姆出生时，罗斯玛丽已成为施莱佛家的常客，一起打牌、游泳、散步，"家人们终于见到她了，美国人民也见到她了"。

邀请那些似乎在公共场所不存在的人，那些总是躲在帘幕后面的人，走到前台，和公众分享自己的人生故事与生命体验，让社会听见智障人士的声音，这就是"特奥口述史"的初衷。

二

现代口述史学发轫于 1948 年的美国。目前，全球范围内的人物口述史在两个领域非常发达，一是精英阶层，一是弱势群体。

口述史的最大特征是主观性，即口述史描述的世界是透过讲述者的眼睛看到的世界。

精英人物往往参与重大历史事件，其口述回忆除了展现个人生平和思想外，还为重大事件和相关知名人物的活动提供细节补充。在研究精英人物个人思想时，其口述史是重要的一手资料。在研究历史事件时，由于记忆误差等主客观原因，精英人物所讲述的史实，必须与现有文字材料或他人口述互证，才值得采信。因此，作为补充性的二手史料，口述史具有天然缺陷。

以往，普通人物很少为官方文档所记载。19 世纪以前的历史，可以说是英雄的历史。二战以后，英美学者受到社会史思潮和平权运动影响，开始研究农民、工人、妇女、少数族裔等普通人物和弱势群体，兴起了普通人物和弱势群体的口述史。这些口述史的主要目的，不是为重大事件补充现有文献记录，即不是作为二手史料存在，而是作为理解弱势群体本身的一手材料而诞生，通过口头讲述，让文档未曾记录的社群进入人类记忆，多角度、多层次构建全民历史。因而，口述史又被称为"人民的史学"，被视为是一场追求社会平等的运动。口述史所具有的主观性，恰恰契合了弱势群体研究的需求——真实反映弱势群体的生命体验及其对外部世界的主体认知。一言以蔽之，将口述史用于弱势群体，能够最大限度发挥口述史的特点。

在国内，近年来，知青、抗战老兵、农民、手艺人、少数民族妇女等普通人物和弱势群体的口述史陆续出版，学界、文化界、新闻界、机构厂矿纷纷开展口述访谈。作为蓬勃发展的新兴学科，或者说工具，口述史正在轰轰烈烈开疆拓土。目前，国内尚无残疾群体口述史问世，国外亦无智障人士口述史问世。"特奥口述史"的出版，填补了这一空白，开山辟路，抛砖引玉，希望引起全社会对残疾群体的关注。特奥口述史，不仅记录了特奥运动的璀璨瞬间，也记录了智障人士漫长的人生跋涉和独特感受，呈现智障人士家庭的生活全景。同时，通过智障人士家庭的反馈，帮助人们更好地审视特奥运动以及公共政策对于社会发展的影响与作用。

三

智障人士的亲朋好友，特奥运动的参与者，从边城到北京的残疾事业从业者，或多或少都比较了解智障人士的生活状态和面临的挑战。各大学各机构从事相关研究的专家学者，对于智障群体的困境和未来，也有着十分深刻的解读与展望。

然而，大多数普通民众，没有机会了解智障群体。这一隔膜可能造成恶性循环：父母害怕智障孩子受到伤害，将孩子关在家中。普通民众少见智障人士，在公共场合偶遇一位，便投以猎奇、害怕或厌恶的眼光。不友好的目光刺伤父母，更不愿带领智障孩子出门。

事实上，很多民众只要大致了解智障人士家庭的状况，都会伸出鼓励之手。家长为了锻炼孩子的协调性，为孩子报名游泳班遭到婉拒，站在一旁的游泳教练主动提出无偿教授孩子学习游泳。不知名的公交司机和售票员，看到母亲常年抱着孩子求医问药，或是细心为母子留座，或是特意不收车费……这样的故事大约每个智障人士家庭都能讲出一二。

无知导致恐惧和歧视，沟通带来理解与融合。

当智障人士的家庭以朴实无华的方式，向社会讲述自己的挣扎与奋斗、悲伤与欢笑，必将让更多民众对智障人士的生活感同身受，推动社会和智障人群的交流与互助。

智障人士家庭能够为社会带来什么？带来坚韧、担当和爱。体育项目有世界纪录，若人类的感情世界亦有世界纪录，这个纪录的保持者就应是智障人士的家人，残疾人士的家人。许多家庭所经历的长期的痛苦和折磨可以说触及人类的极限。他们的故事让普通人领悟，人类有着强大的精神世界，有着无限延伸的忍耐力，有着钢铁一样坚强的意志，有着不求回报、源源不断的爱。他们如同榜样，鼓励人们"勇敢尝试，争取胜利"。他们的情感经历是人类重要的精神财富。

智障人士家庭促使人们发掘自身美德，完善自我建设。孟子认为，人天生携带四种善良美好的种子：恻隐之心、羞恶之心、恭敬之心和是非之心。后世儒家追求的修身和教化，便是将内心深处这四棵小苗培育成参天大树。智障人士、弱势群体，以及所有需要包容、帮助、奉献乃至牺牲的人与事，为人们提供了成长的契机，在不断的拷问、内省和磨砺中，人们发掘并涵养同情心等美德，成为具有人道主义精神的现代公民。

智障人士家庭帮助人们培养平等、宽容的理念。一位中学教师从自己智障孩子身上懂得，并非每个学生智商皆高，她从不歧视能力差的学生，最终把一个乱班带成了地区先进集体。智障人士有智力障碍，普通人也不是十全十美，有人学不好数学，有人害怕交际，有人动作慢……每个人都有某些"障碍"，难以弥补。换一个角度考虑，这些障碍，也许并非弱点，而是另一种存在形

式。面对障碍，是隐藏还是接受？是歧视还是宽容？物理学告诉我们，能量是守恒的，不会消失，只会从一个物体转移到另一个物体，或者从一种形式转化为另一种形式。我们对待智障人士的方式，很可能形成某种社会风气，最终成为别人对待我们自身障碍的方式。设身处地，推己及人，由人及己，智障人士家庭让我们学会平等和包容。

智障人士家庭、残疾群体促使社会更加关注个人福祉，引领人类的福祉事业不断前行。与普通人相比，残疾人士在生理和心理上需要更多关怀，残疾人事业的唯一服务对象就是人，积累了大量对人本身的探讨。随着科技进步，简单劳动逐渐被人工智能取代，很多传统岗位销声匿迹。一方面，机器解放了人力，让人类有时间发展自我；另一方面，机器也夺走了人类的工作，迫使人类开发新工作。这些新工作的目的，极大可能在于满足日益多元的个体发展的需求。因而，在未来，福祉事业会成为人类的主流事业，而始终埋首于个人福祉的残疾人事业将成为当之无愧的开拓者和领路人。

在受惠于智障人士家庭的同时，社会又能为智障人士家庭带来什么呢？毫无疑问，带来鼓励、支持与发展。普通民众了解智障人士家庭的人生故事和独特需求后，将学会如何与智障人士交流，如何有的放矢帮助他们。所谓有的放矢指的是，过度的关爱和包办会阻碍智障人士的自我成长，最好的帮助是既能提升智障人士的生存质量又能促进个人能力的发展。比如，智障人士经过训练，可以提高认知和动手能力，志愿者和公益组织可围绕这一目的开展活动；智障人士需要鼓励，需要与社会交往，机构学校举办年会和庆祝活动时，可邀请同社区的智障人士前去表演；智障人士能够从事简单劳动，希望越来越多的企业分割出这部分工作，雇用更多的智障员工，等等。

我们生活在同一个地球，相濡以沫，共建家园。促进人们相互理解，成为彼此成长的养分和前进的动力，这是"特奥口述史"的第二个目的。

四

"特奥口述史"于2016年6月启动。计划在3至4年时间内，出版9卷口述史作品，包括就业卷、特奥运动卷、特奥运动会运动员卷、特奥运动员领袖卷、特奥家庭领袖卷、特奥体育教练卷、特殊教育学校校长卷、特奥志愿者卷和安养卷。其中特奥运动、特奥运动会运动员、特奥运动员领袖、特奥家庭领袖等4卷，主人公都是积极参与特奥活动的家庭。就业卷和安养卷虽然与特奥联系较弱，有些受访者可能从未涉足特奥活动，但是他们代表着智障人士群体的两个极端：前者基本融入普通人的社会生活，属于智障群体中发展最好的人士；后者独自在家，与社会隔绝，是融合程度最低的群体。因而，我们也将这两个群体纳入口述史，希望尽可能广幅地展现智障人士的整体面貌。体育教练和特殊教育学校校长卷，收录的是参加特奥运动的普通专业人士。教练和校长长期与智障孩子们一起学习、活动，熟谙智障学生和特奥运动员的成长经历，他们将帮助读者从相对宏观的基层教育者、管理者角度，来审视特奥运动在中国的发展壮大和国家各项政策的变迁进步。志愿者卷收录的志愿者，既不是智障人士的家属，也不是残疾事业从业者，他们各有本职工作，满怀理想与爱心，利用业余时间参与特奥活动，反映了现实社会的文明进程。

每一个案的口述史由访谈和观察两部分组成，并附有照片。智障人士家庭口述史的访谈，包括对智障人士家长、本人及其老师、同事的访谈，观察为对智障人士一天活动的客观记录。残疾事业从业者的访谈，包括对从业者及其家人、同事、学生的访谈，观察为对从业者某一时间段内活动的客观记录。

口述史文本采用问答体，不采用第一人称叙述，以便最大可能还原访谈现场。

小括号（）内的文字记录受访者的表情和举止动作。中括号〔〕内的文字为记录者添加的内容。

根据受访者和家长意愿，人物或使用真名，或以姓名的拼音代替。

所有主访谈都经过受访者审阅。有些内容在访谈者看来，真实反映了智障群体的现状处境，但由于受访家长不愿公开，我们尊重家长意愿，做了删节处理。

感谢所有参与特奥口述史项目的家庭和访谈员，感谢提供支持的学校、企业和机构，众人拾柴火焰高，是大家的共同努力，促成了口述史的顺利问世。

感谢特奥口述史团队的成员：国际特奥会东亚区前总裁顾抒航女士、曹忆菊女士、刘卫萍女士、沈澄女士，她们为口述史的动员、组织付出了辛勤劳动。特别是曹忆菊女士，全程协调各方关系，随时提供中英文咨询，效率惊人。

感谢哈佛大学法学院残疾人项目中国项目主任崔凤鸣博士给予中英文方面的专业指教。

感谢上海人民出版社总编辑王为松先生，当我们提出出版智障人士口述史的愿望时，他没有询问任何细节，立刻表示接受。他的果决、信任和支持，鼓

励我们将特奥口述史做成一套高质量的作品。

　　我们热切期盼更多机构团体加入弱势群体的口述史事业。当拥有足够多的口述样本时，可以建立中国智障群体生活数据库。如果将口述史推广到其他残障群体，发起视障、肢障、听障、言语障碍和精神障碍家庭口述史，就可以设立分类口述史数据库，最终形成中国残障人士生活数据库，这对政府建设的残疾人数字数据库将是一个很好的感性补充，也必定会加快社会和残障群体的融合。如果其他国家和地区亦建立残疾人生活数据库，未来，人们就可以在全球合作的平台上，切磋琢磨，取长补短，加强人与人之间的相互了解，推动人类的全面发展。这个前景激动人心。

目　录

本卷主编的话

蔡丽娟

1968 年 7 月 20 日，首届世界夏季特殊奥林匹克运动会在美国芝加哥举办，自此到 2019 年 3 月 14—21 日阿拉伯联合酋长国阿布扎比夏季特殊奥林匹克运动会为止，特奥运动会已经走过半个世纪的春秋，一共举办了 15 届夏季特奥运动会，11 届冬季特奥运动会。今天，特奥运动会成为了一项全球性运动，举办地遍布北美、欧洲和亚洲。中国上海市在 2007 年 10 月 2 日—11 日举办了第 12 届夏季特奥运动会。

最初，它只是尤尼斯·肯尼迪·施莱佛（Eunice Kennedy Shriver）女士的义举。可以说，是她的远见和对公正的追求使得她的义举发展成为全球范围内特殊奥林匹克运动。20 世纪 50 年代和 60 年代初，施莱佛女士在目睹了智障群体受到不公正和不公平的对待时，决定采取行动帮助他们。为了解决智障儿童缺乏玩耍之地、生活闭塞的问题，她在自家后院为智障儿童举办夏令营，并提出：我们的目标是了解这些孩子在体育和其他活动中能做什么，而不是想着他们不能做什么。她在关注智障儿童方面的开拓性工作得到北美地区有仁爱之心人们的支持，芝加哥市特殊儿童慈善机构（Special Children's Charities）和麦克修建筑公司（McHugh Construction Company）的合伙人杰克·迈克修（Jack McHugh）成为 1968 年首届特奥会的捐款人。为了纪念特奥运动的诞生和所有前驱者的贡献，2018 年至 2019 年，特奥会在全球各地举行了 50 周年庆祝活动。

尤尼斯·肯尼迪·施莱佛在 1968 年芝加哥首届国际特殊奥林匹克运动会上，把她最初的倡议变成行动，提出了特奥口号："让我赢。如果我赢不了，就让我勇敢地去尝试吧。"[①] "赢"体现了奥运的拼搏精神，"尝试"则体现了

---

① 原文为 "Let me win. But if I cannot win, let me be brave in the attempt." 又译为"勇敢尝试，争取胜利"。

特奥的"运动"和参与精神。这一精神在特奥会徽标中得到很好的诠释：通过参与游戏和活动，帮助智障儿童发展运动技能和手眼协调能力，在"运动"中"给所有孩子快乐和幸福"；以此为基础，培育运动员的社交技能，获得"成长、自信"的体验，情感和心理上的支持，并建立起自尊；特别是学习如何遵守规则，以适应社会需要，实现融入社会的目标。特奥运动旨在通过体育、教育和社区建设方面的规划，解决智障人士面临的缺乏活动、孤立和不公正待遇的问题，释放社会的友善和关爱。可以说，特奥运动会超出了体育赛事本身，它推动了不同国家和地区在解决智障群体的融入方面进行变革，以使越来越多的智障人士能够充分参与社会活动，更多、更好地被社会接纳。特奥会有一项特殊规定，即特奥虽然以国家或地区作为参赛单位，但运动员取得奖牌时，不会像奥林匹克运动会或残疾奥运会那样奏国歌、升国旗，因为特奥会认为，国籍在该运动会中的地位并不是最重要的，重要的是"体现和谐、融合、参与"。特奥运动会的举办让全世界共同行动起来并达成共识，要使智障群体更高程度地融入社会，需要全社会的爱心、包容和接纳，给予障碍人士平等参与社会的权利。

在特奥运动员的激励下，特奥会对"领袖"的含义也有了新的理解。很多时候，由于社会或者家庭的消极态度和低期望值，智障人士没有机会展示他们作为"领袖"的潜力。因此，特奥会借助特奥运动这一平台，在体育运动中创造环境，让有自我展现意识的特奥运动员释放潜力，获得自信。特奥会东亚区的资深官员认为，"在活动上发言、分享，做活动的志愿者，做理事会、委员会的委员，做教练员、裁判员或助理教练员、裁判员，协助组织开展特奥活动等"，都属于运动员领袖的范畴。无疑，特奥运动员领袖在特奥运动中宣传特奥运动、传播特奥理念方面起到的作用无可替代，他们用自己的行动向全社会证明了自己，也为其他的智障人士家庭带来希望。

本卷收录了十五位特奥运动员领袖及其家庭的访谈。透过他们的叙述，我们看到了特奥精神的实现，他们在家庭、社会和政府的帮助之下，获得了"自信"，建立起自尊，成功地融入社会。

在访谈中，我们也深切感受到智障人士家庭所经受的精神上的痛苦、磨难，带孩子求医问药的艰辛。同时，也被他们最后选择坚强面对而深深震撼。尽管智力上存在障碍，但是，在家庭和社会的帮助下，智障人士找到了自己的位置，从特奥运动和作为运动员领袖的经历之中建立起自信心。令人欣慰的是，十五位特奥运动员领袖通过自己和家庭以及社会各方的努力，融入社会生活之中，成为自食其力的人。他们之中有些人拥有属于自己的家庭生活，如肖昆、陈聪、王安；还有些运动员因为在特奥运动中的优异成绩而成为家庭的骄傲，如 C 先生；上海的罗亮更担负起照顾父母的重任。更重要的是，作为特奥运动员领袖，受到特奥精神的鼓舞，他们积极主动宣传特奥运动，为同属于智障群体的人们服务。武汉的寸晖在雅典特奥运动会上夺得三枚金牌，用自身的优异成绩践行、宣传超越自我的特奥精神；杭州的陈聪作为特奥运动的信使，在把特奥运动、运动员与社会连成一体方面起到了纽带作用，在世界舞台上向全世界展示特奥运动员的风貌；H 当上了学校电视台的主持人。

本书访谈的十五位特奥运动参与者只是智障群体中的少数代表，但是他们的经历和取得的成绩却能给许多智障人士家庭融入社会带来希望，也给政府和社会在对待和解决这一群体的生活方面的困难提供了借鉴和模式。在我国，尽管智障群体及其家庭越来越被社会关注，社会保障和救助工作也在逐步完善，但是就业、安置和社会保障方面力量非常薄弱，智障人群及其家庭的现实需求与社会保障之间的矛盾突出。尽管大众对于智障群体的包容度越来越大，但是智障人士的就业率仍然低于 10％。这无疑是一个社会问题，也需要各级政府和社会有切实的应对措施。受访的十五位特奥运动员领袖及其家庭，也对未来的生活保障表现出了强烈的担忧，他们不仅就业率低，就业的范围还非常狭窄，大多是图书馆图书整理员、超市货物整理、工厂配件组装工等。针对智障人群的融合教育和支持性就业模式可能成为解决他们未来生活保障问题的有效途径。

无疑，使智障人群摆脱与社会隔离的局面，融入社会，不只是智障人群家庭的责任，也是全社会特别是政府的责任，只有形成全社会对智障群体生活关注的长效机制，形成全社会对其接纳和理解的优良环境，本卷口述所反映的家长普遍对未来的忧虑才会得到彻底解决。

对十五位特奥领袖及其家长的访谈分别由十九位访谈者完成，时间跨度从2017 年 8 月到 2019 年 9 月。运动员领袖所在地分布在北京、杭州、昆明、哈尔滨、武汉、上海、西安、温州等地。本卷访谈按照特奥运动员年龄从长至幼排序。文中所附照片都来自受访者本人或其父母，并得到授权；有些文稿遵从受访者的意愿，未附照片。

光明拨开了迷雾

——肖昆父亲肖中林口述

肖昆，男，1985年出生。独生子女。智力障碍三级。毕业于北京市宣武区培智学校。2016年8月入职北京市希尔顿酒店。

口述者：肖昆父亲肖中林
访谈者、撰稿者：周蒙蒙
访谈时间：2017年8月16日、8月21日
访谈地点：北京市西城区牛街咖啡厅、肖家

慢 性 子 孩 子

问：请问您和您妻子是怎么认识的？

肖父：当时我在陕西延安插队，我爱人在541厂工作，回北京之后有些邻居给我们介绍的，也就是通过相亲结识。我们1983年结婚，只有肖昆一个孩子。我一直在管理岗位，她也是，而且她既是行政干部又是技术干部，就觉着我们两个各方面都挺好的。结婚一年之后，1984年有了孩子，肖昆是1985年4月份生的。

问：什么时候发现孩子有些问题？

肖父：出生时没有发现问题，只是觉得他比别的孩子慢。发现他有问题还是在考小学的时候，大概七岁。小孩子入学要报名，带着孩子先到旁边离我们最近的一个学校，当时叫菜园街小学，考试的老师来给我单独说，你的孩子我们不能接收，因为别的孩子能接受的东西他不能。他们收录孩子也有个标准，就觉着肖昆不符合他们的标准，说你最好带着孩子去做一个检查。当时国家还没有规定学校必须接收所有适龄儿童，她说你要找北京的其他学校，据说有特殊教育学校、智力障碍学校，叫培智学校。当时我挺恼火的，我不相信，这孩

子虽然说有些地方成长得比较慢，但也不会像他们说的那样有什么问题，就连小学都不能录取，当时我很不能接受。

问：是有些难以接受。

肖父：是的，挺反感的。后来也没办法，这眼看着别的孩子都上学了，我就开始找那几个学校，那时候不叫特教学校，叫培智中心、培智学校。找找找，就找到珠市口那边，宣武区的培智学校。

问：您找学校之前没有到医院里面去给他检查吗？

肖父：没有检查，因为到医院里面，好多医院都不知道检查什么，说我们看的是病，你说这孩子有什么不舒服的我们可以鉴定一下，但是孩子表面看着没什么外伤，当时还没办法鉴定，鉴定不了。最后实在没办法就找那个学校去了。

问：就在培智学校上的小学吗？

肖父：对，从那一直上到底，到这学校之后就没上过其他学校，小学、初中都在那上的。九年义务教育，九年一贯制，只要进了学校，九年就都在那个学校，就在那上完了学。

问：大概多大年纪离开培智学校了呀？

肖父：他离开培智学校应该是在 2011 年、2012 年这段时间。他是 1992 年上的学，到 2012 年吧，就是二十年。

问：您到 1992 年才给他做伤残鉴定？

肖父：是的，当时也没说肖昆是几级，没有分级这一说，只是有一个 IQ 值。分三方面的能力确定，他的是三级。

问：您跟阿姨看到这个结果，一定特别难过。

肖父：有点天塌了的感觉，不知道怎么办了。

问：那您跟阿姨接受肖昆的情况大概用了多久呀？

肖父：两年，两年之后就接受了。他这两年一到特教学校，我就把我的主要工作精力都拿出来，放在孩子身上，照顾孩子。去研究、去探讨、去了解，我四处找资料。另外呢，和一些心理医生咨询一些问题，再有就是和这些特教学校、培智中心里边的校长老师聊天。

喜 欢 音 乐

问：上学还顺利吗？

肖父：还算是比较顺利的，九年义务教育学习中和学校的关系、和老师的关系处理得还算比较融洽。

问：上学是自己去还是需要护送？

肖父：他去上学和放学都是我去接送的，学校太远了。他一直在这个学校上学，从1992年到这个学校，一直到他去孔乙己〔餐饮有限公司〕上班，都是在这个学校里面的。他二十岁的时候就能自己去上学，我们就不陪着了。但是也有些社会上的人啊，那些年轻人抢他东西，这种事情有。他当时也是挺害怕、挺恐惧的，回来之后，躲在一边不说话。我问他怎么了，问很久才说，一说就哭，说碰见一个人怎么怎么样了，把他什么东西给抢走了。他没有离开学校之前都是我陪着的，他大概是二十六七岁的时候毕业的。

问：肖昆的教育您花了很多心血吧？

肖父：嗯，我辅导的比较多。他妈妈以做饭为主，我就是辅导作业。带着他出去是我的主要任务，凡是社会活动我全带着他。我从来不怕别人说这说那，嫌弃他，〔如果〕嫌弃我带着孩子，那下次你别叫我了。我会讲点他能接受的，就比如这个字，他说这字我记不住，我就说这个笔画像个什么，那个笔画像个什么，就是教幼儿的方式，慢慢地引导着。主要是采用一种引导，强制灌输的也有，一开始就是强制灌输。

问：肖昆在培智学校时有喜欢的课程吗？

肖父：他那时候呀，想上的课一个就是儿歌，另外一个就是律动课，就是动作有规律的这些，还有一些体育课，像拍拍手呀，这些有规律的。他也喜欢画画，但就是瞎画。他不喜欢老师教的，比如画一片树叶怎么画，一朵花怎么画，他就是心里想怎么画就怎么画。九年义务教育出来之后，1996年到1998年那段时间，2000年之前，从律动的基础上我发现他对音乐很感兴趣。

问：他喜欢音乐是吗？

肖父：嗯，也可能是受家庭的一些影响吧，我原来是做这方面工作的，所以家里这方面的资料比较多，乐器也有。别的你看打针不管用，输液、吃保健品都没用，我感觉音乐能起到作用。就是音乐会让他平静下来，我到外边演出，参加音乐会，都带着他。

问：您原来也是学习音乐的吗？

肖父：我以前在陕西歌舞团表演乐器，铜管乐。

问：他现在呢，现在还喜欢吗？

肖父：现在还是挺喜欢的，他能够说出他喜欢的音乐乐种和器乐的名称，和在这个领域谁演奏得最好，谁是大师，历史上有些什么，他都知道。他会弹奏一些曲子，会吹小号，会吹葫芦丝。音乐这一块吧还是挺喜欢的。

新 的 活 法

问：什么时候了解特奥会的？

肖父：大概是 1996 年、1997 年，经过一个朋友介绍，说是有一个美国的团体，专门针对智力障碍的人的一个团体。我说，哎呦，这还真好。

问：嗯，当时也挺感兴趣吧？

肖父：不是一般的感兴趣，这是新的一页，一个新的活法，一个新的社会，确实是一种光明，就是拨开迷雾的那种感觉。哗，前面看到一道亮光，那种感觉。不夸张地说，这十几年了，走得都是迷迷瞪瞪、昏昏沉沉的，看不见光明。我们一听到特奥会这个信息，我就觉着，那真是春雷一声的感觉。

问：什么时候开始知道并接触特奥的？

肖父：那时候没有什么室外活动，大部分都是些家长论坛啊。一开始都是成立相关的组织，搞个集会啊、亲子活动啊。1998 年的时候搞活动我就带着他去了。竞技活动应该是 1999 年开始接触的。那个时候各个学校都把参加活动作为一个奖励，老师喜欢你就让你去参加特奥活动，你就是特奥运动员，不是普及的活动。搞什么活动，没有一个〔大家都能报名〕参加的流程呀什么的。我的孩子那时候能去参加这些活动呢，是因为我是家庭支持网的发起人之一，我去组织的活动都带着他，这也是特奥活动的一个内容嘛，就是非体育性的，当时的口号就是"高兴、快乐每一天"。

一开始也有体育比赛项目，同时跟进的还有一个非体育项目，就是运动员计划。这个孩子特别有这方面的热情，希望去参加，所以打完了球就去，但是到了关键时候他又胆小，不知道怎么表达，他们本来表达也有缺陷。一上去紧张得不知道说什么，喊了一句口号就下去了，这种环境下的反应我觉着是这些孩子应该有的，如果出口成章那就不是他们了。从这点来说，我觉着特奥改善了我们的社会环境，但是还没有真正发扬它的精神。

问：他刚开始是参加特奥的什么项目呀？

肖父：那时候家长论坛、集会、亲子活动什么的比较多，只要带着他去到这环境当中就可以了。在这环境中没有人批评他，没有人欺负他，而且人们都在他们面前示好，所以他们感觉特别好。

问：肖昆参加亲子活动一般会干些什么？

肖父：他比较喜欢参加些运动会，参加家庭领袖计划，参与者能够互相表述，做一种分享性交流。

问：他刚接触特奥的时候有什么困难呢？

肖父：我接触特奥会之后的第二次活动，就是按着特奥会的要求，我们全国各地的家长组织成一个家庭支持网，当时叫作家庭支持联络网。一开始就误认为是我们现在用的这种无线网络，感觉比较虚，后来才明白其实不是，就是一个互相联络的家庭组织。意思就是说我们属于同一个家庭，有一个共同的话题，一种心理上的支持。北京的家庭组织，我是初期的一个参与者。我们三名家长一起组织起来的这个家庭亲友会支持网，真的是付出了很多的心血。那个时候只要我们想到的就去组织，把家长组织在一起，本身也没有什么主题和目标，一开始的愿望就是想着家里面的这些事跟谁都没法说，你跟亲友说吗？跟街坊说吗？跟同事说吗？人家还笑话咱的，没人能听我们的，说了他们也不明白，时间久了就老在心里面压抑着。我们就想咱们谁也别笑话谁，找个地方互相吐露（倾吐）一下，再到后来就提升为分享，一开始就是坐一块，互相说说，吐吐苦水，哭一哭鼻子什么的。

问：当时感觉说出来之后心里没那么大压力了，是吧？

肖父：嗯，没那么大压力了，就觉着倾诉、发泄一下，今天心情就放松了很多。那时候我的想法一直比较超前，我们是想借助这个外来力量、外来理念来开拓一条路，这条路是什么呀？就是解决这孩子的将来。因为我知道对于这孩子，凭我们家庭的能力，我们在世的时候肯定没问题，但是我们不在的时候，谁来替我们承担这些？就是很担心我们不在的时候怎么办，那时候很多家长还没有到这一步。那个时候，我们这些家长都不敢说是组织，意思就好像是你搞什么东西，弄不好就是传销，别人都会另眼相待。有人就会觉着，你闲着没事敲人家门去干什么呀？有些家长都不支持，会把我们轰出去，不让我们进门，骂我们说："你能给我孩子买饭吃吗？你能给我孩子解决工作吗？解决不了那你就走！"

问：当时想的都是很实际的问题？

肖父：是的，"我孩子今天没衣服穿了，你明天给我拿一点来还是帮我买点啊？"当时大家对群体的心理需求、精神的支持还是很少关注的，更多的是物质的需求。那时候最大的困难就是没有场地，想组织些家长出来坐在一起，没地方啊。找残联，也不是说不让用，关键是你拿不出一个名头来让残联支持你的活动。最后没办法，我们在歌厅里给50块钱开两个小时。后来我们就去

歌厅里面，一般都是上午，因为上午空闲、便宜，很多时候都是我自己出50块钱买一个地方。不像现在搞一个活动，残联什么的还给你提供一个地方，当时根本就不行。

问：您对肖昆他们开展活动发挥的作用也挺大的吧？

肖父：嗯，在北京市是这样，从跟北京市智协、中国残联的第一次合作开始。当时保龄球在社会上还是挺有影响的，大家也都挺喜欢的，所以就联系了这么一个场地，带他们去训练（哈哈哈哈笑）。他们那时候参加比赛，具体什么时间我给忘了。

问：现在残联很支持了，是吗？

肖父：现在的支持就是说你需要做这个活动了，他给你提供一个场地，一个正常的服务，比如开水呀，这些对我们来说已经很不错了。但真正说起来支持还没有达到那个标准，和以前比是进步了，从原来不关心到现在你符合标准就欢迎你们。

问：肖昆有没有参加过特奥训练啊？

肖父：参加过各种球类的训练。比如说高尔夫球、足球、篮球，他都喜欢。更有一种荣誉感，他在东亚区韩国参加高尔夫球的一个活动，回来就跟别人说，你去过吗？我去过，我在那参加什么什么了，有一种成就感和荣誉感，这个对于这些孩子很需要。但是不同的年龄段有不同需求，像现在肖昆三十几岁了，他需要的就不是这些光环上的东西，这是他二十几岁的需求。现在肖昆，我感觉他的纠结就是一事无成。

这么多年，奖章奖牌弄那么一大摞，光奖牌上百个，这些东西在他生活中起到的一个作用就是增加了他的自信心，这是特奥给他的一片蓝天。在这个基础上应该有社会的接纳，给他在延续性上创造一个新的方式。说起来他三十多岁了，搞对象也是困难重重，经常上当受骗；工作做的是自己不愿意做的；特奥会想参加参加不了；有些东西自己想写出点做出点，但是又不具备那个水平。他也说我这三十多岁了，我四十多岁、五十多岁怎么办？一直这样的话我这辈子就完了。

问：肖昆一般都会参加什么比赛呀？

肖父：他会参加各种比赛，在全国各地搞的，带有主题的他就参加了好多，那个时候几乎一直都在参加。像刚刚咱们说的，2006年还是零几年，具体时间我记不着了，在韩国有一个高尔夫球邀请赛，他拿的是银牌；还有一个个人的是什么我给忘记了；还有2007年的上海特奥会，拿的奖项也挺多的。

关键有时候对于他拿奖牌这个事我也不是很在意。我就觉得参加完这个活动之后，这孩子像是被打了鸡血，小胸脯挺得很自信，两眼放光。这正好是一个可塑造、可利用的好时机，但是我们的能力跟不上。他们有那种表现那种需求，如果我们把这块抓住，把这些东西利用起来就很好。

慢慢地年纪大了，很多事情都记不清楚了。不过现在很多活动都是政府组织的，也有东亚区，或者各个省市协会组织的。所有的活动那时候肖昆都去参加了，因为他没有固定的职业。

问：他去韩国参加运动会还有很多照片吗？

肖父：嗯，有很多，就那段时间比较多，几乎每天都有活动，那时候我的想法比较活跃，我想用我们家长和这些心智障碍者一起来促进社会进步。

问：肖昆去参加比赛，您和阿姨去过吗？

肖父：去过，牵扯到管理问题，不能让家长陪伴那我们就不去了，如果说不牵扯到管理问题我们就去。

问：他自己去的话，您和阿姨放心嘛？

肖父：一开始的时候不放心，慢慢他通过参加活动提高了，我们也就放心了。

问：运动员领袖也需要自身具备一定的优势吧？

肖父：也会考虑到先选拔一些比较优秀的、有纽带作用的。肖昆他能起到这个作用，他上去之后会把这两天听到的一些表达出来，传递给那些没去的同学。也是特奥的组织者和学校的领导看到肖昆具备这个优势，他才进入了运动员领袖计划。没进入运动员领袖计划之前，他就有高尔夫球、足球等的一些训练，他一开始就会打一些球类的运动。下课之后会很自觉地去训练，也是出于一种喜欢。我感觉这对于孩子是一个发展的必经之路，有意无意地我就从家长这个角度多给他创造一些机会，哪里有活动我就尽量带他去，哪怕我请假也带他去。

问：特奥运动员领袖需要做些什么呀？

肖父：特奥运动员有一个演讲，稿子一开始是我们家长、老师帮助完成的，后来就发展成他们自己说出一些话，我们帮他们调整一下错别字，语法上提高一下，基本都是他们心里想表达的。我觉得不管是从家庭还是社会各方面给他们锻炼的机会还是比较少的，所以让他们完全独立地说出自己的主观愿望、诉求的话还是存在困难。有时候一想起来就说，呀，这句话没说到，当时怎么就断片了？还是给他们锻炼的机会太少了。

如果说他们代表的是学校，他的这个发言稿就是学校给起草的，老师交给他们去读、去念。我们一直期望的就是他们自己说自己的话，要启发他们，给他们提供一个表达想法的平台。如果说大家把发言这件事抛开来看，不牵扯到某个单位，什么面子呀都给断开，就是去锻炼他们，也是改变我们对他们的看法，能做到这点就太好了。但是这个路也挺漫长的，从那个时候我四十几岁开始到现在六十几岁，我都六十七岁了，有些事情上没有进步，还是原地踏步。

　　他现在还看书，有些是歌词呀什么的。我们家接触特奥会之后，我觉着特奥会宣传的就是平等，一般情况下很少限制他做什么事情。我作为家长，指导性地给他提供一些建议，你应该多了解哪些，少关注哪些。至于他具体怎么做我不太去强迫他。三十多岁了他再怎么有问题，也应该有自己的想法，只是说走对走错就看他的运气了。现在他看什么书也好、做什么事情也好，我们是出于一种指导性的，不再去强制要求他，终归社会上很多东西是抗拒不了的。

　　但是这里有一个特别实际的问题，随着年龄一天比一天大，他要吃饭啊，我们两个人是退休的，原来上班工作养活他是应该的，等到我们退休了，他也是三十岁的孩子，他怎么办？按现在这个社会来说，就是跟我们生活的社会没有对接上，他年龄大要生存，就得把喜欢的特奥会的活动放到一边去，找一个他力所能及的，能够接受他的地方挣一些钱，他也有这个生存的需求。我们家里面不嫌弃他，但是这孩子自己就流露出来，他也有一种我应该去创业、不应该一直在家里面的念头。

　　特奥活动能参加也特别好，这环境对他永远是友好的、接纳的。直到现在一提起特奥活动他就难受，眼圈一红一红的。他有时候还问我，如果有可能的话我还能参加这些活动吗？我说能参加，只要这吃饭生存问题能解决就没关系。现在有好多机构单位都是民营的个体的，他想请两天假参加这些活动去，有可能是你请两天假回来单位就不要你了。他挣钱虽然不多，那是他一个工作，比如说肖昆现在在希尔顿酒店，他是属于客房部，就是整理机器洗出来的东西、卧具、厨具给整理一下。请两天假再回来，人家说我这儿找了新人了，您别来了。所以他再愿意参加也不敢去。

　　问：他也没时间，但其实心里是很想去的？

　　肖父：是，很苦的，这孩子虽然说现在大了有好多朋友，但是他内心里面也跟着他的年龄一天天大了。了解的事越多，自我情感需求上也一天天扩大，社会提供不了。他又喜欢这样，就离不开这块。表现在我们身上，就是这么多年，我们对于特奥平台理念的接受，对新生活新理念的接受，一点都不少，都很接受。我们希望社会也有一个共同的理念，希望社会给他们一个宽松的环境，但这是社会问题了。

我们对残疾人的政策不能光局限于一种形式上的，现在残疾人保障金这块，属于强制收缴，但是收缴的这些钱用到哪了？分配的方式，我觉着要公开，否则就会感觉这些钱没有真正用到残疾人身上。如果说你按照收缴的比例来给残疾孩子，〔给〕这些单位提供相关的一些补贴，单位也会支持他们参加活动的。你完全有这个能力，就说没有人去想去设计这些。把对弱势群体对残疾人的概念转为社会共同关心的问题，这就是责任人、责任方要关心的，应该考虑的，不是我们自然人家长能做到的。家长能做的也是很有限的，是很基础的。

问：他会考虑到今后的问题？

肖父：会的，这些孩子有共同点，同时每个人又都是一个个案，你用千篇一律的方法也不可以，但是他也有这方面的需求。回过头来看，特奥精神我总觉得它很简单，就是改变他们原来胆小懦弱、不敢面对社会、不敢面对自己的状态，而更重要的是改变我们，改变我们的社会和我们政府的行为，这是特奥的核心精神所在。

爱憎分明　关心同学

问：肖昆喜欢跟小朋友一起玩吗？

肖父：嗯，不太喜欢，他一开始还可以。我说的这个一开始呢并不是一个时间段，是同一个孩子刚接触的时候，他可以在一起，他也有一个新鲜感。但是过了那一段时间，几分钟之后，他就自己玩自己的，人家玩人家的了。一开始，他还能把自己的玩具给别人玩，但是过不了几分钟，你再抱着让他去玩，他就不去了。所以小时候肖昆是跟家人接触得比较多，跟小朋友接触的时间比较少，主要就是托儿所的这些朋友。

问：在培智学校上学期间，肖昆跟同学之间处得怎么样呢？

肖父：他和同学沟通交流有他自己独特的一种方式，说的好像不是很多，但是互相之间的交流方式会比较一致。你看九几年的同学，有好多直到现在还联系着呢，还在来往。现在的交流方式不一样了，打电话发微信都在联系，都

是他原来在学校里面认识的同学。他跟这些孩子交流，就是有点儿记忆，不在乎别人谁说他什么了，也不在乎别人把他怎么样了，根本就不放心里去，他觉得别人都挺好的，他们之间的这种相处也挺简单的。我们家的生活条件好一点，他就可以把他的鞋啊、衣服帽子什么的给他认为和他好的，缺这些东西的就给他们了。肖昆也挺有爱心的，回来了再跟我说，再让我去买。我说你那帽子呢，他就说给了春城了。

问：您当时会生气吗？

肖父：我不生气，我觉得这点是一个进步。一来可能因为家里边条件好，也不在意；二来我希望我的孩子是这么一个关心别人的孩子。所以我看到这点还是挺高兴的。

问：肖昆小的时候，阿姨和您陪伴他的时间多吗？

肖父：嗯，基本上都是我们给带大的，老人都没带过他。

问：请谈谈照顾他的一些情况。

肖父：就是衣食住行。在家吃饭、上卫生间、穿衣服，或者外出超市购物什么，都是一直带着他。在学校里边呢，学校也不让咱陪着，给他送到学校，我们回家。事情该做的做了，单位的事儿该处理的处理完了，估计快到放学的时候，就到学校门口等他去。他们有些什么体育课、活动课呀，我们也跟着一起上。只要是学校里面允许，我们都跟着他，就是采取这种方式来观察来看他，给他一种支持，别让他感觉太孤单。

问：他也是喜欢尊重他、平等对他的人吧？

肖父：是的，外边的一些人也好，家里的一些人也好，语言上有伤害了，他会记仇，就是很爱憎分明，他会记着下次见了面不理你了，不愿再去打交道了。他从小的性格就是这样的，小时候会表现出来。除了对能够平等地尊重他、接纳他的人之外，对比较漂亮的异性从小都比较喜欢，有时候吧也不是说漂亮，就是他自己有一个审美的标准，具体是什么说实话我也不是很清楚。但是对于他不喜欢的我还是知道的，他不喜欢说得多的，说话语速快的；另外一个就是声音过于高的，他就比较排斥了。语速特别快，音调再高点，他就认为有点在指责他一样。他喜欢说话慢一点，温柔一点，能够给他一个时间让他去想的人。他认为〔这样就〕挺瞧得起我的，跟我说话的态度很好。

问：他觉着对方有点趾高气扬，瞧不起他？

肖父：对，在这点表现得还是比较明显。好几年前，我就发现有这么一个习惯。他喜欢能够平等对待他的，可能他自己也认识到了自己与别人的不同，所以也不想别人把自己给看低了。

问：肖昆他以前喜欢什么呀？

肖父：他这个喜欢、爱好经常产生变化，今天喜欢这个了，明天又喜欢其它的了。他有一段时间喜欢有声有光的那种枪，买了好多；后来又喜欢汽车，又买了很多汽车；后来又喜欢了乐器。到最后我们家所有的东西打开就全是他的，见着这个喜欢抱着就买了，那个喜欢抱上就买了，买了不少，什么都买。

走出学校　融入社会

问：肖昆大概是什么时候生活可以基本自理了呢？

肖父：大概是将近三十岁的时候，生活上大部分的事情都能够自理。

问：您知道阳光之家吗？

肖父：知道啊，肖昆从培智学校出来之后在阳光之家待过一段时间，大概待了有一年吧，我觉着那个地吧，比培智学校更糟糕。

问：肖昆他喜欢在那里待着吗？

肖父：他呀，他不喜欢。不喜欢这才在外边找的工作。

问：毕业之后都去哪里工作了呀？

肖父：他的一个同学吧，就提出孔乙己餐饮有限公司，是全国连锁的。他就去那面试了，面试完之后呢，人家很快就通知要他了。当时去看呢，他还挺喜欢，去了之后他也干了一段时间，三年吧。感觉这孩子又有点新的想法，说人家对他挺好的，但是没有放开。所以他又通过别的途径跟我说想换个地方。我说换个地方的目的是什么，解决什么问题呀？他说他是想学厨师，想学点什么。就到希尔顿酒店来了，来了一年多有两年了。但是又有一个想法，说我到这来，一天到晚我老叠那个被子也不行呀，要学点别的。

问：他在孔乙己是做什么工作的呀？

肖父：做的服务员，是餐厅的服务员，就是端菜呀，在后厨传个菜，然后给端上来，等客人走了再打扫卫生什么的。

对婚姻家庭的期待

问：您对肖昆的婚姻有怎样的期待？

肖父：希望他有一个幸福的、美满的、快乐的家庭，很自然的一家人。我说这个幸福快乐美满是建立在他们相亲相爱的基础上，觉着一家人很幸福，不管条件好与坏，比较融洽，互相之间比较支持，快快乐乐的。我倒不强求这个孩子怎么样，关键是他们互相支持，能够融合，能够包容，和和美美的。从我跟他妈这里想呢，我们就不去干预些什么，只是扶持指导，也干预不了。他前一段时间也接触了不少的朋友，人家看上他了，他看不上人家，他看上人家，人家看不上他，他这个认识呢还是统一不了，还是比较困难的。

不做穷人家的富二代

问：您觉着国家对他们的保障还可以吗？现在能享受什么保障呢？

肖父：解决温饱上的一些基础问题，对于心智方面或者说情感方面的〔问题〕还需要多一些关注。

现在肖昆也没有什么补助了，因为他有工作，虽然说企业给他的报酬不是很多，比较少，但终归是有的。如果没有工作，现在好像是每月几百块钱，700块钱吧，之后可以到温馨家园、阳光之家再分一些小钱，中午在那吃顿饭。他有工作了，这块就没有了。刚刚做到的一条就是，残疾人现在有一个保险，是社保，这个钱是由残联去支付，就是谁在社区里面符合这个条件，就由残联去统一拨款。

问：您对于中国社会，比如政府、残联有什么期望呢？

肖父：我希望能拿出真心。以前政府没钱，现在呢有一个残保金，残保金已经入法了，就是强制收缴，现在钱很多，光北京市就有多少个亿呀。现在拿这钱也在做事，这几年还好点了，前几年都不知道这钱怎么花，你既然纳入法了，你收了这个税金，你支付不出去，这就说明有问题。残联拿着这个钱改善了活动的场所，盖场馆，盖一些活动中心，但实际呢利用率不是太高。

我们作为家长希望政府给这些人群多一点支持，家庭、家长能力也是有限的。从另外一个角度来说，我们现在享受的都是政府的退休金。肖昆他现在工作不好找，有工作了工资也不高，没工作我们就得养着，换个话来说就是我们退休的生活水平就降低了。我们国家的各种福利水平也在向发达国家靠拢，政府能够下这个决心，希望下一步能解决更多问题。

问：那还是有一些改变的，是吗？

肖父：是的。我在这个特奥的活动当中呢，起到一个作用，这是我作为家长应该去做的。这么长时间、这么多年的收获，还是有变化的。

现在社会政府也在努力，前面阵势很大，然后到一高处，突然就停下来了。如果能尽快地行动起来，能在我们有生之年看到改变，我们就真的太感谢政府了。我原来曾经想过组织一些家长，咱家长先做，先行一步，将来给政府提供一个可圈可点的参考。我们都能够把心尽到这一步，提高到这一步，结果呢，还是有一些困难。

问：对肖昆今后的生活有什么期望？

肖父：我希望他能够提高能力，之后在社会上可以自食其力，一来服务社会，二来他自己也有一个保障，主要是一个生存能力。一个孩子一个样，可能肖昆在这方面和别的孩子比呢，他优秀一点；但是从其他方面说呢，又不如其他孩子，这孩子一个人一个样。

从家长的角度考虑，最主要问题就是希望今后社会能够接受他。这里有好多行业，能够适应他们的，基本开展得比较晚，很少能够提供一些呵护性质的。现在很多都很难说，大家说得都很那什么，实际做的时候又是另外一回事。你就说政府支持提供什么样的服务，但是政府里面有很多工作就适合他们，你为什么不做具体一点呢？有好多好多工作都很适合他们，你政府做出一个榜样，你看我们这里都接受他们，大家都一视同仁，其他行业也就慢慢真正效仿了。有好多行业、大企业里面很多岗位都适合他们，既能锻炼他又能做贡献，但是他们有门槛，好像用智力残疾人从形象上就有损于他们的那种高大上的感觉。

要求企业也是从政策上要求，实际上并没有〔落到实处〕。你交残疾人保障金，按照人的比例收取，那交的钱是不是也要用到他们的就业方面？哎呀，现在很难说，无从说起，特无奈。

作为一名老百姓，只能从家庭层面来尽量对孩子好，在我范围之内尽量去帮助他，也就这么点能力。我们这几个家长在北京在全国还是有点影响的，其他的家庭也都是这样。我们家庭经济条件还算是比较好的，我觉着更让我糟心的一个问题就是，通过这些〔外界的帮助造成了〕目前中国社会上存在对智力残疾人的一种误导，让他们成为穷人家的富二代，家庭条件不是很好，但是养成一个富二代的生活方式。起码来说，给这些孩子更多正确的引导，你给他发的那些东西不管有用没用都给他们，好多活动都让你来参加，你来了多少我给你点〔东西〕。

肖昆觉着在温馨家园的时候春节会发点米呀面呀的，但是在希尔顿酒店就不发，好的是在那有保险金，工资也比〔温馨家园〕那好点。盲目地追求一个

方面，〔总〕去说怎么照顾他怎么呵护他，就忽视了社会的一个核心的〔引导作用〕，很多不知道这东西这钱是怎么来的，他觉着我享受这些是应该的，那这就不好了，这点挺可怕的。你现在有这个环境能保护他，你没这个环境不保护他了，怎么办？那就是社会的问题了，又成了另外一种社会危害了。

肖昆本人口述

口述者：肖昆

访谈者、撰稿者：周蒙蒙

访谈时间：2017 年 8 月 21 日、2018 年 1 月 21 日

访谈地点：肖家、北京希尔顿逸林酒店

喜 欢 交 响 乐

问：您好，请问您今年多大年纪了呀？

肖昆：我是 1985 年出生的，今年三十二了。

问：你上学的时候喜欢上什么课呀？

肖昆：喜欢上音乐和体育课，我挺喜欢音乐的，喜欢吹小号。以前经常跟爸爸一起去音乐会，但是上班的时候就不去了，因为上班比较忙，时间不是特别自由。

问：喜欢什么类型的音乐呀？

肖昆：我喜欢交响乐。

问：上学的时候有没有跟你关系比较好的小伙伴？

肖昆：有，多着呢。喜欢的朋友就是能说得来，高点的那种也不错，就是智商高点的。我跟他们的关系都挺不错的，有时候同学还聚会，跟他们一块吃吃饭呀，出去玩玩。

问：你的朋友一般也都是培智学校的同学吗？

肖昆：怎么说，从培智学校出来之后，就不愿意提以前在学校的事情了，大家都不喜欢再说了。

问：跟你父母吵架吗？

肖昆：没有，但是有时候也呛两句（嘿嘿），我不敢和他们吵架，我爸厉害，我妈不说很多。小时候是在我妈他们厂的宿舍住，家搬了好多次。这个是 541 宿舍，是印钞厂的宿舍。咱们花的钱就是我妈妈他们设计的，我妈妈是设计主任。

问：你有表哥表姐吗？平时跟他们关系怎么样？

肖昆：有，他们说白了也没时间过来。工作也挺忙的，平时要看孩子。

参 加 特 奥 会

问：你是在培智学校开始参加特奥会的吗？

肖昆：嗯嗯，参加过好多次，是在崇文培智时候去的，也不记得是哪一年开始参加的了。

问：你一般参加什么样的项目呀？

肖昆：就高尔夫球、保龄球、篮球、足球，都参加过。我比较喜欢球类的运动，但是篮球、足球不是特别喜欢，那个会跟别人有冲突，不喜欢带有竞技性的，喜欢不快不慢的。

问：参加比赛之前会在学校训练吗？

肖昆：嗯嗯，一般会在大兴那个残疾人体训基地训练一星期，训练期间在那住，不能回家，等到比赛的时候才能走。

问：当时是怎么训练的？

肖昆：是老师带着我们训练，有专门的教练，白天一直带着我们，回到家我也训练过，一般是父母陪着训练的。

问：你喜欢教练吗？

肖昆：喜欢，我觉着教练挺好的，跟他都认识好多年了。

问：你去国外参加过比赛吗？

肖昆：去过韩国，是去打高尔夫球、保龄球。教练让去的，什么比赛都让去。拿不上奖牌也没事，尽力就好，就是锻炼意志。

问：教练是你们学校的老师吗？

肖昆：是特奥老师。

问：特奥领袖平时都需要做些什么呀？

肖昆：会让我们上台演讲什么的，刚开始上去的时候还有一点紧张，一开始上需要拿着稿子，后来就不用了，讲得多了就不紧张了。

问：你还去哪里参加过特奥会呀？

肖昆：还去过东北大连，辽宁省的。反正我在培智学校的时候请假比较方便，只要有空就去。

问：参加特奥会，比如第一次领奖的时候有什么特殊的记忆呀？

肖昆：就是高兴，感觉很意外，没有想到自己会拿奖。足球、篮球、高尔夫球、保龄球都拿过奖。

问：你认为参加特奥会对你最大的帮助是什么？

肖昆：能接触更多的人，可以有更多的交流。平时跟他们的交流还算是比较顺利的，跟别人接触的时候谁跟谁先交流都可以，但是网上认识的那个是我先跟她说〔话〕的。

做 过 三 份 工

问：你毕业之后都去哪里工作了呀？

肖昆：刚开始是在街道温馨家园干的，我是在西城区白日芳温馨家园。在那里待了两年多，平时我们是装餐巾纸的袋子，还有勺子呀、叉子呀。那时候是计件，也是十几块钱。西城那边以前是760块，现在涨到八九百了。

问：你当时对这个工资满意吗？

肖昆：就少点了，也能接受，因为咱能力那什么。

问：你记不记得第一次拿工资是什么心情呀？

肖昆：是在温馨家园里，就是挺高兴的。第一份工资我给爸妈买了点吃的。

问：你从温馨家园出来之后又到哪里工作了？

肖昆：我从那里出来之后去了孔乙己，在那里待了两年，是同学给介绍的。就是我一个同学在那干了几年，说那里挺好的，去吧，我就去了。然后又到了希尔顿酒店，一直待到现在。

问：你感觉去希尔顿怎么样呀？

肖昆：刚开始去不太适应，有点累。不过后来就慢慢习惯了，只要能挣工资就行。

问：在那每天上班多久呀？

肖昆：八点半上班，在这里吃饭，但是需要八点之前来这里，需要换工装，换工装一会儿就好了。每天把这些床单分拣完之后运到洗衣机那里。工作到十二点去吃饭，十二点半吃完饭再回来上班，上到下午五点结束。结束的时候把这里收拾干净就好了，大概六点多从这里走。

问：每月能挣多少钱呀？

肖昆：3 400。在希尔顿酒店上保险，有五险一金，孔乙己是主管以上有，

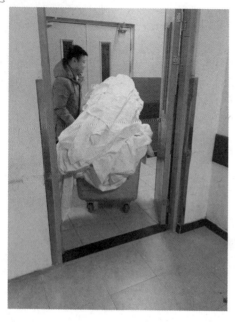

主管以下就没有。

问：你感觉现在在希尔顿酒店上班怎么样呀？

肖昆：也还行，就是交流的人群不一样，在孔乙己的时候，去吃饭的都是白领。现在在希尔顿每天都是整理床单什么的，面对的人比较少了。

问：你下班之后一般都干嘛呀？

肖昆：下了班就歇着，在那上班很热，像在火炉子里一样，空调也不管用。我在那里就是洗被褥的，用很大的洗衣机洗，一桶洗衣机洗 85 斤重的床单和被罩，是要求我们把床单展开再运过去〔洗〕。希尔顿酒店挺大的，但是没有福利，就是过生日的时候有一个蛋糕券，其他的也没了。

问：这几份工作中你最喜欢的是哪个工作呀？

肖昆：最喜欢的就是孔乙己那边的，他们家的菜很好吃，面点房的阿姨对我不错，叫何姐。那也挺热的，你说在厨房里面待着，有菜就传，没菜就歇着，也不能站在那待着。那阿姨说你过来，我们这做完了剩的还有，你来吃点。

问：在希尔顿酒店管饭吗？

肖昆：就管饭。

问：你平时上班的时候会感觉到别人歧视你吗？

肖昆：这个没有，我觉着大家也都还可以。

问：你上几天休息一次呀？

肖昆：五天休息两次。

问：春节放假吗？

肖昆：春节休息五天。

问：你有没有自己想学的什么呀？

肖昆：有，我想学厨师，但是领导不批也没办法。不过这里挣得多点，我六点半起来，七点多到这里，早晨的车比较顺，八九点的时候就堵车了。晚饭回家吃，可以在这里吃两顿，也不用交钱。

在培智学校里面学过烹饪，但是那时候没有考过厨师证。没有证不能做，现在不都是证吗？我们一个同学从国外回来几天，是在那做的中餐，他跟他爸爸在那边呆了几年，原来跟一个朋友在那边，后来不行就分开了，在好邻居当实习店长。我那个厨师同学说，你有没有朋友想自己单干的。那个厨师我们关系都不错，他想一块，跟我一起筹点钱什么的，一起投资。我觉着还可以。

谈恋爱受挫

问：你谈过女朋友吗？

肖昆：以前谈过。我原来认识的，不是我妈妈介绍的，要是我妈妈她们介绍的也就不担心了，我妈跟我同学都说我太实在了。

问：你女朋友是怎么认识的呀？

肖昆：就是网上 QQ 相亲群认识的，后来加了她，我们聊了几句，我什么都跟她说过。跟她交往这么长时间，也有感情了。她是东北人，之前在卖手机。

问：你平时喜欢穿什么样子的衣服呀？

肖昆：平时穿运动装，要是有什么事情的话就穿西服了，上次我同学结婚的时候就穿的西服。那时候还没跟她分手，我叫她，她也不去。我们交往，一星期见不了几次，我找她还得经过她同意。我就是实在，老给她打电话，她就烦了，差不多谈了半年，来家里面两次。我妈过生日的时候她买了一个蛋糕，买就买了吧，还问蛋糕甜不甜，她问我说："蛋糕你吃了吗？甜不甜？"我说挺甜的，我妈说谢谢你。她说："能不甜嘛，钱在那摆着呢。"

问：你当时生气吗？

肖昆：我不跟她计较，她就是这种人，她离过婚。我找一个单身的吧，在北京不太好找。找离婚的吧，我那意思就是你别嫌弃我什么的，我们就好好过日子。她就说你什么都没有，挣得也比较少，就会端个盘子，谁跟你呀。她给我发她姐妹买的貂，你买貂你就买吧，给我发过来说，我还没要求你给我买。我说你别跟我炫耀这个，这有什么呀。

问：刚分手的时候，你是怎么度过的呀？

肖昆：找朋友聊聊天呗，时间久了也就过去了。

问：你对以后有什么计划呀？

肖昆：就是找一个合适的能过日子的。我妈在老家那边给介绍了一个，她比我小，才二十四岁，她小时候发烧把脑子给烧了，现在在山东烟台干的日本料理的服务员。平时我俩打长途电话，有时候就是微信语音聊天，也不视频，她有同事，说是不太方便，我不愿意打扰人家。

问：那她对你是什么看法呀？

肖昆：就说也可以呗，我的意思是咱俩总不能老不见面，终归说你得来这边。我爸他们看准了，就说觉着这孩子不错，就感觉也有希望了。那边家长也见过我，她没爸爸了，就一个妈、一个哥哥。

问：你对以后的人生有什么规划没呀？

肖昆：也没什么，尤其是经历过那段感情之后，更加觉着多赚点钱就好，多赚点钱也可以给自己父母养老，现在是经济社会了，没钱是不行的。

肖昆的同事口述

口述者：肖昆同事某女士
访谈者、撰稿者：周蒙蒙
访谈时间：2018 年 1 月 21 日
访谈地点：北京希尔顿逸林酒店

问：您跟他接触两年，对他有什么样的评价呀？

同事：我觉着肖昆挺好的，特别好，在这里干得不错，很有礼貌。他是 2016 年 8 月 31 号来的，让他干什么就干什么，很服从命令。就是很听话的一个人，不会自己去思考。但是有时候他也有自己的小思想，比如他想多学点东西，不想总是待在一个地方，他想看看学点其他的，比如说厨师呀，他跟我也说过这件事。

我觉着他想法挺好的，但是我跟他说，你学厨师比如刀子什么的会在旁边，是吧？那都是很锋利的东西；还有一个火，你要知道这些你能不能协调。后来他想了半天也没说什么，我说你看你最后到底怎么决定，你回去跟你妈商量一下，再讨论讨论，利弊关系我们都帮你权衡一下。我们也同意让你走，也为你以后考虑，不会说让你在这里总待着，但这样也是为了你的安全着想。毕竟是这样的一个孩子，是吧？

问：嗯，他在这里工作，有人歧视他吗？

同事：没有的，对他特别好，一点歧视都没有，我们就把他当成正常的孩子。有时候他想不到的地方，我们就直接分配，不用拐弯抹角什么的。他毕竟也不是说特别地……就是稍微有一点转不过来，手上的协调能力不是特别好。为什么让他去整理被单呀？就是因为他的协调能力不是特别好，其他地方都有机器转动什么的，整理被单就比较安全一些，所以说就安排到那里去了。但是安排到那里去了吧，这孩子不甘寂寞，你知道吗？他喜欢跟人交流，老跟人在一块。

问：他来到这里以后，一直做的都是同一个工作吗？

同事：不是的，刚来的时候让他做过一段时间〔别的工作〕，就发现东西多的时候他就手足无措了，一着急活就干不好了，活少的时候也能应付得来。

后来就给他换了换，就到这边来了，在这里抖抖床单，让他抖之前都是我们给他分好了再让他做，只能这么着。有时候实在太忙，人手不够，也让他慢慢地去适应〔别的活〕，不可能说老让他干什么，你必须让他学一点什么，一般情况下就是以那个〔抖床单〕为主，也会让他做一些其他的。但是现在就是以那个〔抖床单〕为主了。要是〔抖床单〕那边没活的话，我就让他过来跟大家一起，会跟他说，你看大家也喜欢你，你这孩子也挺能干的，多好呀。虽然他有一点智力残疾，但不是很严重，实际上他有时候比我们都精灵，你知道吧。

问：比如说？

同事：比如你看出去吃饭，我们组织出去吃饭都是要掏钱的呀，他就说那掏钱我就不去了。他其实是一个生活很节俭的人，这可能跟他父母都有关系，对他在经济方面管得还比较严。前段时间我们出去需要交钱，我就跟他说。他说要不然你给我妈打个电话吧。我说可以。后来他给他妈打了个电话，然后给我做了一个账，他妈妈直接把钱转给了我，没让他转。我跟他妈妈说了，肖昆跟我们去参加这个集体活动，我也不愿意把他给落下，他毕竟是我们这个集体的一分子，我说我不愿意落下任何一个人，不管他是健全人还是残疾人，希望大家都能够参加。虽然说是自愿，但是如果他真的不想去，我们也不会勉强的，但是通知还是要通知到的。其实我没通知他之前，同事已经跟他说过了，他就说掏钱的话我就不去了，哈哈哈，就是这样。他还是比较精明的，比如说有人想跟他借钱什么的，他会跟我说阿姨有人想借我钱了什么的。我说你得考虑好了，这个钱能不能给他；还有这个证件给别人，别人跟你借证件，你要想好了，这个涉及个人利弊的事情就不行，要是借你的证件去办个银行卡，干一些违法乱纪的事情，那就不行，你得考虑好了。他就会说好的。这方面事情，一般情况下他在工作的时候都会请教我，因为我跟他妈妈一个姓，都姓吴，当时来应聘的时候就觉着特别亲切，感觉像亲人似的。

问：这里是有专门接纳残疾人的指标，是吗？

同事：希尔顿酒店有专门接纳残疾人的指标，但是具体有多少我不是特别清楚，我们洗衣房得有，洗衣房总共有二十多个人，这个指标至少要有四个。①

---

①　根据北京市财政局、北京市地方税务局、北京市残疾人联合会《关于印发〈北京市残疾人就业保障金征收使用管理办法〉的通知》〔京财税〔2017〕778号〕，"本市行政区域内的用人单位，应当按照不少于本单位在职职工总数1.7%的比例安排残疾人就业，达不到上述规定比例的，应当缴纳保障金。"2019年7月，京财税〔2019〕1333号文件将残疾人就业比例降至1.5%。从政策上说，任何一家用人单位都必须按比例雇用残疾人。在现实中，和其他行业相比，服务业因可提供适合残疾人的简单劳动岗位而对残疾人就业政策执行较好。

问：残疾人来酒店一般都从事什么工作呀？

同事：这需要看他们个人的能力能适应什么样的工作，洗碗的也有。肖昆也是原来我们这里的一个人介绍来的，后来那个人倒是走了，他留在这里了。

问：他在这里上班有没有请假迟到呀什么的？

同事：没有，我是怕他迟到，怕他忘记了。但是我会提前跟他说，提前一天先把通知发下去，然后等前一天晚上再跟他说一次。有时候也会跟他家长沟通，跟家长互动起来，让家长知道他上什么样的班，有时候肖昆或者我们这边也忘记提醒了，就只能是让家里面的人来提醒他了。我就是把他当幼儿园的孩子来哄，那你没办法呀！我以前在一个私立学校的学前班带过孩子，而且我自己也有孩子，所以说把他当孩子看吧。

问：他会跟同事有冲突吗？

同事：有点小脾气，但是也看他的心情吧。可能有时候他心情不好了，叫他，他会感觉比较烦吧，但是冲突倒是没有，比较随和的一个孩子。

问：您今年多大年纪了呀？

同事：我今年48了，我是2015年来的，将近三年了。这里的工作环境不让戴首饰，我记得有一次肖昆带个手串，那个穗奔拉下来了，我就跟他说这个不准带呀。但是他不听，他不听我就过去要给他取下来，结果他说不就是一个手串吗，意思就是说怎么还不让带呀。我跟他说，肖昆我已经跟你说过了，要是发生什么不安全的事情，我可不负这个责任。我就给他家里面打电话，这个也是为了他的安全着想，你说是不是。后来看我真的生气了，就赶紧服软了。

问：一般您生气之后，他也会给您道歉，是吧？

同事：嗯嗯，是的。他晚上回去会给我发微信，说阿姨对不起我错了，白天的事情是我不对。他其实还是很懂礼貌的。而且我给他家里面打电话了，他就知错了。那也就行了，也不会要求太高，但也不能就把他当傻子，那样肯定不行的。他可精了，这么多人也都看出来了，说这孩子不傻，就是有时候耍点小滑头，比如说第二天要休息了，他就会留点活，有点小心思的。

问：你们这里的福利待遇怎么样呀？

同事：跟其他员工都是一样的，该有的都有，上保险的都有指标，但是酒店也不愿意这样，上保险好像会给他全免也可能需要他掏一部分吧，这个我也不是特别清楚，最后到手应该是1 900多块，2 000块左右，也可能是酒店不用掏。残疾人的工资标准跟正常人是一样的，没有说是残疾人就多给或者少给，一般都是基础工资，没有奖金一类的。加班有另外算加班，但是奖金没

有。春节等节日的时候，残疾人有比较多的慰问品，但是普通人就很少了。像唱歌比赛呀什么活动都会邀请残疾人参加，但是不想去的就也不会勉强。上一次春节之前有一个唱歌比赛，我们就极力推荐他去，因为他会小萨克斯。但是他说都好多年没去了，都没什么功底了，就很不好意思，就没去成。后来介绍他来的那个小孩去了，他不怯场。

问：肖昆会经常跟同事交流吗？

同事：会，他经常跟同事交流。平时吃饭是在员工餐厅吃的，到点就会跟大伙一起去吃饭，他好像时间观念比较差。我们吃饭是半个小时，有时候他就会忘记这个时间，大家在一块吃饭，聊着聊着就忘了，但是一般都会提醒他的。

问：他跟你们说过想辞职吗？

同事：辞职倒是没说，就说想去学厨师，跟他说过利弊关系之后就没再提过，家里面也没有说过。因为我说你要是真的想去的话，可以让家长来给我们说一下，我们也不会不同意的。

肖昆工作观察日记

观察时间：2018 年 1 月 21 日
观察地点：北京希尔顿逸林酒店
观察者、撰稿者：周蒙蒙

时　间	活动内容	备　注
7:30—8:00	进入换洗间，换工装。	进去之前笑着跟门卫打招呼，换衣服。 肖昆一般都是慢慢地走，不着急。
8:00—8:30	跟同事一起在员工餐厅吃饭。同事很多。	肖昆拿着自己的餐盘去打饭，然后笑着跟同事坐在一起吃饭。吃饭期间也会偶尔跟同事交流，但是说话不多，一般都是同事主动跟肖昆说话。
8:30—9:00	整理床单并运输到洗衣机处。	肖昆将从管道顺下来的床单先抖开，再放入一个大筐里面，筐放在秤上。按照每桶洗衣机洗 85 斤重标准，达到 85 斤时就用小推车给运走，运输的路程比较近，肖昆能够独立完成。 肖昆比较平静地完成各项工作，有时候也会抱怨两声："太无聊了，每天都让我做这些工作。"
9:00—12:00	一直持续着捡床单、运输的工作。	肖昆在工作中比较认真，能够按时、按量完成任务。整个过程中动作比较缓慢，但能赶得上洗衣机的用量。在洗衣机还没有洗完的情况下，肖昆将床单运输过去之后也会跟洗衣房里其他同事简短交流。同事热情跟他说话，有时候会逗肖昆开心，但是没有出现不尊重、嘲笑的现象，大家相处得比较愉快。 肖昆不知道说什么时，就会静静地站在他们旁边。
12:00—12:30	跟同事一起到员工餐厅就餐。	路上基本不说什么，同事说话时会应和地笑笑。 到餐厅后自己去取餐具，自觉排队打饭。稍微有一点拘谨，跟人说话声音比较小。别人没有听清楚反问的时候，肖昆就会露出他招牌式的微笑。 入座时不争抢，等别人都坐下之后，他才会慢慢地坐下来。 吃饭时不会主动跟别人有交流，别人跟他说话时，他偶尔会回应一下，但是大部分的时候都是在微笑。 吃饭比较慢，时间观念比较差，到了要走的时候需要有人提醒。 肖昆吃饭一般不会有剩饭剩菜。 离开时能跟随同事一起，把餐具放到回收处。

时　间	活动内容	备　注
12:30—14:00	重复整理床单并运输的工作。	继续整理床单，动作慢慢的，推床单车的时候没有特别吃力。
14:00—14:30	跟洗衣房领导一起整理洗好的床单。	在领导的指导下，慢慢将洗好的床单整理好，其间不怎么跟领导交流。 领导看见肖昆穿得太厚，就提醒可以把外套脱掉。肖昆笑了笑，脱掉了外套。
14:30—14:45	肖昆跟单位员工一起交流。	一般不怎么主动说话，说的时候也是一直笑，别人说"肖昆一点都不傻"时，他会突然间就不笑了。
14:45—17:00	肖昆继续整理床单并运输。	速度明显慢于上午，时不时还会说"我一直在这里干下去也不行，我想做厨师"。
17:00—17:40	整理剩余床单，下班。	肖昆负责把床单抖开整理，但是没有整理完，看着时间就走了。
17:40—18:00	换工装，走出地下洗衣房，乘坐公交车回家。	收拾好自己的东西，与同事笑一笑，说声"我走了，明天见"，就出门了。

苦后方觉甜　平淡最是真

——陈聪口述

陈聪，女，1987 年出生，浙江省杭州市人。独生子女。智力障碍三级。2006 年毕业于杭州市杨绫子学校。2007 年 7 月参加工作。2015 年至今，就职于杭州必胜客餐厅。已婚。

口述者：陈聪
访谈者、撰稿者：张婷
访谈时间：2017 年 10 月 19 日
访谈地点：星巴克杭州天城国际店

平凡又特殊的家庭

问：你好，可以请你简单谈谈自己的人生经历吗？

陈聪：我是杭州本地人，父母也都是杭州人，家里就我一个孩子。我出生在一个平凡又特殊的家庭。小时候我是跟爷爷奶奶和爸爸妈妈一起生活。我父母呢，不算是很能干的人，只是普通的工人。我爸爸是做油漆工的，妈妈在厂里上班。我还记得小时候，有人家要装修房子，就把我爸爸叫过去给他刷油漆。所以小时候的生活条件其实不太好的。

我为什么又说"特殊"呢？因为我父母都是残疾人，都有智力残疾，所以我小时候基本上就是我爷爷奶奶一手带大的。我一出生就没见过外公外婆，连他们长什么样子都不知道。我外公外婆在我妈妈小时候就去世了，我妈妈是她自己的姐姐一手带大，就是我姑姑，①她这个人很好的。我爷爷很疼我，不过在我 10 岁左右就去世了，生病没的。我还记得很清楚，那天是 2000 年 1 月 27

_____

① 妈妈的姐姐，通常称为姨妈。

号。从那之后就是我奶奶一个人带我了，一直到我毕业可以自己出来上班后，那样子我奶奶也就可以轻松点了。我奶奶现在八十多岁了，不过身体还是很好的。

我八岁才上幼儿园，直接去的大班，九岁才开始上小学的。上学以前，我基本上都是跟奶奶待一起，有时候帮她做一些事情，像是打扫卫生、跟她一起去买菜之类的。奶奶文化水平不高，我父母更不用说了，所以我上学前基本上什么都没学过。朋友也没有，可能就是认识几个社区里的小孩吧。

在进杨绛子学校之前，我还读过一所学校的，叫木心小学。当时我们已经从解放路边上的茅廊巷的老房子搬到景芳小区了。木心小学离我家挺近的。不过我读了一个学期不到就转到杨绛子学校了，具体原因我也不太清楚，我奶奶应该知道的，我觉得大概就是因为我跟不上了吧，因为我考试成绩好像蛮差的。

杨绛子学校离景芳小区挺远的，奶奶就让我们搬家，后来就搬到现在这个大学路新村。这样奶奶顺便也照顾得到我，不会那么累嘛。杨绛子学校现在还在办，不过我毕业后学校就搬到姚江路那边了。这个学校是不住宿的，我每天晚上都会回家。通常都是奶奶来接我放学，不过有时候爸爸妈妈也会来接。他们工作不算很忙，有时候接到活比较多就会忙一点。后来我读小学四年级，每天放学就是我自己走回家了，反正蛮近的嘛。

我父母一般不问我功课的，其实他们也不太懂。我奶奶关心得多一点，但是也不怎么骂我。我小时候还是挺听话的吧，如果平时有做得不对的地方，奶奶会给我指出来。我父母也是比较依赖我奶奶的，所以家里的事情其实都是奶奶一个人来照料的。

问：奶奶让你转学的时候，你是马上就答应了吗？

陈聪：那时候还小，我也都不知道，就是听家里安排嘛。而且我在木心小学功课跟不上，我奶奶很担心的。后来我姑姑帮忙找到杨绛子学校，说服奶奶让我转学。刚开始奶奶还是有点担心的，后来就不担心了。为什么呢？因为我姑姑跟她说了一句话，她说"以后陈聪肯定会比较能干的"，奶奶才放心。我奶奶真的很疼我，毕竟就我一个孙女嘛。我姑姑也帮了我很多忙。转到杨绛子学校，其实很快就适应了。这个学校呢，是比较特殊的，我身边的同学跟我情况其实差不多，所以相处起来也比较舒服。

问：你是什么时候知道自己是这种情况的？奶奶告诉你的吗？

陈聪：大概就是这个时候吧。我上学后功课比同学要差很多，老师上课我都听不懂。其实我家人好像也是这个时候才知道的，所以才给我办的转学啊。不过我那时候小，我自己是这个情况的话肯定也是家里人告诉我的，但是我可能也不太懂吧。后来长大了，慢慢就理解了，自己会有感觉的嘛。听奶奶说，我是因为刚出生的时候生了一场病，感冒发烧了好久。可能就是这次给烧坏了吧。

问：你在杨绫子学校过得怎么样呢？

陈聪：我在杨绫子学校念了小学、初中、高中，然后就是毕业参加工作。这个学校教的课程其实跟普通学校都差不多的，不过难度比较简单。随着年级的上升，难度会一点一点往上升，但是跟普通学校肯定没法比呀。高中之前有兴趣班的，比如折纸、舞蹈、唱歌都有。我从小就比较喜欢手工类的活动，所以参加过折纸课，挺好玩的。文化课中，我最喜欢语文课，因为学习语文可以练好普通话，也可以认识到更多的字，有助于加强我日常交流和沟通能力吧。英语课也可以，不过我们是从高中才开始学，都是学一些很简单、很基本的内容，比如自我介绍。不过我不太喜欢数学，因为比较难。

上学期间，我的作业都是自己做的，有时候也会找同学一起做。如果遇到自己不会的题，会打电话问她。我有一个很要好的朋友，我跟她认识了整整十二年，而且都在一个班级。遇到不懂的问题，我也会主动去问老师的，不懂就问嘛。

问：除了折纸类的手工活动，你还有其他兴趣爱好吗？

陈聪：有啊，我比较喜欢看书。没有说特别喜欢看某一类的书籍，一般是有什么书看什么书，比较随意的。我看过比较多的书是像《红楼梦》《西游记》这种中国古典小说，现代的小说和外国的书看得不多。就在我住的这个社区其实就有一个社区图书馆的，可以借书看，我一般都是有空的时候去那里看。还有可能就是同学们聚在一起玩些小游戏吧。我们也会去唱歌，不过我不怎么唱，就是偶尔玩一下。现在每个月会跟我朋友聚个两三次，有时候就会去唱歌，不过都是他们唱得多。我比较喜欢唱祁隆、龙梅子的歌。

问：进入高中后，你读了什么专业？

陈聪：我们高中也是直升的。其实读完初中以后，我自己并不知道自己将要读什么专业，等到正式开学以后我才能知道的。实际上，这个专业不是我们自己选的，是学校老师来分配的。具体按照什么标准来分配学生的专业，这个我也不清楚。反正在我的印象里，学校并没有提前了解我的专业意向，也不是通过考试来分专业的。那时候本来有一封信要寄到家里的，可能因为地址弄错

了或者其他原因吧，当时并没有寄到我家里，所以到正式开学，我去学校报到之后才知道我是烹饪专业的。其实烹饪专业也可以，我那时候也没想过自己要念什么专业，反正就读个职高嘛，那就这样读嘛。后来读下来呢，对这个专业也谈不上喜欢，有些东西学校学了也不一定用得到，毕竟社会上需要的东西跟学校里学的都是不一样的。

田径场上　风华绽放

问：接下来聊聊你的特奥经历，你是什么时候开始训练的呢？

陈聪：我是 2000 年加入学校田径队开始训练的，那年我初一，从这时候开始参加特奥活动。杨绫子学校是特殊教育学校，实际上它跟特奥组织一直是存在合作和联系的，所以我就有机会参与到特奥活动中来。

学校田径队的人选是老师直接挑选的，会问一下我们的意见。我其实也不大懂，就是听老师安排。而且老师问过我奶奶，我奶奶也是同意的，所以我就加入了田径队。我们队里大概有二三十人吧。大家平时都是正常上课，每周训练一两次，快比赛的时候，训练可能会集中一点。有一次是暑假两个月都在集中训练，每次训练半天，上午训练下午回家休息。训练的时候学校会安排专门的体育老师带队训练。训练项目有很多，比如田径、轮滑，还有球类运动。这些项目是老师根据每个人的能力和潜力直接安排的，我主要是练跑步、立定跳远、轮滑这些项目。其中我最喜欢轮滑，因为比较好玩。2002 年是我第一次参加全国性的比赛，当时的比赛地点在西安。

问：参加特奥运动会需要符合什么选拔标准吗？

陈聪：有一个学校层面的选拔。比赛前学校会安排训练，训练后挑出几个候选选手，然后比赛。我那次是跑步，跑 400 米和 800 米两个项目，看综合成绩，谁跑得快就让谁去参加比赛。2002 年那次比赛我本来去不了的，我只是备选，但是在选拔的时候有个同学没能跑下来，我做到了，所以最后就让我去。学校选拔完好像还要参加浙江省的筛选，最后才有资格参加全国的比赛。具体流程我忘记了，大概情况是这样的，反正都还算顺利的。

问：还记得第一次参加全国性比赛时的心情吗？

陈聪：当时挺激动的，毕竟是第一次嘛。我家里人知道后，也是挺开心的。虽然是第一次出远门，还是去大西北，一待就是一个礼拜左右，不过我奶奶和爸爸妈妈还是挺放心的，因为是学校统一带队出去嘛。在西安比赛的时候，吃的、住的都挺好的，比较满意。主办方带我们去参观了兵马俑。我去那边也拍了很多照片，带回来后我奶奶还特地拿去照相馆订做成立式相册，现在就放在家里的橱窗里。

问：在西安参加了什么项目呢？

陈聪：2002年在西安的比赛，我参加了立定跳远和50米跑两个个人项目，还有4×100接力跑。其中50米跑是拿了金牌，立定跳远拿的是银牌。可能因为我比赛成绩比较好，或者表达能力比其他同学稍微好一点，所以回学校后被推荐在学校大礼堂发表演讲。稿子是学校提供的，内容就是谈一谈运动训练和参赛经历的感想，当时是拿着稿子讲的，不过正式演讲之前我得先把稿子念熟。

问：除了西安的比赛，其他比赛你还记得吗？有没有什么有趣的事情呢？

陈聪：后来我还去过很多城市参加比赛，有大连、哈尔滨这些地方。在杭州的杭州黄龙体育中心也比赛过，那次还拿了800米跑第一名的成绩。这些比赛奖状和奖杯都让我奶奶放在老家了，她保管得很好。这么多比赛中，我还是最喜欢轮滑，不过比赛成绩比较一般，没有跑步突出。

比赛的时候，我可能心态比较好一点吧。在运动场上会兴奋，但不至于紧张。有些运动员可能会因为太兴奋造成抢跑等犯规事情，但我从来没有过。我们去外地比赛的时候，有些运动员的家长会跟着去看比赛，可能是不太放心，也想要照顾一下他们吧。但我奶奶和爸爸妈妈都没去过，他们出远门其实不方便。不过每次比赛回来，我都会马上跟他们说比赛成绩，有时候也说一些有趣的事情。

问：其中有印象比较深的比赛经历吗？

陈聪：有啊，有一次在大连比赛，天气都不怎么好，一直在下雨，而且比较冷。那次我感冒了，不过也不算严重。除了我之外，另外还有三个队员也感冒发烧了，他们比我的情况还要严重一些。但我们还是照常完成了比赛。回杭州后，我的感冒过了很久还是没好，而且咳嗽还加重了。

问：在这种高强度的体育训练过程中，你曾经有过因为太累、太辛苦而想要中途退出田径队吗？

陈聪：那倒没有，因为坚持到底就是胜利啊。而且我们带队的体育老师人挺好的，虽然有时候比较严肃，不幽默，但是对学生一视同仁。我的队友们也都觉得老师挺好的。我这个人比较安静，在训练或比赛过程中也是这样子。练习个人项目时，我就只顾自己，认真训练。要是需要训练团体项目，那么我就

跟队友一起训练，互相配合。

我们大概半年会有一次市级甚至是全国性的比赛。每次比赛前我们都要参加几个月的集中训练。刚开始训练的一两天，我的腿脚会痛，而且每次至少都要一个礼拜以上才能好。那段时间每天训练完回家，奶奶就会帮我热敷还有按摩。我没受过严重的运动损伤，不过偶尔有过几次擦伤。其实也不是什么大伤口，这种情况我一般就是去学校医务室让校医帮我处理一下，消毒后贴个创可贴，过段时间就会好了。而且我回家一定会比较小心，不让我奶奶看见，不然她肯定要很心疼。

从运动员到全球信使

问：你是怎么成为特奥运动员领袖的呢？

陈聪：上高中以后，第一年我参加比赛，然后就被选上特奥运动员领袖计划了，从 2004 年做到 2007 年，一共是三年吧。

入选运动员领袖计划后，2006 年我就不再参加比赛了，但会参加跟特奥运动有关的一些活动，具体来说就是以记者的身份去采访运动员和教练老师。那一年我们学校应该就推荐了我一个人吧，我记不太清楚了。至于学校老师为什么要推荐我呢？可能是因为我语文比较好吧。我刚刚说过，我挺喜欢看书的。运动员领袖要做采访，所以语言表达和沟通能力要好一点，而且反应要快，不然对方说了什么话，你接不上，那就不好了。

问：作为运动员领袖，你接受过什么专门的培训吗？

陈聪：特奥组织会开展专门针对运动员领袖的培训活动，而且每次集中培训的城市都不一样。这种培训活动一般会集合各个学校、各个地方的运动员领袖，大家聚在一起共同来接受培训，互相交流。

刚入选这个计划的时候，我很快就被通知要参加集中培训。我记得第一次参加培训是在福建的福州，培训前后一共用了一个礼拜左右吧。当时我们学校就去了我一个学生，还有我的指导老师。一起参加培训的可能还有来自各个地方的二十多个运动员领袖。

问：培训些什么内容呢？

陈聪：我记得培训一开始就是自我介绍，每个人两到三分钟，主要就是让大家相互认识一下。然后就是让每个人依次上台演讲。这个培训其实也不难，可能就是刚开始在大家面前演讲会有点紧张，但讲多了就熟悉了。培训结束后，大家就各自回到学校，该上课的上课。

问：能谈谈你在培训或是比赛期间的演讲经历吗？

陈聪：我们演讲都是提前先准备好一篇稿子，然后上去演讲，不需要脱稿，但是一定要熟悉，不然讲的时候磕磕绊绊很不好。演讲稿是活动组织方提供的，不需要自己写。其实让我们自己写的话，应该也是写不好的。我印象最深的一次演讲是在 2007 年上海世界夏季特殊奥林匹克运动会的开幕仪式上。这次活动是我参加过的所有活动中最大的，因为是世界级的比赛。我还记得那次大会上，我说了一句话，"请全场的人都安静下来，会议马上就要开始了"，这时全场的人都在问："是哪里传出来的声音？"因为我的个子比较矮小嘛，他们可能没看到我，听到我说这句话，很好奇，但同时大家也都安静下来了。

问：这次活动你只是参与了开幕式的环节吗？

陈聪：不是的，从开幕式到闭幕式全程都参与的。我最主要的工作就是采访运动员和运动员教练，另外还去了运动场地和保健室，看看运动员的健康检查状况。如果有人需要帮忙的话，我也会做一些志愿工作。

问：你是什么时候被选上成为特奥信使的呢？

陈聪：具体什么时候我不记得了，反正 2007 年参加上海特奥的时候我已经入选"全球特奥信使"了，当时整个中国只有两个，一个是我，另一个是香港的女生，还是挺自豪的。老师也没告诉我为什么选我，就这么做着呗。

选上特奥信使后，我去美国华盛顿培训了一周，然后就去上海作为"特奥信使"参加世界特奥运动会的活动，还和施瓦辛格在国际特奥会开幕式上演讲。不过他讲英文，我讲中文。演讲稿是他们提供的。演讲的场馆有一个黄龙体育馆那么大，又是第一次见施瓦辛格这么有名的人物，所以当时的心情还是很激动的。

问：你在美国的培训都培训了些什么呢？

陈聪：就是教你如何与人打交道，怎么去跟他们交流，怎么跟他们做朋友啊什么的。我去美国的培训应该就是为 2007 年的特奥活动做准备的吧。其实"特奥信使"做的事情跟特奥运动员领袖也差不多，只是荣誉更高一点。我家里有一些照片，有在美国培训的照片，也有跟施瓦辛格的合影。开幕式结束后，胡锦涛主席还接见了我，照片也有。

问：你参加特奥之后，经历了三个阶段，分别是特奥运动员、运动员领袖和特奥信使。这三个阶段里，你觉得自己在不同阶段有什么变化？

陈聪：运动员嘛，就是训练，然后参加比赛。运动员领袖嘛，就是做一些其他工作，比如采访、演讲。最后这个特奥信使呢，其实做的事情跟运动员领袖差不多的。

问：你觉得特奥给你带来了什么影响吗？

陈聪：参加特奥活动的一个好处就是可以让其他人看到，我们这种特殊的人也有自己好的一面。因为有些人会看不起我们，甚至是歧视我们。但是有了这个平台，就可以让更多的人知道，其实我们也是有能力的。并不是我们生下来自己就要成为这样的，这也不是我们有办法避免的。

因为参加特奥，我能力方面提高了，性格也比较开朗了。以前我是一个不怎么爱说话的人，当运动员之后变得爱说话了，爱交朋友了。尤其是之后被选入运动员领袖计划，还有被选为"全球特奥信使"，演讲、采访的机会更多了，沟通表达能力也有了很大的提高。

问：经过这么多年的接触，你是如何认识特奥组织的？有什么建议吗？比如你觉得在哪一方面它可以做得更好？

陈聪：都挺好的，我没什么建议。我记得2007年在上海参加的那次活动还有补贴，他们给我们发了一些现金，是补贴吃饭和其他费用的。但是我花得比较省，只有吃饭用了一些钱，所以没有花完，剩下来的钱都省下来带回家交给奶奶了。结婚前，我的钱一般都是奶奶帮忙管理的，因为我们生活在一起嘛，吃住都是一起的。

问：你现在还参加特奥组织的相关活动吗？还有没有跟以前的运动员或是指导老师保持联系？

陈聪：工作后就不再继续参加了，而且现在工作也比较忙。偶尔会跟其他运动员联系的，就是过年过节的时候会在微信上问候一下。平时不会经常联系，也基本没有约出来一起玩。现在大家应该都有自己的工作和生活了吧。

自食其力　乐在其中

问：从职高毕业之后你就直接参加工作了吗？

陈聪：2006年我职高毕业。奶奶陪着我去省残联办做了求职登记，不过那边的工作人员说要等一段时间，如果有适合我的岗位再通知我。一般来说，登记后至少还要等一个多月才会收到通知，不过我那次好像等了很久。

我在家里待了快一年吧，实在是待不住了。有一次我就跟奶奶说："奶奶，要不我自己出去找一下工作看看。"奶奶同意了。那时候我找了一份工作，是在延安路上太子楼大酒家当服务员，应该算是兼职性质吧，按小时算钱的。本来嘛也不想做，但后来想想算了，临时工先做着再说，可以积累一些工作经验，然后边做边找。当时做了一个月也就拿了几百块钱吧，反正我记得是1 000块钱都不到。虽然钱很少，但是我可以靠自己的双手去赚钱了。

问：奶奶会担心你工作辛苦吗？

陈聪：我奶奶不支持我在太子楼工作。因为我每天下班回家都要很晚，工作的地方离我家又有点距离，每次回去都要十二点多了，她实在觉得不放心，就让我辞掉那份工作。最后我在太子楼就做了两个月，后来就被选为"全球特奥信使"，然后跟曹老师去美国参加培训了。

上海回来后不久，我接到省残联办的电话，说百安居可能正好有个适合我的岗位，通知我去面试。我去应聘百安居这份工作的时候，是奶奶陪我一起去的。奶奶在楼下等我，我自己一个人到楼上办公室去参加经理的面试。他们问我哪里不好，我说就是手有点抖。面试下来他们跟我说："你挺好的一个人啊，根本就看不出来有什么问题。"所以我最后顺利地被录用了。奶奶看了一下这里的环境，觉得还不错，也同意我留下来工作。所以我的第一份正式工作就是在百安居建材公司。当时一个月的工资是1 000多块，2 000不到，也还可以吧。

问：你在百安居主要负责什么工作呢？

陈聪：我是做货物的调度工作，就是每天打电话给顾客，询问确认他们买的东西要不要第二天安排送货。如果需要，我们这边给他安排；不需要的话另外找时间安排送货，但是要提前两三天打电话过来预约送货时间。工作不难的，上班时间也稳定，每天傍晚基本就可以下班回家了。我挺适应这份工作的，2008年上半年，我去上海的公司总部参加一个活动，还拿了超越自我奖。公司的老板应该对我的工作还是比较满意的吧。

问：你在百安居工作了多久？

陈聪：在百安居工作了四年。他们先是跟我签了一年的合同，到期后又续签了三年期的合同。当时有规定就是，工作时间超过四年后，如果再续约的话，就得从临时工转成正式工。百安居估计不愿意吧，所以他们就没跟我续签，我只能走了。离开百安居后，我去了国美电器，在服务台负责联系工作，具体来讲就是联系售后和联系厂家。

我在国美也是做了四年，然后自己又找了现在这份工作，就是六公园附近的必胜客。我在厨房工作，是内场的制作员工。刚开始进去的时候先是学饼盘嘛，就是做比萨饼，等比萨饼学会了、熟悉了，再学别的盘。

问：在必胜客和同事相处得好吗？

陈聪：整个厨房像我这样的内场制作员工差不多有十个人。他们都挺好相处的，大家也都聊得来，还会经常开开玩笑什么的。带我的师傅对我也很好，指导我做饼盘的时候很有耐心。工作性质的关系，我们同事几乎没有约一起玩的。因为周末的话，我们基本都上班的。平时呢，大家又都是轮休，所以基本上碰不到一块儿去。尤其是一到节假日，我们又会特别忙。2016 年 12 月，我们店里办了年度的员工大会，我还被评为优秀员工呢。这个评奖是由领导来决定的，当时获奖的员工有好几个吧，还有些员工已经拿过好几次了。

问：必胜客这份工作你满意吗？

陈聪：目前对这份工作还是比较满意的。毕竟我在职高的时候念的是烹饪面点专业嘛，所以在必胜客餐饮的工作会比较适合。这里的工资虽然也差不多，2 000 块多一些，但是员工的福利待遇还可以。逢年过节的时候会发一些东西给你，有时候也会直接发现金，或是蛋糕券、超市券之类的。我住的社区有时候也会发一些福利，像是生活用品之类的，还会上门问候，大概是一年一两次。

同学成为伴侣

问：之前了解到你已经结婚了，你和你丈夫是怎么走到一起的呢？

陈聪：我是 2012 年结的婚，跟我的老公是在学校认识的。以前我们学校每个班都会选出一两个人做班干部，然后整个年级的班干部经常聚在一起开会。还会安排四人一组值班站岗，每次一星期，我和他就被分到了同一组。每周一升旗仪式我们也是一组的。我们俩就是这样认识的。那时候我们应该是念初中吧，他要比我小一两届。不过我们在一起是毕业以后了。高中毕业后其实大家都没什么联系了，他也是通过别的同学才联系到我的，之后也一直保持着联络。

问：你们是在学校就互相有好感了吗？

陈聪：在学校里跟他接触挺多的，但是当时对他也没什么特别的感觉，本来大家都是同学嘛。他这个人呢，比较好动，跟其他男同学差不多，比较调皮，挺会搞事情的。其他方面我就不太了解了，毕竟我们不是一个班。不过我觉得他这个人还是挺好相处的，总体印象其实还可以。毕业后他是通过 QQ 联系到我的，那时候他也毕业了，我忘了是 2007 年还是 2008 年。因为很久没接触了，所以第一次聊天也就是问问对方的近况。我还记得他问我"现在怎么样""在哪里上班"之类的问题，其他我就记不太清了。

问：你还记得他跟你表白的场景吗？

陈聪：不记得了。相处下来自然就在一起了嘛。

问：你丈夫从事什么工作呢？

陈聪：我丈夫就在旁边的肯德基上班啊。他是做腌泡的，就是腌东西，也是餐饮行业。他上班时间跟我基本一样，通常只上白班，偶尔会加一下班。所以晚饭都是回家自己做，然后一块儿吃。在家里，一般都是家务活我干，力气活他干，不过有时候他也会做饭烧菜。休息天的时候，我们基本上会找同学出来一起玩，有时候我们俩出去逛逛。

问：你们现在跟你婆婆住在一起吗？

陈聪：是的，我们三个人还是一起住。我婆婆身体也不太好，小时候患过小儿麻痹症，所以腿脚不太好，走路有点不方便。其实她生活是可以自理的，只不过走路有点一瘸一拐的，不太方便。

问：你们现在有孩子吗？

陈聪：没有孩子，我俩暂时也没生孩子的打算。实际上我之前生过一个的，但后来因为生病就没了，（声音开始变轻）听医生说是新生儿败血症。刚开始进去急救的时候，医生说情况还好的，可是等到第二天、第三天孩子就不行了，然后就没了。那个孩子是 2013 年出生的，当时是农历年底，就过年那段时间嘛，结果一个月都不到就不行了。那时候我在国美工作，他们考虑到我这种情况，所以允许我休假一段时间，待在家里调整。那段时间过得挺辛苦的，休假在家也休息不好，所以很快又回去上班了。现在想想也都过去了。不过如果我们再要一个孩子，我会担心是不是又会出现这种情况，所以现在暂时就不考虑孩子这件事了。（哽咽，眼里有泪光）

问：跟亲戚之间关系还好吗？

虽然我现在已经嫁人了，但是跟我姑姑一家人关系还是很好的，平常来往也比较密切。我姑姑家的孩子跟我年龄都差不多，他们也都已经长大成家了。我大姐姐有孩子了，我三姐姐也有孩子了，所以我也是当阿姨的人了。过年过节的时候，我们会团聚一起吃饭。每年休年假的时候，我们俩会去外地旅游。上次去了北京，下次去哪儿还没想好，不过我倒是挺想去成都看看大熊猫的。

陈聪奶奶口述

口述者：陈聪奶奶、陈聪

访谈者、撰稿者：张婷

访谈时间：2018 年 4 月 26 日

访谈地点：陈聪奶奶家

奶奶：我说说陈聪小时候的事情吧。陈聪的妈妈爸爸都是残疾人，所以她基本上是我一个人拉扯长大的。她妈妈把她生下来的时候，她蛮小的，只有三斤二两重。我就买奶粉给她吃，还有荷花糕，就这样把她给养大的。

问：陈聪出生的时候，您有没有想过她的智力可能会有问题？

奶奶：没有的，她刚出来的时候就是很小个，但看不出来什么毛病的。出生后，她一直住在保暖箱里。二十多天的时候，她突然感冒发高烧，医生就把她弄出来抢救。抢救回来后，医生跟我讲，让我把她抱回家，自己吃药。医生为什么要这么讲呢？因为他们觉得这孩子基本救不了啊，提早出院的话，他们就没责任了。我说："她回家的话，肯定要死掉的。"如果我把她抱回家，没条件照顾就死掉了，那她妈妈会很伤心的。虽然小孩子生了病，但毕竟是她自己亲生的，是她的宝贝啊。所以我很坚定地跟这个医生说："我要对她负责的！你们不能提早让她出院。"

但是我再反对也没用，最后医院还是让我把她抱回来吃药了。我把她抱回家后，先是到百货公司买了一个小电热毯，大概 3 寸的样子。然后把她洗干净，衣服穿好，再用买来的毛毯把她包好，就像是把她放在保暖箱里一样。那时候我五十三岁，之前养过两个孩子，所以是知道怎么照顾孩子的。我就这样照顾着她，后来慢慢地感冒就好了。

问：感冒好了，您就以为她没问题了。

奶奶：是呀，我当时只知道她发高烧，烧了很久，哪里晓得她烧坏了呀！要到后来她长大点才晓得，应该是到幼儿园读书后才晓得她出了问题。因为在幼儿园读书要考试的呀，及格 60 分，她才考 50 多分。你想想，幼儿园的卷子多简单呀，而且她读书也是蛮认真的，很听老师话的。所以这么想想，这才晓

陈聪（右）和奶奶

得她大脑发育程度低。其实呢，她爸爸妈妈也是因为小的时候发高烧没处理好，所以把脑子烧坏掉的。当时的医疗水平低，没有现在好。她发高烧，刚抢救回来医生就让我把她带回家吃药。如果自己吃药吃好了，那么带回医院再给他看看。如果没吃好，死掉了，那就送去火葬场烧掉。那医生还说："反正她妈妈没看到，不要紧的。"所以说啊，以前医生的道德是真的不行。

问：陈聪之后身体怎么样？

奶奶：她那次感冒好了以后，很久都没生病。直到十三四岁的时候，她又重感冒、发高烧了，那么就送去住院。结果检查出来是气管不好，这应该是从妈妈肚子里就带出来的毛病。这次住院挺久的，好在学校里有保险，所以医药费是可以报销的。从这以后她基本上就没住过院了，身体也在慢慢变好。

问：您是怎么想到让她去杨绫子学校读书的呢？

奶奶：陈聪上学这事是我大女儿帮忙处理的。我们原先是住在茅廊巷里，就在解放路那边，所以我们先是把她送去木心幼儿园的幼儿班大班读书，然后直升到小学，但是成绩考出来分数很不够，所以她大姨又找到杨绫子学校，把她送进去读书。

她性格是蛮乖的，也听话，再加上功课也蛮好，所以杨绫子学校的老师都蛮喜欢她的。她也热心，会主动帮老师搞办公室的卫生，还会帮助其他功课不好的同学，所以家长也欢喜她的。那时候我们条件不好，因为她爸妈是残疾人，没工作的，那些家长也都会帮助我们，帮她买铅笔、买本子，时不时地照顾一下她。有时候我们交不出学费，老师也会帮我们处理。杨绫子学校的老师确实都蛮好的。后来学校搞运动啊，她都去参加的。不过后来陈聪结婚以后，大家都不怎么来往了，不太联系了。

问：您是从学校老师那儿听说陈聪要参加学校体育队的，还是她自己跟您说的？

奶奶：陈聪回家后自己跟我说的。当时我马上就答应了，但是问了老师她身体撑不撑得牢、吃不吃得消之类的问题。因为体育训练强度挺大的，她身体又不强壮，我担心啊。老师就让我平时帮她多练练，还要给她增加营养。另外我也蛮注意她气管方面的问题。好在后来训练、比赛的过程中并没有出过什么大问题。

问：您是怎么帮她补充营养的？学校会提供帮助吗？

奶奶：补充营养的话，比如吃些鸡蛋啊，喝点鸡汤啊，基本上就是从日常饮食的各种方面来帮助她补。还有体育比赛需要的衣服、鞋子等装备，这些也都是我们自家买的。这些都是我自己做功课学习的，也不专业，好在从她开始训练到参加比赛，再到比赛结束，基本没有受伤过。

问：通过体育锻炼，她有什么变化吗？比如长高了，人变结实了？或者性格更开朗了？

奶奶：身体倒是还好，小学的时候她基本已经长好了，初中以后没怎么变。没有很胖很胖的时候，也没有很瘦很瘦的时候，一直都是这样子小小的。她上幼儿园以前，我就经常带她去附近横河公园跑跑跳跳，帮她多锻炼锻炼。因为我那个时候已经退休了，一般都是我带她。所以她上学以后学校里跑步啊、跳跃啊，我都不担心的，因为我家里都已经帮她锻炼过了。性格的话，她在家里一直都挺乖的，挺活泼的。

问：你们去现场看过她比赛吗？

奶奶：没去过，不过每次她出去比赛，我们都会去送她。她爸爸妈妈如果有事情去不了，那我会去送她。比赛回来，她会告诉我们比赛结果怎么样啊，发生什么有趣的事情啊，还有认识新朋友的话，也会自己告诉我们的。

问：之前采访陈聪，她说她的工作是您和她一起去找的？

奶奶：她从杨绫子学校毕业后，就得找工作。我的要求呢，就是希望她能找一份正式的工作，能够长期做的。刚开始就我跟她两个人出去找。但是找来找去，都只能做做临时合同工，这样吃不落①的呀。我现在每个月只有 2 000 块的退休工资，还要顾她妈妈爸爸。她爸爸今年是六十三岁，妈妈是六十岁，年纪都蛮大了，又碰上是这种情况，所以只能我来帮忙啦。那么，如果陈聪找不到一个长期的工作，那我还要帮她交养老金。因为她爸爸妈妈都是残疾人，而且没有收入来源，全靠我照顾，所以我就成了陈聪的监护人啦。这样肯定吃不消的。所以陈聪工作没落实好的话，我当然会很担心略。

问：陈聪的爸爸妈妈现在有收入吗？

奶奶：他们都退休了，每个月也有 2 000 多块退休工资。因为他们都是残疾人，工资不高的。她妈妈爸爸不要紧，主要就是陈聪的工作问题。她的工作问题落实好了，我就放心了。她现在还是临时工作，做来做去都是合同工。我就要求她找一个适合的工作，可以长做的，不要合同工，不然做了两三年又不能做了，到时候还得找下家。

陈聪：现在的合同是三年的，今年 7 月份就要到期了，但是他们还没跟我说要续签合同。

奶奶：跟最早服务员那份工作比，她现在这份工作还是要稳定一些的，上班时间也还可以，工作条件比原来要好。她现在 2 000 多块一个月，是按钟头来算的。如果做八个钟头，就是八个钟头的钱。如果做七个钟头的，就是七个钟头的钱。她原先做七个半钟头，每个月拿 2 700 块，那现在少了，就没有 2 700 块了。这些都是不固定的。

陈聪：必胜客的员工都是一样的，都是按小时算的，不按天数算。毕竟是餐饮业嘛，都是按小时算的。现在按天算的那些工作也比较少，几乎很难看到的。

问：省残联会帮助她找工作吗？

奶奶：会帮忙的。我们去登记，然后有工作机会了，工作人员会联系我们，不过时间不快的，要等一段时间。他们联系我们，讲一下基本情况，比如单位地址啊，做什么工作啊，还有工资是多少，我们觉得可以，然后他们联系一下时间，让我们去面试，面试通过了才能工作的。但到现在他们帮她找的工作都是临时工，做一段时间就不做了。现在必胜客的工作是她自己找的。

问：百安居的工作是怎么找到的？也是临时工吗？

奶奶：这份工作是残联帮忙联系的，后来面试还是我陪着她去的。百安居

---

① 吃不落：方言，吃不消，无法承受。

主要是卖装修房子用的建材，还有油漆之类的。单位的环境挺好的，她也做得惯，不过也是临时工啊。

陈聪：百安居先跟我签了一年的合同，到期后又签了三年的合同，所以我一共在那里工作了四年。如果再签约的话，只能转正式工了，他们不愿意，所以我就走了。其实百安居跟现在必胜客的待遇都差不多，每个月大概 2 000 块多一点，不过百安居是按天算，必胜客按小时算。奖金、补贴之类的倒是没有，但是现在福利要好一点。像是过年去超市买东西的话，发票是可以报销一定额度的，以前在百安居没有这种福利。

问：陈聪的特奥活动经历非常丰富，您觉得她参加特奥前后有什么变化吗？

奶奶：变化嘛，就是她参加活动多了，经验更加丰富，能力也变强了，对她现在的生活、工作上都有不少帮助。要是她不能干，那她工作、待人方面都不会太顺利的，对哦？性格方面的变化倒是不明显的。她从小到大性格都很温和，从来不发脾气的，吵架、骂人这种都没有的；也很听话，让她做事情都会去做；而且也很团结，所以跟同学老师的关系都挺好的。她性格一直都是蛮好的。不过她参加这么多活动，也算是见过一些世面，肯定是更加开朗一些了。

问：奶奶您觉得陈聪丈夫怎么样？您满意这位孙女婿吗？

奶奶：我也是后来才知道他们在一起的。起初我是不同意他们俩的婚姻的。为啥不同意？她老公跟她是同学这倒没关系，主要是他家庭条件不好。他爸爸很早就去世了，他妈妈是残疾人，躺在床上，吃喝拉撒都要人照顾的。陈聪嫁过去后，生活上的一切都得她自己来做，他妈妈不仅帮不了她，还得要她照顾。我想这样陈聪就太辛苦了，那我肯定不能同意啊。可是他们两个人要在一起啊，那我也没办法，不同意也只好同意。我作为奶奶也没什么好说的呀。如果他婆婆很凶，对她不好，那我还可以跟她说说，可是她婆婆是个残疾人啊，一定要别人照顾的，所以我也没什么好说的。陈聪她自己既然愿意嫁过去么，那我也没什么意见。至于陈聪她丈夫这个人怎么样呢，这要陈聪自己说了，她肯定是最清楚的。

问：陈聪的爸爸妈妈对这门亲事有什么想法吗？

奶奶：她妈妈爸爸没什么意见的呀。她连奶奶的话也听不进去了，妈妈爸爸的话又怎么听得进去呢？总之，陈聪她自己开心，能够适应，那我也就开心了。如果她不开心，适应不了，那也不好同我说，毕竟是她自己坚持要嫁过去的。再说了，就算她同我说，我也没办法呀。反正他俩相处蛮好的，决定要结婚了，那我只能是支持。我那时候就是出点钱，摆个酒，给她买套新衣裳，做做场面咯。她妈妈爸爸帮不了什么忙，那就我来操办了，当时我大女儿、外孙女也帮忙一起弄的。我大女儿年纪比她大很多的，所以很多事情也都会顾牢①她的。

---

① 顾牢：方言，意为好好看顾。

勇敢尝试　争取胜利

——王安母亲张小芳口述

王安，男，1988 年出生。毕业于北京市东城区培智学校。2009 年入职福利企业——北京市康祝有限公司。已婚，育有一女。

口述者：王安母亲张小芳女士
访谈者、撰稿者：魏宏亮
访谈时间：2017 年 12 月 10 日
访谈地点：北京市朝阳区某茶馆

比别的孩子慢些

问：张姐，您能介绍一下咱们王安的基本情况吗？

王母：王安啊，是 1988 年出生的。我怀孕期间，确实是连一片感冒药都没吃过！唯一的是他过了预产期才出生，过了两个星期。出生以后，他就不哭。不哭那就吸氧吧，开泵的时候哭了。哭了以后呢，就把泵给关了。泵一关，他哭声越来越小了，又二次开泵，就这么一个过程。

照片子，发现他双侧额叶脑萎缩。到底是什么原因？当时唯一的解释就是说窒息导致的。他就是这种情况，严重了就是脑瘫。等到上小学，六岁的时候，就发现他确实比别的孩子慢。等到八岁，他就开始跟不上了。学校的意见就是去测智商，后来一测，智商低，他是上了小学才测的智商。学校就能把他给剔除，就不当那个"分母"①了。

问：就是随班就读？

王母：嗯，随班就读。班主任还不错，我们一直跟班主任都沟通挺好的。

---

① 分母：指全校学生人数总值。

班主任说别报给学校了，这样的话呢，我还能拽着他，让他跟着走。说大不了就这几年影响我这班的成绩，这关系你们家长的一辈子呢。我真是赶上一个比较好的班主任！

问：对，这班主任真是挺好的。

王母：王安小学上到六年级，校长跟我们说："王安是在我们学校里唯一的一个学习成绩最不好、但所有老师都喜欢的学生。"校长后来跟我说，你要想让他上中学呢，也能上。但还是看我们自己考虑。我说就去培智学校吧。

问：在这之前，您知道有培智学校吗？

王母：知道。王安四年级的时候，我带他到崇文培智去过。到六年级第二学期，我说："王安，你怎么办啊？你要是上普通学校，你就太累了。你跟不上，咱们也没办法。"没辙了，就这么按着他去培智了，他不愿意去。

王安在普小上学的时候，他得考试啊，每天要辅导他学习。一到晚上辅导他学习，我就觉得暗无天日似的。每天早晨一出来，陪他上学，才觉得："噢，还有太阳呢！"真就是这么一个感觉。后来，到培智学校以后，参加了特奥比赛，哎哟，才觉得心情痛快点儿了！

问：心里紧绷的那根弦儿松一点儿了。

勇敢尝试　争取胜利

问：您是什么时候知道有特奥的呢？

王母：我们是去了培智学校以后才知道。

问：哦，大概是什么时间？

王母：2002 年还是 2001 年？反正就是第一届特奥，你可以查一下，国内的第一届，在西安举行①，他们〔学校〕已经去西安了，王安就没赶上第一届。

我跟他们班主任和体育老师聊天儿。我当时是抱着主动的，但不知道往哪儿突破的想法，而不是说就放弃了。他们老师说："哎哟，您没赶上这第一届特奥，不行让王安在这方面试试。"我一想，觉得没准儿这方面就是我们的一个突破口，就觉得是一个希望，当时就这么想的。后来我为什么配合学校去做

---

① 2002 年在陕西省西安市举行的是第三届全国特奥会，第一届全国特奥会于 1987 年在深圳举办，第二届全国特奥会于 1991 年举办。因前两届与第三届相隔十数年，故讲述者将第三届全国特奥会误认为是中国举办的第一届全国特奥会。

那些事儿？要不然家长的劲儿往哪儿使呀！

问：张姐，您能从家长角度，给我们讲讲您与特奥的故事吗？

王母：紧接着，第二届特奥在咱们国家做得就比较扎实，王安也赶上那个时机吧，比较不错。特奥运动在咱们国家各个学校开展起来了，是以学校为基础做的。我自己确实没做什么，当时给我印象最深的，就是他们崇文培智。

我记得第一次是去石家庄参加比赛，好像是一个篮球项目。但是，因为各个学校不知道特奥是要申请经费的，那经费没申请下来。崇文培智的张育才老师挺想带着大家去做这个事情，王红校长也愿意做这个事儿。可就是学校没这笔经费，要是不去的话挺遗憾的。知道这个情况以后，我就说："那是多少钱啊？"他们说："就是来回的路费。"因为到那儿以后，住宿比赛就都由特奥负责了。我说："这样吧，既然你们老师都对这个事情挺重视的，要不然我出这个钱。"这笔钱也就 2 000 来块，准确的数我记不清了。从那以后，学校老师和校长都挺重视特奥。后来，崇文培智在特奥方面一直特别主动来做。

2003 年，王安去参加在成都举办的运动员领袖培训班，对王安的触动挺大。他原来不爱说话，参加完运动员领袖培训班以后，他就变得挺愿意表达的。那个时候，他十四五岁，正好是他发展的时候，对他的人生影响也挺大的。他有一句口头语，一直到 2009 年上班〔都在说〕："我是特奥运动员，我从来也不说谎话。"（笑）他说："我实事求是，我怎么想我就怎么说。"

问：最真诚的往往是最能触动人的。

王母：嗯，特奥确实给王安机会了。给他这个平台，让他去发言，让他去做。（笑）

我记得 2007 年还是 2008 年的时候，参加完特奥比赛以后，有一个赵久合同学的家长，他给胡锦涛主席写了封信，汇报这些特奥孩子、特奥家庭的情况：孩子们通过参加这些比赛，都很有收获。胡锦涛主席接到这封信，还回了一封信。当时，崇文区教委专门开了一个会，学习胡锦涛的回信。在这个会上，王安作为运动员代表做了一个讲话，王红校长作为特奥学校的领导做了一个讲话。这件事对这些孩子、对这些家长、对这些老师，是最大的鼓励！

问：您孩子参加特奥活动，您也陪着吗？

王母：基本上都跟他在一起，只要有时间的话，就陪着孩子。像王安学习打高尔夫，还有打羽毛球，基本上我们就陪着他一块儿，跟他一块儿去。

问：付出真不少。

王母：因为咱们的孩子其实他不理解什么叫坚持，不理解什么叫努力。只有家长陪着他、督促他，他才能有进步。

比如我们到鸟巢去学打羽毛球。给他找了一个教练，一对一，一个小时好像100还是200块钱。他打五分钟就不打了，那就我打吧。他爸爸还得处理单位上的事儿，就由我陪着他。我跟教练打会儿，他歇够了，又过来了。

开始，他老觉得他打得不好，他就没兴趣。等他跟他们同学一比赛，他算是好的了，他就有兴趣了。反过来，他又去跟教练学习，就比较融洽了，就得这么去练。（笑）

王安参加特奥这些活动，也确实得到了好多，我们家长也得到了好多收获。所以，就一直觉得还是挺不错的。我有时候跟他们说，有时候想想自己，觉得自己也挺伟大的，孩子这样儿，咱们家长做到这儿了，也行了。

问：王安参加过哪些特奥项目？

王母：他参加过篮球、羽毛球和轮滑。他轮滑比较好，因为他小时候，我带他去新世界地下学过水冰。那时候他八九岁吧，教练说他还行，还能学。到培智学校以后，他们上轮滑项目。因为有水冰的基础，在他这些同学里头吧，他一上就是最好的。

问：上手比较快。

王母：哎，老师就让他在前边带着，他觉得自己挺棒的，就有兴趣了。他老觉得轮滑是长项，老师也给他机会，让他带着那些小同学练。

他轮滑参加了几次比赛，得了第二名、第三名，还得过一次第一名，得过几次奖牌，轮滑得的比较多。羽毛球在东城区得过几次奖。篮球项目，王安在七八岁的时候，拍球都不会。后来，到培智他们训练篮球，结果他又打花样篮球，玩儿那些花样儿，就是拿手顶着。

问：转，让那球转。

王母：哎，他做得都特好。前后拍、迈腿拍什么的。我说他这个篮球还能玩到这个程度？我觉得挺惊讶的！一些花样的东西、技巧的东西他还可以。篮球给他的个人突破挺大的。

问：孩子的潜力是无限的，还是要去挖掘。

王母：王安到现在出去，还跟人家讲："只要我妈敢，我就敢！"我说："你还指着我呢！我这胆儿到一定程度，我都老了，我就没胆儿了！"（笑）

我们去海南玩柔索，就是两个山之间的柔索，好多人都不敢。我就说："王安，咱们走。"别的大小伙子，他们到那跟前儿不敢去了。然后，我就先坐柔索过去了。

问：从绳索上滑过去，是吗？

王母：对！柔索底下是一个绳子，用绳子绑着腿，下面是山涧。

问：这很需要胆量！

王母：他说："我妈敢，我就敢！"

问：其实您的引领作用，对孩子帮助很大。

王母：给我的印象最深的是什么呢？就是说咱们这个特奥精神吧，好像就是拼搏吧，争取胜利。

问：勇敢尝试，争取胜利。

王母：对，这个我们体会特别深。对于孩子来讲，他不明白这是什么意思。但是，王安通过这些比赛，能够突破自己，确实觉得特奥给了他这么一个天地吧，给了他这么一个机会。那几年，确实做得挺不错。

我现在理解特奥精神"勇敢尝试，争取胜利"，是一个终身的，不只是在学校这个阶段，或者是青年阶段，是吧？像我们孩子，马上就三十岁了，慢慢就要进入到青壮年，实际上它是贯穿他一生的。

为什么说我有这个体会啊？就是实际上去做的这些事情，包括王安成家、有孩子，包括到现在，都是这个特奥精神在发挥作用。你要去尝试嘛！你只能去勇敢尝试。你不尝试，你永远也不知道结果。你尝试的话，可能就能突破自己，包括突破他生活的限制。

问：太好了！

王母：我们的目标就是能够让他们的生活过得更好一些。我觉得这些都是勇敢尝试。事实告诉我们：他们的孩子也都很好，都很健康。

你得尝试，你再争取改变。有些现象也是你往前走才会出现的，是吧？那你怎么办啊？就会有各种问题。（笑）不同的阶段，不同的孩子，有不同的问题。你怎么办？你只能是尝试吧，争取胜利！

所以说"尝试"这个问题，真是贯穿他们一生，一辈子。特奥把我们也好、王安也好拉进来，给搭建了一个平台。至于说他怎么生活，后边儿确实是一个需要他永远尝试的问题，永远拼搏的问题，这等于是深层次的东西。

问：王安比赛回来，一般会跟您说他们比赛的情况吗？

王母：这个他都说，而且他说得还都特自豪。他那些奖牌、那些证书全都留着，留了一堆。工作以后，他主动跟李娟老师联系，去看他们。结了婚以后，带着媳妇给他们发糖去，他把他们当成家里人。

直到现在也是这样，特奥一有什么事情，他特主动就跟他们去了。反正就是在他的记忆里面，他就是特奥家庭里的一分子。

家庭尽力　陪伴成长

王母：在第一届特奥以后，东亚区特奥组织成立了"家庭亲友会"。那时候，我们王安刚去学校，也是冬天的时候，韩蓉芳和李秀云风尘仆仆地来跟我们家长介绍特奥的情况，成立了"家庭亲友会"。韩蓉芳的孩子是唐氏综合征。我说人家家长都这么努力，那么，咱们这孩子也一定能行。

问："家庭亲友会"主要的功能是什么？

王母："家庭亲友会"，就是所有特奥的孩子家长交流的团体。不光在北京，我知道全国都组织。"亲友会"也是当时做的一项工作，确实也做得挺好的。

问：它是由咱们东亚区组织的吗？

王母：东亚区特奥。当时以培智学校为主，一开始说叫"家庭支持网"，后来叫"家庭亲友会"，就是家长们交流的一个平台。

问：平时有什么活动？

王母：平时的活动主要是配合学校。东亚区有什么工作就来安排，跟各个区的家长直接联系。

问：您当初支持路费，起的带头作用非常好，要不是您出路费，可能就去不了了。

王母：当时觉得好像就难在这儿了，其实就是因为这个费用。

问：您的境界真高！

王母：也不是境界高，觉得就是不能卡在这儿，能配合做的就做了。要说做什么吧，确实到现在我也认为没做什么事儿，都是应该的。就等于你都到这儿了，你不做那些事儿，总得要有人去推动，是吧？尤其是开始，后来就都做得挺好的了。

问：在陪伴王安成长的过程中，对您的事业是不是也有影响啊？

王母：1999 年，我们就从单位出来了，成立了一个私人设备公司，也是因为这孩子，我们当时面临的选择是出国还是留下。在 1998 年，深圳开利空调公司请王安他爸爸去做空调项目，一个月给他承诺的工资就是 3 000 块钱吧。因为孩子他就没去。如果碰到冲突，我就都跟着孩子走①。

---

① 意为以孩子为重。

问：确实付出了很多。

王母：反正我们觉得，宁可其他方面耽误一点儿，我们个人方面牺牲一点儿，能陪着孩子，这是最重要的吧。就只能这么想。说实话，我这个人有时候脾气也不好，也挺爆的。但是呢，只要我们三个人在一起，互相鼓励着、支持着，就行。

问：王安不上班儿的时候，一般喜欢做什么呢？

王母：不上班就在家里头，他现在就是上网，反正他有他喜欢的事情吧。结婚有孩子之前，我们都去游泳，每个礼拜游两次泳。这一有孙女儿了，一直就没去。每年夏天，我们就到海边儿玩儿去。

盼特奥牵头　更进一步

问：张姐，在参加特奥过程中，您觉得有没有什么困难？比如说经费、场地、人员这些？

王母：从我们作为家长感觉来讲，特奥这个平台确实做得挺好的。它通过学校，当然，当时的环境也只能通过学校，那时候还没有什么温馨家园，我感觉都做得挺好的。

王安参加特奥这几年，我们真是没觉得有什么困难和问题。唯一觉得就是离开了学校，2009 年王安工作以后吧，好像在特奥这方面，几乎就没了。当然，后来残联比较重视，搞起了温馨家园，这是他们日常的工作。要是有比赛的话，什么春季、秋季运动会，是由社区来做了。

王安呢，还是比较主动的。到现在为止，他跟慧灵机构有联系，他们有比赛或者什么的，王安是作为志愿者的身份去参加。这方面我也挺支持他的，因为他愿意去嘛。

从特奥来讲，一直到现在，我也是觉得这是个问题。就是在咱们国家吧，好像没法普及起来了，尤其是他们进入成年以后。咱们国家在这方面，好像是一个空白吧。

他们有家长从美国回来介绍美国特奥，就是在社区里面。他们是周六、周日，都可以有一些活动。学校、一些社会的场所可以对这些人群开放，包括家长配合。咱们国家现在这方面，可以说就是比较少了。

问：它还应该再向社会普及，或者说在社会这个层面上能继续坚持。因为运动是一个终身的事儿，就体育精神来说，不应该仅仅放在学校这个阶段。

王母：对。这个工作吧，到底由谁去做呢？实际上，我觉得就是这些家长们，他还是有热情的，但问题是牵头和推动，就需要有特奥能够再来牵头，能够做起来。

我想象的特奥，如果给他们一个比赛、交流的环境，现在网络都很方便嘛，应该给他们弄一个网络平台，让他们也有一个精神上的交流。这个特奥呢，其实更深层次的，是一个精神方面的问题。在这个群里面，比如说可以有一些咱们特奥老师，有一些特奥的志愿者，有你们这些热心这方面工作的人。

这几年我跟特奥接触不多，我不太了解到底具体进展到什么程度。但是，从你们现在做的这些工作看，我总觉得环境和条件比那时候要好得多。所以，要是再做得更好，从我们家长来讲，就更欣慰了！为什么这么说呢？就是说陪着这些孩子，从我们家长来讲，觉得责无旁贷，是我们一生的事儿。如果社会各方面能够参与和支持，同时呢，就像你们这样的身体力行来做这些具体的事情，我觉得确实又让我看到了一个更好的、更光明的一面吧！

问：您说得非常好！实际上随着社会的发展、文明的进步，现在的形势是越来越好。我觉得家长们的付出，是不能拿数量来衡量的。另外，这些孩子不能说只是咱们张家、王家、李家自己的孩子，他应该是国家的孩子。这座"山"，应该有更多的人跟着咱们家长一块儿来抬，一块儿努力。这样的话，即使遇到再多的困难，咱们也能够去克服，去给它解决掉。

王母：所以说社会这方面吧，我感觉从现在的大学生和年轻的孩子看，他们都有这个意识，也有这个想法。然后呢，咱们这个社会，这些机构……关键是咱们特奥得有一个牵头，有一个行动，有一个落实。

问：得有一个牵头的。

王母：哎，把这些社会资源给利用起来。而且，引导他们来认识智力障碍人士。因为这个人群吧，实际上是非常复杂、非常弱势的一个人群。他们每一段儿的智力水平不一样，对问题的理解程度不一样，所以他处事的方法就不一样。这些爱心人士和志愿者，即便有爱心，但是，他不了解这个方面，所以，他做起来就有困难。当时，特奥就是先给志愿者开会介绍一下，然后再带着他们去做。但实际上，对志愿者来讲，因为是初次接触这些人群，真是很表面，很不专业。这个工作挺不容易的，要想做下去，做得好，真是需要一些更细致的工作。

我感觉到后边就是怎么坚持的问题。可能家长能够坚持得好一些，能够坚持得多一些。加上社会推动，包括咱们特奥再往前推动一下，会做得更好一

些！就是让我们家长能够更宽慰一些，能够更轻松一点儿。（笑）是不是？实际上就是这么一个。因为有这个平台的支持，我们就不是一家一户的事情，也不是我们自发的，或者是我们自己凑到一块儿的问题。有时候确实是挺有难度的。嗯，他自己说不清楚。

我觉得就是按现在说的"正能量"多一些吧，就会好一些。咱们看好多家长，如果对好多事情选择放弃的话，就是跟咱们特奥精神正好相反的话，他不可能推动孩子往上，更往前走一步。

问：大姐，我们聊得非常好。感谢您对咱们特奥运动的支持。咱们家长们的付出，也非常不容易。您让我们很感动，真是很受教育，很受启发。而且，也要祝福您啊。

王母：耽误你们了，谢谢你们。

王安本人口述

口述者：王安
访谈者、撰稿者：李珊
访谈时间：2017 年 9 月 16 日
访谈地点：北京市某咖啡馆

问：您好，我是特奥口述史的访谈员。想初步了解一下基本情况，您家有几口人？

王安：五个。

问：是有兄弟姐妹吗？

王安：我家，就是我爸、我妈、我、我爱人加我家孩子。

问：是女儿还是儿子？

王安：女儿。

问：挺好的。您小时候都在什么学校学习呢？

王安：普小。百草小学。

问：记得喜欢什么课程吗？

王安：没有什么太喜欢的，就是喜欢体育。

问：您小时候和同学们相处得怎么样呢？

王安：你指小学是培智呢还是普小啊？

问：您是一直在普小吗？

王安：我是六年级以后才转到培智的。

问：那您小学呢？

王安：都挺好的。

问：培智学校是有哪些课程呢？

王安：有手工课、美术课、体育课等等。上午是特长，刨除周五，周五我们当时是半天就放学了。周一到周四，上午是特长，下午是活动课，也就是小组，小组有音乐组、美术组、体育组等等，就是你想去哪个组就可以去哪个组。

问：是每个组必须要去的是吧，你有兴趣的可以参加。

王安：就是你选择一组，这学期都要去这个组，除非有老师不在的特殊情况，就安排到别的组。

问：您当时选择了哪个组？

王安：体育。体育老师觉得我挺好的，就是张育才老师，就打算培养我，带我去成都，参加的特奥培训班。

问：那时候大概几岁啊？

王安：实在想不起来了。（咳咳）

问：能说一下同学对您的帮助吗？

王安：小学对我的帮助挺多，现在是互相帮助，现在就有一个一直联系的。

问：你们两个从小学起关系就很好，是吗？

王安：对，我们两个是两家关系走得比较近，我去他家玩儿，他来我家玩儿，关系也比较好。

问：就是你们两家家长关系比较好，属于发小，是吗？

王安：可以这么说吧。（咳嗽）

问：能谈谈特奥培训班都有哪些经历吗？

王安：就是交往、认识更多朋友，知道什么是特奥，什么是特奥领袖，就是说带动大家。当时我是属于我区、我校还有北京市的特奥领袖，现在也是特奥大使、特奥领袖、特奥明星。

问：很棒。您成为特奥领袖是大家选的吧？

王安：对，大家选出来的。

问：被选是因为体育特长还是其他什么原因呢？

王安：老师看我又能跑又能跳的，生活比较能自理，然后呢，感觉我挺好的，把我带去了。

问：有哪些专门针对领袖的计划培训吗？

王安：就成都那次，目前没有。

问：您在全国比赛过程中遇到过哪些好的竞争对手吗？

王安：竞争对手也就是哈尔滨，东北的。

问：哈尔滨的选手是当时和您一起训练的吗？

王安：对，我在那儿训练过，后来因为身体原因我就退出了。

问：身体原因是？

王安：胃不好，我做过一个手术，时间过长、过度劳累的话容易导致肚子不舒服，肚子疼。

问：您这个病是小时候的原因吗？

王安：做了阑尾炎手术以后有的。

问：您的阑尾炎手术是什么时候做的呢？

王安：小时候，很小的时候。

问：现在好一些了吗？

王安：现在好多了。

问：您对教练有什么印象，能谈一下吗？

王安：就是张育才教练一直培养我。

问：一直就是这一个教练吗？

王安：对，就是张教练，体育组每次就是他一个人，上体育课的时候是杨老师，但是那时候就忙了，就……（没有继续说）

问：教练对您平时会有些什么培养呢？

王安：对我比较严格吧，对谁都严格，反正对我还成，因为我是比较听话的，我是正组长，还有个副组长嘛，每天带他们跑步啊什么的都由我们去安排。

问：您平时比赛有哪些印象深刻的经历吗？

王安：没有什么太大经历，教练对我挺好的，我滑得比较好，最初我不是滑水冰的嘛，后来滑旱冰。我滑得比较好，所以我都是旱冰组比赛的组长，带着大家去比赛什么的。

一般都是比赛。活动，特奥的话我记得去年还是哪一年，（咳嗽）叫我去798艺术区，东亚区那边给我打电话说邀请我和我母亲去参加活动。当时电视台主持人就是杨澜，采访运动员，然后就叫我过去，选几个代表，正好就选上我了，正好我也有时间，就跟我妈过去了。

问：是一个活动吗？

王安：是的，就是一个活动。

问：当时具体都做了些什么还记得吗？

王安：就聊聊天什么的。

问：也是一些访谈之类的吗？

王安：不是，就是聊聊天，喝喝茶，喝喝水什么的，正好那天我当的是主持人。

问：您比较突出比较优秀了，您在沟通方面应该是比较顺畅的，对吧？

王安：是的，当时王岐山接见了我们几个特奥运动员，其中包括我。当时算是接受采访吧，是我讲话的。

问：当时是您进行的发言，您一直是比较优秀的。

王安：是的。我也在清华大学当着一百名同学演讲过。

问：您当时的演讲主题是什么呢？

王安：特奥的，就是我的经历什么的，我当时也是做了幻灯片什么的。

问：您对特奥活动这方面有什么想法吗？

王安：现在没什么想法了。

问：以后还会参加比赛吗？还有这个打算吗？

王安：只要需要我就会去的。

问：对于轮滑这些，想过再进行深入发展吗？

王安：开始没有，后来有了。

问：您为什么没有实践呢？

王安：当时没有那个想法。从 2010 年之后才开始有这个想法的，我是 2009 年国庆过后开始上班的。

问：您父母对您参加特奥有什么想法吗？他们支持吗？

王安：他们支持我。

问：他们会有意培养您这些体育项目吗？

王安：没有。

问：就是您自己的兴趣爱好，是吗？

王安：对，只要是我高兴，我喜欢，他们就让我去学。

问：哦，都在家附近，是吗？

王安：对。走几步就到了。

问：您去过阳光之家之类的机构吗？

王安：没有，从来没有。

问：毕业之后就直接就业了，是吗？

王安：毕业之后先在家待了一段时间，后来就是我妈帮我找工作，再有就是我的一些同学啊朋友，我们一起上班的。

王安：您现在在哪里上班？

王安：在通州区，做医疗器械，现在叫北京市康祝有限公司，属于一个福利企业，残疾人将近一百多名。

问：它全是残疾人，还是有一定的比例呢？

王安：一比一。

问：您平时工作会做一些什么事情啊？

王安：就组装，就做的组装，一般我们都不会做太多。

问：就是不会有太大的活动量？

王安：活动量也就是搬搬箱子，装装货什么的。开始累，后来就不累了。我们去库房卸车装车就比较累，后来就没事了。最初我们是在食堂卸菜装菜，摘菜洗菜等等。

问：你目前对未来有什么打算吗？会一直在这家医药公司吗？

王安：是的。

问：公司是在家附近吗？

王安：不是，是在通州。每天六点一刻从家出发，七点到七点一刻在方庄桥东坐上班车，下班五点半发班车，最早到家是六点半，最晚到家是七点多。

问：就是一天也是很忙，周末会休息吗？

王安：是双休，平时有事儿的话也可以请假，我们属于请假不扣工资的。

问：福利待遇相对比较好一点。

王安：是的。

问：您现在和同事相处怎么样呢？

王安：和同事相处都挺好的，就是现在那些底下的正常人对我的帮助也挺好的。

问：可以具体说一下吗，他们会怎么对你进行帮助啊？

王安：我们在三层，他们在一层，他们要忙的话，就帮他们干干活之类的。擦擦玻化器啊，擦擦板之类的，装装货之类的，帮他们组装枪①之类的，等等。

问：您这份医疗器械工作是从 2009 年开始做的，很长时间了，您现在对这方面比较熟悉了吧。

王安：嗯，对。

问：您工作过程顺利吗，会有什么困难吗？

王安：没困难。我拿的都是国家最低标准工资。完了每年过春节也就是给我们发点儿过年费。中秋节的时候最早发月饼，现在是发米和油。每次特奥日

---

① 指工作用的工具枪。

的时候给我们发些东西。

问：特奥日单位也会给你们一些礼品？

王安：对，发些米和油或者面，或者一些医疗器械吧。

问：您记得第一次拿工资的情形吗？

王安：2009 年最低工资是 400 好像当时。后来涨到 600、800、1 100、1 200，去年是 1 890 元，现在是 2 010 元。

问：工资是一直在涨，是吧？

王安：对，每年都会涨。国家最低工资涨，我们也就跟着涨，国家最低工资涨多少，我们也就涨多少。根据国家走。

问：您和以前学校旱冰组的副组长都是北京的，是吗？

王安：对，他现在在化工路那边一个物流中心上班。

问：您的这些朋友们，从小一起的朋友们一般都在家啊，还是都就业了？

王安：我身边的同学……你说是普小还是现在的？

问：现在的这些。

王安：现在的同学有一部分是我调到我们单位去的，剩下的有一部分是他们自己找的，有在超市，永辉超市，有在北京站，等等，都不一样。

问：有在北京站的，是吗？

王安：有在北京站售票的，办公室待着的，有在超市的，还有在饭店的，等等。

问：都不一样的地方哈。

王安：对，基本上生活自理能力比较强的，都已经工作了。大部分已经成家了。

问：生活自理能力比较强的都是自己找工作了。

王安：对，就是三级、四级的。

问：我看了您朋友圈，也看到您和朋友出去玩儿的一些照片。

王安：对，我们也就是去动物园啊、欢乐谷之类的。

问：是和现在这边，培智学校的朋友一起，对吗？

王安：对。

问：他们和您关系都很不错，平时也是经常联系吗？

王安：是的。

问：他们也都在工作吗，还是？

王安：跟我一样，我联系的都是我们单位的。

问：哦，都是您单位的。

王安：也有外头的。

问：都是一些生活能够自理的？

王安：对，像坐公交车啊什么的都是自己。参加体育比赛也是，秋季运动会啊、夏季运动会之类的，也都是自己来。

问：您的生活很丰富啊。

王安：对，我从小带他们，有的时候参加比赛，有的时候就以志愿者为主，帮助更困难的一些人。

问：您自身也是一个志愿者，是吗？

王安：对，我属于裕华的志愿者那边。

问：平时也会做一些志愿活动，会帮助一些更有困难的同学吗？

王安：是的。身体残疾的或者是那些一级二级的。

问：可以说一下您当志愿者的感受经历吗？

王安：就带动大家一起活动，看护他们，不让他们磕了碰了之类的。

问：您会教他们一些体育项目吗？

王安：没有，我们学校教过体育项目的。

问：现在您还会回学校看看吗？

王安：今年没回去，老师一直想让我回去当助教，但是我有孩子，没时间嘛。

问：助教也是利用上班的业余时间吗？

王安：对，业余时间。

问：您上班有八九年了，您平时老出差，是嘛？

王安：不是，我带我母亲出去玩儿。

问：挺好的，您母亲很幸福。前段时间我们这边的老师联系您，您好像不在北京。

王安：对，前段时间我在东戴河呢，我们在东戴河有一套房子，夏天在那儿避暑，冬天躲避雾霾。冬天要是雾霾严重的话，等孩子放假了，孩子不是还在上幼儿园嘛，孩子放假了就去东戴河去。

问：能谈谈您的孩子吗？

王安：今天整三岁，今天是她生日。

问：今天整三岁啊，祝宝宝生日快乐，那咱们今天尽量早点访谈完，您陪孩子回家过生日。三岁是在上幼儿园，是在您家附近吗？

王安：对，就在家附近的幼儿园，因为她还不到四岁，就先上了私立的幼儿园，然后再转。

　　问：您家里平时都谁带孩子呢？

　　王安：我爱人。

　　问：她有工作吗？

　　王安：没有，就是在家带孩子。

　　问：这样对孩子有很大的帮助。您平时在家会和家人做些什么呢？

　　王安：你是指以前还是现在啊？

　　问：现在吧。

　　王安：现在也就是看孩子，没别的。陪孩子玩儿。

　　问：我能问一下您爱人的情况吗，你们是怎么认识的呢？

　　王安：我和我爱人是在网上认识的，有三年到五年时间，在网上认识的。

　　问：您爱人是之前就没有工作还是？

　　王安：一直就没有工作。

　　问：您负责赚钱，爱人负责照顾家里，对吧？

　　王安：对的。

　　问：平时都会带孩子做些什么呢？

　　王安：平时就带孩子出去玩儿啊，或者划划船，像今天她妈妈就带她去金宝贝上上课，然后有时候去双井的北楼玩玩儿。

　　问：您会有意地影响或者教导孩子学旱冰或者体育嘛？

　　王安：她现在还太小，但是有这个想法。

　　问：对以后有什么打算吗？

　　王安：反正等孩子大一点打算让她先学游泳，然后再看看，到时候再说。因为除了我爱人和孩子以外，我家人都会游泳。

　　问：游泳是从小父母教的吗？

　　王安：不是，我在外面学的。

　　问：您是对这些体育的项目都比较感兴趣吗？

　　王安：我是比较喜欢玩儿水。

　　问：您喜欢玩儿水是吧，能说一下您小时候的一些经历嘛。

　　王安：想不起来了。

　　问：您平时和孩子沟通多吗？

　　王安：平时都是我走哪儿带哪儿，一般我在家就带的时间比较长。孩子出生一岁两岁那时候，我就在家陪陪孩子。

问：您对未来比如说社保方面有什么期待呢？比如说希望政府对您还有什么帮助？

王安：政府，现在挺好的，现在也有一卡通了，就是希望，反正我们现在就盼着一卡通在北京市能用，希望呢将来在外地也能使用。

问：现在您的孩子有些什么福利待遇吗？

王安：没什么。孩子也就是我们自己管，给孩子上点儿保险之类的，弄点儿理财，没别的。我们一家五口现在都弄着理财呢。

我以他为傲

——C父口述

C，男，1991年出生。独生子女。智力障碍四级。毕业于湖北省武汉市某职业学院中专部。2017年入职武汉市某职业学院图书馆。

口述者：C父
访谈者：刘昱琨、刘思洁
撰稿者：刘昱琨
访谈时间：2017年11月22日
访谈地点：武汉市某职业学院

二年级发现智力问题

问：C老师您好，您爱人也是老师吗？

C父：我爱人跟我都是工业学校的。

问：工业学校？

C父：武汉某某工业学校。你应该听说过，武汉某某工业学校的历史是很长久的，现在靠武昌的江边。

问：武汉某某工业学校是中专或者是？

C父：中专，我们学校当时是全国五所国家级重点中专之一。

问：您是哪一年上大学的？

C父：我没上过大学。我当兵的。

问：当兵是哪一年呢？

C父：我1982年当的兵。我在郑州当兵。

问：那是哪一年回来的呢？

C父：1986年回来的，当了四年兵。

问：1986 年回来就结婚吗？

C 父：哪能回来就结婚呢，1986 年我才二十二岁，哈哈哈。1990 年结的婚。

问：1990 年结婚，小孩 1991 年出生。您爱人呢，当时是怎么认识的？

C 父：在学校里面，都在工业学校里面。回来以后就分配到武汉某某工业学校。

问：一回来就分配那里工作？

C 父：从当兵回来以后就在那里。

问：在那里工作，然后认识了孩子的妈妈，妈妈是老师，还是？

C 父：图书馆。

问：图书馆里面的图书管理员？

C 父：对。

问：她家也是武汉市的？

C 父：对。

问：是武汉市的子弟。当时这样的生活就是非常正常的、能看到幸福的生活。

C 父：是的。

问：您儿子今年多少岁啊？

C 父：二十六吧。我小孩出生于 1991 年 9 月 25 号。生下来都很正常，一直到他上幼儿园，上小学一年级，都是很正常的。他小的时候呢，背《唐诗三百首》啊、英语啊，那是一点都不含糊，我们根本就没有发现任何问题。后来到了适龄的时候才把他送到智障的学校去。之前还在我们三层楼那边新河街小学，上了一年级、二年级，我仔细想想，好像是上到二年级的下学期。

问：为什么一开始把他送到新河街小学呢？

C 父：我们单位的对口学校就是新河街小学。

问：新河街是哪里啊？

C 父：三层楼。

问：和平大道那里吗？

C 父：对，和平大道，铁路桥那里。

问：C 先生在新河街小学上到了二年级？

C 父：对，武昌区新河街小学，上到二年级。因为他个子比较高，就坐得稍微靠后面。他们有个班主任老师，很负责，也是一个老教师，发现他上课的

时候呢，突然就会站起来。这种情况以前完全没有出现过，他小时候一点问题都没有。

问：就跟正常孩子一样？

C父：就跟正常孩子一模一样，甚至比正常孩子可能还要好。那个时候我们还教他学英语，一天工作忙完了以后就会教他学点英语。

问：学的是什么英语呢？

C父：就是《英语九百句》这些最基础的单词之类的。他读到了二年级，老师上课时就看见他本来坐在后面好好的，突然一下就会站起来。而且这种事情不是发现一次两次，后来就很频繁地发生。他那个班的老师就跟我们联系，建议我们带孩子到医院去检查一下。我当时不理解，就问为什么，这个老师就说，他以前带过的孩子出现过这种情况，这一下就引起我们警觉了。

问：这个老师有经验。

C父：对，这个老师非常有经验。后来我们就带他到附属第一医院去看病，首先到附一做了个脑电图。

问：附一就是湖北省人民医院？

C父：对，湖北省人民医院。做了个脑电图，发现脑电图的电波不正常。正常人脑电波的波纹很平稳。他脑电波不平稳，一会儿高一会儿低这样子。后来我们就问医生能不能确诊，医生建议我们再去做一个脑部CT，我们就带他去做了CT，没发现有什么东西。之后医生又建议我们做核磁共振，那个时候做核磁共振是非常贵的。

问：是的，我知道。

C父：我们是在他上二年级的时候，也就是八岁，带他去检查的。

问：2000年前后？

C父：对，2000年前后。那个时候核磁共振是非常贵的，不像现在，那个时候要3 000多块钱。但是我们还是带他去做了核磁共振。做了以后就发现他的蛛网膜下腔……

问：蛛网膜下腔？

C父：就是我们经常说的眼球背后这个地方。他眼球后面的这块大脑，长有四个囊肿，而且左右大脑都有。我现在记不太清楚了，最大的一颗好像有蚕豆大，最小的也有黄豆大。这个东西会压迫他的脑神经。而且这个东西吧，在孩子年纪小的时候不明显，它会随着人的生长发育增大。就是说孩子慢慢长大，神经系统之类的都在发育，这个东西就开始压迫神经了。后来我们就慢慢发现孩子的数学跟不上，不会算。在一年级还可以，二年级我们就发现，教他数学，他的算法就不对。但是当时也没引起重视，我们想到男孩子嘛，发育稍微迟缓一点也无所谓。后来医院做出诊断以后，我们才发现是有原因的。但是他当时的语文成绩没有问题，只是后来囊肿压迫到右大脑才导致了语言的障碍。

问：后来压迫到右大脑了？

C父：对，而且右大脑的囊肿大一些。小时候说话没问题，后来长大了压迫到神经，导致他吐词不是很清楚。

问：嗯，受到了影响。

全家人的理解

C父：孩子还没有接触到特奥时，小时候就经常跟我一起锻炼，我是经常锻炼的人，我常常带他跑。发现他这个问题以后呢，我们更注重他的身体健康，毛主席说过身体是革命的本钱，我们是很看重这一点的，不管是正常人还是不正常人，身体健康都很重要。而且他原来有过敏性哮喘，我们也想通过锻炼减少发病。

问：过敏性哮喘是发现他智力问题之前就有的吗？

C父：从小就有（点头）。至于为什么会有智力上的问题，我们现在想起来，可能是我老婆怀孕的时候得了带状性疱疹。

问：啊，这个可能真的挺有影响的。

C父：带状性疱疹在我们那个年代，如果是怀孕时得的，医生都说这是小问题。但是现在医学发达了，现在，只要是怀孕期间得了带状性疱疹，百分之百的医生会要你……（挥手）

问：把孩子打掉？

C父：嗯，不会让孩子生下来。所以说我们回想得病的原因，为什么是这样的？最后才想起来可能是这个带状性疱疹引起的。

问：是怀孕初期得的病吗？

C父：应该是怀孕的三个月左右吧。

问：孩子刚好正在生长的时候。

C父：当时出现这个问题谁都不知道什么原因，后来慢慢地回忆，"哦，得了带状性疱疹"，还是我老婆自己说的。

问：爷爷奶奶知道她怀孕期间得了带状性疱疹，也没有引起重视吗？

C父：引起重视啊！消炎药不能吃啊，这些东西都是正常的呀。

问：就是没想到会有这样的影响。

C父：对，就是没想到这个会影响啊。那个时候科学不发达，他们作为老一辈的军医，在这个方面，不会有什么很全面的知识。是后来随着科学的发展、研究的突破以后，才觉得孕妇得了带状性疱疹很可能会对孩子有不好的影响。说老实话，当时附一的妇产科主任都是我爸我妈的同学，亲自给我老婆接生，接生出来以后说"好壮的小伙子啊"。

问：就生下来特别健康？

C父：对呀，因为那个时候看不出来。

问：发现孩子不太正常以后，你们俩没有再生小孩儿吗？后面就没有弟弟妹妹了吗？

C父：我要了二胎。

问：是男孩还是女孩？

C父：要了二胎指标，我没生。

问：为了爱他，就为了爱C先生？

C父：对。我一直没生。我们学校好多老领导，都劝我生一个，我说我坚决不生。

问：那爷爷奶奶是什么态度呢？

C父：我们两个决定的事，我的父母是不介入的。他们不干涉。

问：哦，不干涉。

C父：我的父母也很开通，"你们想生就生，生了，我们也可以带"，很简单的道理。包括我老婆的姐妹，她们是三姊妹，都尊重我们的意见。

问：爷爷奶奶能接受孩子的这种情况吗？

C父：爷爷奶奶接受啊，我父母是搞医的。

问：啊，这就容易理解这种情况了，他们会很理智地面对。孩子也不会承受那么大的心理压力。

转入特殊学校

C父：后来我们就想孩子以后怎么办。找到这个问题以后他就只能转学呀，他后面都跟不上了呀，年龄越大越跟不上，就把那个学期勉勉强强读完了。

问：二年级上学期？

C父：下学期读完了。

C父：后来我们就想办法打听有没有这种孩子上学的地方，就听说有一个武昌培智中心。

问：培智中心？还是培智学校？

C父：培智学校。它原来不叫这个名字，不叫武昌区培智中心学校，它原来是叫的什么小学，我现在一下子忘了，记不起来了。

问：就是雷老师那个学校？

C父：就是雷老师那个学校。当时也是因为我们住在三层楼嘛，我们有一个街坊，也是新河街学校的一个老师，我记得好像是书记吧。我就把情况跟他说了下，因为我们都是邻居，都很熟。书记后来找的叶老师，叶老师他就说了一些这个学校的情况，又问我孩子是什么情况，后来就到了特殊学校去学习。我说实话，我作为一个家庭里面的男人，要有担当，我老婆当时在家里已经……

问：那肯定已经是没主意了。

C父：对，已经是没有主意了。我觉得我这种态度也是跟经历有关系。我就跟我老婆说，反正就是面对吧，不面对也不行。我说我们第一步，先把残疾证办了。

问：这是多理智的一个行为啊。

C父：我们就先把残疾证办了。我们必须面对现实。那个时候就赶紧到附一，把智力一查，查完了之后结果出来，附一还不能办理残疾证，我们就到湖北省专门办理残疾证的地方，是在……

问：汉口？

C父：好像是在汉口的蔡家田那里。

问：是不是残联中心啊？

C父：不是残联中心，是一个专门的鉴定机构，就是专门鉴定残疾人的一个机构。

问：这是三年级的时候？他那个时候几岁了？

C父：九岁多一点。

问：当时查的智力有多少？

C父：当时查的是在正常人数值的边缘。

问：70？

C父：他可能是在60多，64、63的样子。反正就是跟正常人差一点，就差那么一点。我当时到那个机构给他办残疾证，整个检查做完以后，他是智障里面的四等级，就是最轻的一级。

问：长大以后再查了智力没有？

C父：查了。

问：有没有变好？

C父：没有变好，反而还在往下降。因为孩子越大，器官长大了，囊肿就更加压迫到了神经，受到的影响更大。它对于血管这些一直在长大的东西影响特别大。他后来做了一次智力检查，好像50、59吧。后来就一直稳定在这个状态，没有再往下降了。

问：他长大了之后，身体里面的机能平衡了，他就平衡了。

C父：对。然后就到培智中心去上学。去了以后，他们老师都很热情，那个时候好多老师啊，说老实话，我现在也已经变成了他们的良师益友了。

问：这是久病成良医了。

C父：当时孩子去了培智中心学校之后呢，虽然我工作也比较忙，但是我专门买了摩托车，就为了每天早上送他上学。

问：学校离您家也很近？

C父：离我家也很近，但是必须要坐两站路的公交车，从三层楼到文化宫。

问：早上送去晚上接？

C父：刚刚我说为了他以后上下学比较方便，我就专门骑摩托车接送他。中午去接他，因为有的时候我中午没课，我就会回家做饭啊。我爸爸妈妈也在学校里面，都很近。我就会把他接回来，下午两点钟之前再送过去，晚上再接回来，我一天至少接送他四趟。

问：这个过程中孩子有没有问过妈妈爸爸为什么把我送到那里去上学？

C父：没有。

问：或者说他也没发现同学不同？

C父：没有，没有。

问：那就真是您工作做得好，这种疏导的工作您肯定做得特别好。

C父：其实这也不存在疏导，我就是把我的孩子作为正常的孩子来教育。

虽然说我的孩子不正常，但是我最起码知道，我要把他当做正常人来培养，这是很重要的一点。

问：孩子他自己心理上有没有什么变化？

C父：没有，我也从来不专门疏导他，我就让他自己去揣摩，自然地、慢慢地去接受。我孩子现在都不问我们夫妻两个"我为什么现在是这样的"，他不问。当然他有的时候做错事了，我们也会跟他说，"告诉你，你做事一定要认真，你跟别的人不一样"。

问：他也从来没有问过，"爸爸，我为什么不一样？"

C父：没，他不问，他说我知道。

问：C老师，就您来看的话，他心里有疑问吗？

C父：他心里肯定有疑问，他就不会表达出来。因为他很单纯，我孩子特别单纯，真是特别单纯。

"我不休息"

C父：在孩子培养方面我也是有自己的打算。去培智中心学校的时候，我工作也忙，只跟他们班主任老师接触比较多一点，别的老师接触得稍微少了点。但是我原来就喜欢运动，我看到他们有小孩子在训练，我就问了他那个姓胡的班主任，做了简单的咨询。后来就介绍给了雷老师，我就跟雷老师说了我们和孩子的经历，跟雷老师交流。

问：就跟雷老师联系上了。

C父：这个交流实际上，对我儿子来说已经晚了，但是也不算很晚。可能我也有疏忽，我没让他尽早地介入到、接触到特奥，再提前两年可能还好一点。

问：是哪一年接触到特奥的呢？

C父：2001年前后。

问：那实际上也不晚，是刚到培智学校的时候。

C父：好像是到培智学校一年以后。

问：他一开始选的是什么项目呢？

C父：选的短跑。

问：自己选的还是爸爸妈妈帮他选的？

C父：我给他选的。因为我自己的体育比较好，我是搞短跑的，当时还准备考武汉体院，我的专业课可以说是超标了，但是文化课差两分。

问：就是因为自己有这个特长，相信儿子也有这个特长，遗传。

C父：后来接触特奥以后，觉得项目很多，我就问他"你还喜欢哪个"，他说喜欢打球。

问：打什么球？

C父：篮球。

问：他那时候个子应该很高了。

C父：应该也还算高了，在他们这个群体里面算高了。

问：是因为个子高、腿长选择了短跑吗？

C父：这跟腿长没有很大关系，你看中国的短跑运动员腿都不长，就是频率快。

问：一开始怎么训练的呢？您给他训练吗？还是学校？

C父：一开始我给他训练，按照我原来的训练方法。

问：比方说，早上起来跑步？

C父：对。早上起来沿着江边跑。江边有和平大道，现在叫新临江大道。

问：每天跑多长时间啊？

C父：如果是我带着他跑的话，基本上就是从我们三层楼江边，跑到中华路。

问：（惊讶）三层楼江边跑到中华路？跑到中华路码头那个地方啊？

C父：对，练体力啊。他就慢慢跑，跑一会儿歇一会儿，我等他。

问：孩子自己叫苦了吗？

C父：苦啊，但他没有说不想练。他就觉得累，他从来没说"我不想练了"。有的时候我跟他说，你要不要休息，他就说"不休息"。

问：这个孩子挺有毅力的。

C父：对，他就是说"我不休息"。

问：这就是运动员的特质。他第一回参加运动会是什么时候？

C父：第一回参加是在大连吧。参加的是全国田径锦标赛，特奥的。

问：特奥的？

C父：就是特奥专项的田径。

问：是哪一年啊？

C父：2005年吧。因为我电脑坏了，我U盘也没带，U盘带过来的话，我可以用下同事的电脑。他所有参加比赛的相片，我全部保存了。

问：有心的爸爸。第一回是参加了特奥的几个项目呢？短跑运动？

C父：搞了一个100米，一个立定跳远，两个项目，当时让他报的。100米当时湖北省唯一一块金牌就是他的。

问：孩子这么厉害呀！

C父：那一届田径运动会，湖北省唯一一块金牌就是他。

问：立定跳远呢？

C父：立定跳远拿了一块银牌吧，好像是银牌还是铜牌我不记得了。反正好像是拿的一金一银。

问：孩子已经够不错了！当时C老师和妈妈陪着一起去的？

C父：我陪他去的。

问：还有老师陪他去的？

C父：对，雷老师。

问：练了多久去参加这个短跑就得了金奖呢？

C父：练了多长时间我还真记不住，反正是他接触特奥时间不是很长的时候。我刚不是说了吗，他不是一进校就接触了特奥，而是一年以后。

问：这中间没有在学校参加别的比赛了吗？

C父：那个时候的特奥运动会不是很正规，没有规矩，没有规律性。想搞就搞一届，不想搞就不搞。特奥会历史本身就挺短，那时候说老实话，可能国家也不够重视这一块，所以他当时去参加了比赛，拿了金牌以后雷老师特高兴。

问：肯定高兴呀。当时拿了金牌，除了金牌有没有奖金呢？

C父：没有，什么都没有。

问：就只有金牌？

C父：一个牌子，奖状都没有。后来所有的项目，特奥会都没有文字性的证书的，它全部都是奖牌。

问：除了短跑，还参加了别的项目吗？

C父：后来就参加篮球、足球、排球。

问：参加了短跑、跳远、篮球、足球、排球，那真是运动健将。

C父：我让他跟小伙伴们多接触。我是这么想的，单项还是突出个人，多参加集体项目呢，相互之间会有交流，这样对他以后发展可能更好。

问：对心理上的成长要好。

C父：对，所以说后来就是，篮球啊、足球啊，我们都让他参加了。

全省唯一的运动员领袖

问：他是怎样被选上了特奥运动员领袖的呢？

C父：他多次参加运动会，多次拿到金牌，最后他参加全国运动会，是全国优秀的特奥运动员，那是有牌子的。

问：C老师怎么理解运动员领袖要有哪些素质？比方说演说啊，他受过这方面训练没有？

C父：受过。

问：在哪？

C父：石家庄。他们夏老师带他去的，我没去。培智中心学校夏老师带他去的。所以这一段有一点遗憾，什么遗憾呢？他当时作为湖北省唯一一个优秀特奥运动员，我没有陪他去。

问：湖北省就他一个？

C父：当时只有他一个。当时在全国的特奥运动员里面，湖北省就他一个，后来就多了。通过参加各种比赛啊，觉得他不错，雷老师就说，积极推荐，这样当上的运动员领袖。

问：还是雷老师推荐的？

C父：对，雷老师推荐，这个肯定要推荐。推荐完了以后2009年就到石家庄，参加特奥运动员领袖的培训。

问：2009年他几岁了？十八岁吧？

C父：十八岁。我不记得是不是2009年了，这个你可以问一下培智中心学校的夏老师。

问：在石家庄什么学校记不记得？

C父：我不记得了，反正是在石家庄。哦，这个地点错了！不是石家庄，是合肥。

问：在合肥？

C父：合肥。那我这个时间可能还会错，你们问下培智中心学校的夏老师。

问：我会核实的。

C父：然后呢，这个培训我没去，但是我给了夏老师一个相机，我说让他把他培训的过程，照片给我照一下。他说没问题。最后培训了三天吧，他把胶卷拿出来给我了，我把胶卷给我同事，一洗，里面全部是空白的。

问：为什么呢？

C父：我不知道，我怀疑他是不是取胶卷的时候曝光了。所以说这一段是最遗憾的，什么资料都没留下来。这一段我觉得很遗憾，但是，有的时候我也不好说这些话，哈哈哈。

问：他只培训了三四天，哪些课程小孩记得吗？就比方说哪个老师上了什么课？

C父：那估计记不得了，他估计是记不得了。

问：没有材料可惜了。

C父：这个可以具体地问一下夏老师，我相信夏老师的，夏老师工作也很细致的。

问：是个男老师？

C父：男老师。工作也很细致，可以问下他，他可能会回想起来一些东西。

问：孩子三天培训回来以后，您觉得他哪些方面有变化吗？

C父：他培训回来以后自信心更强了啊，而且整个说话呀，比原来要流畅得多了。我听夏老师说，他们在那里主要就是让这些孩子去说，去表达。

问：他记不记得要他学的是哪些主题呢？比方说怎样做一名运动员领袖？怎样去推广特奥会？

C父：那肯定不记得了。

问：C先生自己对特奥有理解吗？比方说他作为运动员领袖应该做什么，他有理解吗？还是没有这方面的意识？

C父：（摇头）。

问：我是第一次出来访谈，我以为有些孩子，因为自己不太健康，父母会很悲观啊，会有很多怨言啊，跟C老师见面后，我访谈以前所有的担心都打破了。

C父：说老实话，我是因为在上海特奥会的前两年，参加了一个中国特奥会在湖北举办的家庭支持网络……

问：把您也推成一个家庭领袖了。

C父：完了以后我就去培训。我儿子他们在学校训练呐，场地方面不太好解决，我在学校里面工作，场地这一块，我就能带他们到我们工业学校去训练。当时雷老师一说场地有困难，我说"没问题的"。

问：就是学校也给了很多支持？

C父：对，工业学校给了培智中心学校很多支持。我也可以说是他们的编外的教练。

问：就是运动会的、运动员的教练？

C父：对，有的时候，只要一说"C爸爸，你那里有没有场地啊"，我说"你要干什么啊"，"训练"，我就说"好啊，来，我跟你们一起训练"。还包括到湖北大学的场地训练，我们学校的场地训练。

问：都是您帮忙借的？

C父：湖北大学我没有，只是陪他们一起去。这都是训练，我也是他们编外的，我跟他们玩得很好，开玩笑说我是你们编外职工，你要给我奖励，这样开玩笑嘛。

问：你跟C先生两个是比较成功的特奥人士。

C父：不算成功，不算成功。

问：嗯，走的路算是比较顺的，尽管家庭也遇到了一些变故，但是仍然用平常的心理去面对它，也可以跟常人一样生活得很幸福。

念了一年中专

问：他现在还是运动员领袖吗？

C父：他后来就没有当运动员领袖了，到了十几岁的时候他就从培智学校毕业了，毕业后我就把他弄到我们学校的中专部。

问：就是以前这个学院的中专部？

C父：对。那个时候在台北路。

问：那个时候只有十六岁呀，他在中专部能干什么呢？

C父：读书啊。他从培智学校出来以后，我就跟我们中专部的校长说，让我儿子到这边来上学。初中毕业了啊，好歹拿个中专文凭。

问：对。他当时学的是什么专业？

C父：学的是物流管理。

问：哦，是现在最时兴的专业，物流管理。

C父：我只想让他拿个文凭。

问：他课程都能够学下来吗？比方说有学分要求吗？

C父：中专没有学分要求，就是考试。

问：就是平常期末考试就可以？他在里面跟得上吗？

C父：那肯定跟不上。

问：跟不上怎么办呢？

C父：跟不上就三天打鱼两天晒网。

问：小孩儿他愿意吗？

C父：他去了一年嘛，我说要他住校，他不愿意去住校。你说他从汉口往武昌跑多累啊。

问：他不愿意住校，还是跑回来，每天跑。那时候交通还不方便。

C父：跑完了以后他就不跑了，他就住在家里。

问：在家里就不愿意去了？

C父：对。

问：不愿意去了就在家里练特奥？就练运动了吗？

C父：对，只要是有训练啊，比赛啊，他就到学校去。

问：就是培智学校有训练和比赛他就到学校去？

C父：对，有训练他就去了。但是这个时候慢慢地参加特奥运动就比较少了。

问：读书期间他文凭拿到了没有？

C父：拿了。

问：拿到文凭了，他有没有按照他的专业方向去找工作？

C父：没有。

图 书 管 理 员

问：现在在什么地方上班呢？

C父：现在在我们学校，在武汉××职业学院。

问：在哪个部门呢？

C父：图书馆。

问：那就是帮助整理书籍？

C父：嗯，跟他妈一起，上书、放书。

问：哎呀，这孩子这边工作还挺好的，起码还有妈妈经常可以带他。

C父：这要感谢我们的院领导。

问：对对对，那真的是。

C父：我们也是在三年前吧，就跟学校领导谈这个事。

问：那他是正式入职的？

C父：他原来是临时工，做了三年以后，去年年底，就今年年初，签的合同。

问：合同制就是正式入职了。

C父：合同制，对。

问：这样的工作环境真挺好的。他跟别的人没什么区别了，他就是正常人了，这个非常重要。这是因为爸爸一直在努力。

C父：哈哈哈不见得，还是因为有这么多朋友同事的关心啊。

问：这解决了很大的问题。他有没有女朋友呢（笑）？

C父：没有没有。

问：这比较难。现在孩子上班我们能不能去看看？

C父：可以可以。

问：如果您觉得不方便的话，我们就装作读者去看一下。

C父：没事，走吧。

问：C老师，能不能跟孩子照个照片呢？

C父：可以呀。他现在是在采编，他原来是在书库里面，现在在采编。就是书来了，入计算机，入库这样的。现在不像原来，原来采编的工作是什么样呢？书来了，我们老师编，老师入库。现在都是卖家自己来编，就不需要他们编了。

C本人口述

口述者：C
访谈者：刘昱琨、刘思洁
撰稿者：刘昱琨
访谈时间：2019 年 3 月 4 日
访谈地点：武汉某职业学院图书馆采编室

我 的 童 年

问：我们从小时候聊起啊，你对童年有什么比较深刻的记忆吗？比如说小的时候住哪啊，和谁一起玩啊？

C：没有人跟我一起玩。

问：小的时候就经常一个人？

C：对。我一个人。

问：家里有比较玩得好的同辈亲戚吗？

C：我有一个，就是我爸爸他们……我奶奶他们家有一个姐姐。

问：哦，是堂姐。

C：对，堂姐。

问：会经常一起玩？

C：对，有时候她回来的话，我就去见下她。

问：哦，她不在武汉啊？

C：她不在，她在国外。

（C 先生接办公室电话）

问：其他的朋友就不是特别多了。

C：对。

问：那邻居呢？

C：现在没有邻居。

问：小的时候有邻居吗？

C：没有。

问：嗯，上幼儿园还记得吗？

C：对对对，我记得。

问：在哪里上的还记得吗？

C：还记得，就在那个电厂幼儿园里头。

问：大概几岁上的幼儿园呢？

C：那我就不知道什么时候上的。

问：对幼儿园印象怎么样？

C：好像还可以吧。

问：后来上小学还记得在哪里吗？

C：在车辆厂那边上了一个小学。

问：哦，是在小学几年级的时候发现有点不对呢？

C：好像是一年级。

问：一年级就开始有去看病的印象了，是吗？

C：对。

问：去医院去得多吗？

C：我好像是小时候有一个哮喘病。

问：你记忆里是因为哮喘才总去医院的，是吗？

C：对，我那个时候每年夏天就开始发哮喘。

问：很难受吧。

C：很难受，那个时候小，家里每天都忙着我的事。

问：现在好了吧。

C：现在已经好了。

问：武汉大大小小的医院都去过了？

C：对，都去了。

问：对给你看病的医生有什么印象吗？

C：没有了。

最爱培智学校

问：小学的时候有没有比较喜欢的科目呢？

C：就是喜欢体育。

问：哦，从小就喜欢体育啊。

C：对。

问：文化课之类的都没什么感觉？

C：没什么感觉。数学有点差。

问：我们数学也不是很好（笑）。那跟老师相处呢？

C：还可以，有些老师对我蛮好的。

问：小学老师对你蛮好的？

C：对，小学在那个沙湖那个，湖滨街小学的时候。（和同事说话）

问：小学有没有印象比较深的老师呢？

C：有。

问：叫什么还记得吗？

C：那个，雷老师。

问：小学就认识雷老师了？还是后来认识的？

C：是后来，后来我在那个湖滨街……

问：培智中心是吗？

C：对对对。

问：小学就去培智学校了？你之前在车辆厂小学，是什么时候去的武昌培智学校呢？

C：我现在一直……我现在已经没有去那边了。

问：培智中心那边就没去了，是吧？

C：对，就没去了。

问：就是说你是一年级转过去认识的雷老师？

C：对，转过去那会儿认识的。

问：那认识雷老师也很久了。

C：是的，后来是2005年的时候，雷老师就带着我们开始跑步嘛。

问：就开始训练了？

C：对，训练嘛。2005年全国比赛的时候。

问：在培智学校，除了练体育还学别的东西吗？

C：我那个时候还学烹饪、炒菜这些。

问：这些东西你喜欢吗？

C：我喜欢啊。

问：这次转学是你自己同意的吗？

C：对，父母就是那个……发现我脑子里头有东西之后，一下子就是把我送到培智学校去了。

问：你还记得是哪一年吗？

C：我不知道是哪一年了。

问：就是年纪不大的时候。

C：不大，我那会儿……是十四岁的时候上的比赛。

问：年纪好小哦，十四岁就参加比赛了。你觉得培智学校的老师和普通学校的老师有什么区别吗？

C：就是喜欢培智中心的老师，特别喜欢。

问：就是雷老师吗？

C：对，还有胡老师。

问：在培智学校交到什么好朋友吗？

C：我有一个蛮好的队友。

问：跟你一起比赛的？

C：对，跟我一起训练的那个人，小女孩。

问：你们放假的时候会出去玩吗？

C：没有。他们还来学校看过我一次。

问：现在还一起玩吗？

C：他们后来就没来了。

问：就是只在学校里的好朋友。

C：对，就是以前在训练的时候，我跟她一起。

问：你们一起参加过比赛吗？

C：她、她就没有参加过大的比赛。就是训练的时候陪着我一起，训练。是在哈尔滨的时候，有一次，她跟我一起，比赛一次。我是男子组，她是女子组。

运 动 健 将

问：父亲在你小时候就带你训练，对吧？你对爸爸带自己训练有什么感觉吗？

C：对。非常那个，辛苦。

问：但还是知道锻炼身体是有好处的。

C：对，从那开始以后……

问：就喜欢运动了吗？

C：（点头）对，运动。

问：有特别喜欢的运动吗？

C：就是那什么，跑步啊，篮球，排球。

问：（惊讶）哦，排球也会。

C：还有一次，就是他们搞的那个，2007 年，上海举行全国大赛的时候，他们有那个舞龙嘛，我就没上。

问：但是你会？

C：（感叹）我会。其他人舞龙那个动作全部已经乱了套了。我两次……南湖你们知道吧，两次在南湖耍那个龙珠子，还是我父亲，在我们家那个江滩上头，我自己学了这个动作出来。

问：你是自学的？

C：自己，我琢磨怎么玩那个龙珠子。

问：为什么你没上呢？

C：因为我那个时候肠胃有点不好。我给刷下来之后，进了排球队。

问：这件事还是很遗憾的。

C：很遗憾，我就没上去。

问：在培智学校的时候除了你父亲，还有别的老师吗？

C：没有，只有我父亲和那个雷老师。

问：平时上课和训练时间差别大吗？

C：那两个区别是很大的。

问：比如说上午……

C：比如说上午学语文啊、数学啊、艺术啊什么之类的这些课。

问：那是下午训练吗？

C：就是到了夏天的时候。

问：夏天训练的时间比较长。放学也训练吗？

C：每年夏天，我父亲带着我，在以前那个老学校的时候，围着操场，跑 10 圈。

问：就是 800 米的操场？

C：对，800 米的操场。老校区的时候。

问：那是很辛苦了。你的父亲也很了不起。你大概训练了几年，还记得吗？

C：就是 2005 年参加了一次，还有一次是在石家庄，篮球比赛。还一次是在哈尔滨，还有一次是在上海，还有一次是在 2009 年，搞了一次综合比赛，那个足球。

问：足球你也会？

C：足球我也会，我也去了比赛。

问：综合比赛指的是？

C：就是融合比赛，自己设计的那个足球场。

问：在这么长时间的训练里，你中间有没有想过不练了？

C：我就没有想过，我就坚持。

问：你所有的训练都基本上坚持下来了。

C：对，坚持下来了。

问：老师表扬你吗？

C：说了。雷老师说"你是非常刻苦的一个孩子"。

问：是的，我们也能感受到，毕竟你这么多项目都很娴熟。比赛内容你还记得吗？

C：我还记得。那会儿在大连的时候，100米，4×100米接力棒，还有那个立定跳远。我全部拿了。

问：金牌吗？

C：不是，金银铜全部拿了。还拿了一个优秀运动员的牌子。我还去了一次合肥，一个老师带我去的。（接电话）

问：一般你出去比赛都有家长陪同吗？

C：就是2005年，父亲带我，还有我的母亲。

问：就是第一次？

C：第一次。

问：2005年是在哪里比赛？

C：在大连。

问：那之后的比赛都是老师陪同了？

C：就是老师陪我。去合肥是一个老师带的我，带我去培训，培训了四十多天。

自 撰 发 言 稿

问：在合肥的培训内容还记得是什么吗？

C：就是像那个演讲啊。

问：哦，演讲。演讲学的东西，你当时觉得有用吗？

C：没什么用，都是我自己写下来的。弄一个白纸，写下来的。还是老师，一个男老师帮我弄了一点那个东西。就是我每次训练得的那个奖牌的数字那些东西，让我念。但那个东西我就没带〔老师帮我〕准备好的，而是带的我自己写的那个白纸上去了。

问：就是你念的都是自己写的？

C：对，写的。

问：你在培训期间有什么印象比较深刻的事情吗？

C：没什么印象了，我就回来了。回来以后雷老师告诉我，就可以去石家庄参加比赛，我心想我高兴死了。我就说"好，来，练"。

问：比起演讲你还是更喜欢训练？

C：（点头）训练。

问：还是比较喜欢竞赛型的（笑）。

C：还有两次宣誓。

问：是因为什么宣誓呢？

C：就是那个为全国特奥的。

问：宣誓，需要你讲一些东西吗？

C：对、对。我自己讲，自己弄那个发言稿。有两次。

问：都是自己写的？

C：不是，雷老师帮我弄了那个东西，我们家母亲也帮我在网上找了一些口号之类的。就在南湖那个招待所外头的操场上，弄了一次宣誓。

问：在特奥的比赛过程里有没有认识新的朋友？

C：呃没有。就是其他平时一起训练的。

问：你现在已经工作了，这些运动你还在坚持吗？

C：没有坚持了。

问：你觉得特奥给你生活带来了什么影响吗？

C：就是、就是提炼了我的力量。

问：性格方面有影响吗？

C：没有。

问：因为你本来就是一个比较开朗的人。

C：对。

岁 月 安 稳

问：你平时跟同事的相处都还好吗？

C：都还好，这位（指前桌）老师呢，姓高，我跟高老师是好的。因为平时我都是会跟高老师说些话，还有进书的时候，我就跟着高老师把书一起拆封，然后弄完以后就是跟刚才那个老师一起弄磁条，盖章子。其他这些都是让书商帮着弄。

问：总的来说工作环境你还是满意的？

（C点头）

问：你只从事过这一份工作？

C：就这一份。

问：除了运动还有什么别的兴趣爱好吗？

C：我现在就是像刚才那样看书，戏曲那些方面的东西。

问：看书这个爱好是不做运动员之后培养的吗？

C：没有，是没做运动员之前，就开始的。

问：平时如果放假不上班的话，比较喜欢干什么呢？

C：看现在拍的戏剧电影嘛，那个书嘛，我买了一套在家里头。我有时候把那个戏词全都抄下来了，抄下来以后自己琢磨唱腔，然后自己想怎么唱合适。

问：这是需要很有耐心了。

C：对，很有耐心。

问：有没有考虑过找女朋友呢？

C：呃，还没有。

问：你了解过阳光家园吗？

C：我不知道。

问：你对今后的生活有什么期待吗？

C：我就是好好上班。

问：好，我们访谈差不多就结束了，谢谢你。

C工作观察日记

观察时间：2019年3月4日
观察地点：图书馆采编室
观察者、撰稿者：刘昱琨

此时非图书馆进书期，所有工作人员都较清闲。C先生本人有独立办公桌，桌面整洁，放置书本和茶杯。

时　间	工作内容	备　注
14:00	开始上班，阅读书籍。	
14:04	与同事交流，还了一本书给同事。	
14:07	阅读书籍。	C的同事询问情况。
14:11	阅读书籍。	观察同事。
15:01	阅读书籍。	开始喝茶。
15:29	阅读书籍。	同事走动，观察同事。
15:43	阅读书籍。	听同事聊天，趴在桌上休息。
15:47	阅读书籍。	和同事聊天，有说有笑。
15:59	换了一本书继续阅读。	
16:10	与同事交流。	起身接热水，关窗户。
16:15		放松，听同事聊天。
16:22	一边走动一边和同事交流日常琐事。	
16:25		走去阳台看花。
16:27	去图书馆三楼找高老师。	
16:29	回办公室整理储物柜，和同事聊天。	
16:39	提醒同事关电脑，与同事告别，整理书桌，下班。	

轮滑舞出新篇章
——许国启及父母口述

许国启，女，1993 年出生。福利院孤儿，在寄养家庭长大。有一兄长。轻度智力障碍。毕业于上海市黄浦区阳光学校。2016 年入职上海交通大学会议中心。

口述者：许国启及父母
访谈者、撰稿者：曹蕾、陈羽
访谈时间：2017 年 10 月 5 日
访谈地点：许家

我 有 家 了

问：请问你是什么时候出生的？

许国启：我是在 1993 年 10 月 1 号出生的。

许母：她是在福利院长大的。五岁的时候我们把她从福利院领到我们这里来的。

问：从什么时候开始知道自己是爸爸妈妈从福利院领养来的？

许国启：六岁的时候，从福利院出来大概过了一年多，我爸妈再告诉我说，我是从儿童福利院出来的。

那个时候我也没有发现，因为我爸妈对待我也跟他们的亲生女儿一样，一起生活，一起学习，所以也看不出来有什么区别。但是有一次福利院搞活动，老师打电话给我爸妈，叫我去参加活动。从那时候开始，我才知道自己是一个孤儿。

问：能谈谈知道自己是孤儿后的感受吗？

许国启：我就是很想知道为什么以前的爸妈不要我了，每次想到这心里会比较难过吧。但是我爸妈也劝我说，你不要难过了，我们已经把你从福利院领出来了，你就可以像正常的孩子一样生活，也有爸爸妈妈了，你就把我们看作是你的亲生爸妈就行了。打从这之后，我就当我寄养家庭的爸妈就像亲生爸妈一样对待他们，关心他们了。

问：和爸爸妈妈，还有哥哥相处得怎么样呢？

许国启：相处得还是比较好的。我和现在的爸爸妈妈都有感情了，都当作是亲生的爸妈一样的……小的时候我也不经常出门，因为比较自卑嘛，而且那时候也不知道自己的情况，亲戚啊什么的也不大关注我，都不太重视我。但是到了后来他们对待我也就逐渐地跟对待真正的亲戚一样了，逐渐接纳了我，感觉我融入了这个家庭，是真正的家庭成员了。然后比如说春节，他们都给我压岁钱，也不再像以前那样，我就看着我哥有压岁钱，我却没有收到压岁钱。后来他们也当我是家庭成员，所以每年春节也都给我压岁钱啊之类的了。

问：成长过程中有一些印象深刻的故事吗？

许母：坏事情还是好事情？（笑）

问：都可以。

许母：坏事情有过的，对哦？妈妈要港①哦（笑）？

许国启：哦要港②。

许母：这有啥啦，就是她在阳光学校的时候，有一个小孩子很坏很坏的，她智商嘛，说好嘛也不是很好，但是在他们里面是算好的了。那个小孩子比她大一点，就是差不多大，比她大？

许父：比她大，比她大。

许母：也参加过特奥会的。

许父：没有。

许母：没有啊？

许国启：没有，没有。

许母：那个小孩子每天上学的时候就到我们家里来，等她一起去学校。我们以为是小孩子之间的交流嘛，毕竟我们也希望她能够交到好朋友，对哦？那个辰光③我们还是住在黄浦区。那个小孩子每天就这样等她，看到我——我东西经常乱丢嘛，有几次就把皮夹子放在桌子上了嘛，就叫她……

许父：不是，是我衣裳挂在那里的。

---

① 上海方言，讲。
② 上海方言，不要讲。
③ 上海方言，时候。

许母：没没没，我那个是皮夹子对哦，她就……伊①讲你妈里面是钞票，侬②拿呀，你妈又不晓得的喽。阿拉③女儿说不要，不好拿的。结果后来拿了一张10块，接着是20块，到后来了嘛，开始拿50块了。有一趟不晓得因为什么事情，被我们发觉了，阿拉就问这个小姑娘家里面，就问伊了。伊后头来就讲出来，你们许国启哦，50块都拿过的哦。阿拉就问许国启嘞，其实她老实，伊拿了钞票都供这个小姑娘买吃的。买肯德基套餐，买好了以后那个小姑娘先自己吃，剩一只鸡腿，就给她吃，可乐咕噜噜喝掉，还剩一点点，就拿给她喝。讲起来，"侬吃过喽，这钱是你花掉的"。

许父：没，买也买给她吃的。

许母：没没没，给她吃的都是那种剩下的，但是讲起来阿拉两个人都吃的呀，你也吃过了呀，对哦啦。就是那个时候，我记忆老深的。结果阿拉到学堂里去寻伊。当时学堂的老师觉得，都是学生子啊，老师也没办法解决的喽。这么后来，伊拉的家长也是不讲道理的，怎么怎么地搪塞。

就这桩事情，阿拉一趟也没打过她，这次也就找她谈了好久。我们教她，这个钞票不是不肯给你，而是因为你用的途径是不正当的对哦，而且不应该人家放在那里，你就去拿掉……是要跟我们讲的，我们会满足你合理的需求。

教她以后，她们从此就再也没来往了，也彻底不给她们接触了。那个人一直来寻她的，就马路上来等她。这个世上也有坏的小姑娘对哦，就这桩事，给我们的印象是老深的，一直忘不掉。

她现在发工资，从来不用的。那个辰光就把她用钱的毛病纠正好了，她就不会把钞票拿去随便乱花掉。她本身也不会用，就因为受到这个人蛊惑嘛，一直叫伊去，从家里拿钞票嘛。

许父：她这个辰光读书迟到啥的都没得。后来有一次老师看她迟到了，就问她迟到了在干吗。她讲，两个人在外面吃东西。那么老师就继续问钞票哪里来的，后头来都讲出来了，对哦？老早出去上学了嘞，结果迟到了，就被老师发现了。

许母：就这件事情上面，她养成了不好的习惯，我觉得必须纠正。因为你在家里拿，拿惯了以后，这只手，辰光久了以后就会控制不了自己，到外头再

---

① 上海方言，人称代词，指她/他。在这里"伊"均指"她"。

② 上海方言，你。

③ 上海方言，我们〔的〕。

去拿呢？到了外头去拿，性质就不一样了。在家里拿，做爹娘的也不会过多打骂，只不过是教育，到外头捉牢你，不是要被人家那个的……对哦？这就是性质两样的，对哦？

许父：那辰光她只不过在小学里哦。

许母：所以，现在她用钞票上面是很老实的，你看她现在自己不会去瞎用瞎买的。她要用钞票买点点啥，常说，"妈，我今天出去买点啥吃吃"，我有辰光给她 100 块，让她直接拿去买要吃的东西。

问：怎么发现她身体不太好的？

许母：刚从福利院出来的时候，发育滞后嘛，五岁我们以为是一岁嘛。后来呢就是看见她眼皮耷下来了，我是学医的嘛，一看就知道，哟，好像不行，就带她到儿童医院，一检查嘛，就发现是重症肌无力，然后就住院了。

问：这不会对她的运动造成影响么？

许母：还好啊，后来她好了。现在她基本上……因为调养得好，可能就是发育的时候调养得好，现在基本上就不吃药了，但是也没有很好地发展，也没有。

问：你还记得看病的时候发生过哪些事情？

许父：住院呀。

许国启：还没住儿童医院之前，去了好几家医院，还没确定是重症肌无力。到后面，老爸踏脚踏车到儿童医院检查，诊断以后再确定就是重症肌无力。

阳光学校的佼佼者

问：什么时候开始上小学？

许母：她是五岁的时候来我们家的嘛，我们不是她的亲生父母嘛，不知道她发育滞后。她其实是五岁，我们以为她是一岁。领回来以后就把她放到托儿所了，又上了幼儿园，她表现得也都正常的。等到读书了，我们才发现，她领出来时已经是五岁了，需要办预防接种卡嘛，我们才发现她原来是 1993 年生的。九岁上小学一年级。

问：上小学时你喜欢哪些科目？

许国启：小学一年级，刚刚开始，我和他们是一样地学习，老师也挺关心我的。老师同学对待我都像正常的小孩儿一样，比如说做题目啊，写作业啊，一起叫我学做广播操啊之类的。然后有一次在上体育课当中，其他的孩子广播操没学会，我都学会了，体育老师叫我带领小组的个别同学学做广播操，那时

候我也很开心，因为老师也好像把我融入了大家庭、集体的班级中去了。在学习上，一年级的时候也是跟他们差不多的，那时也肯学，老师也肯教我。就是觉得数学比较难一点，然后比较喜欢体育方面的。

问：爸爸妈妈会辅导你的学习吗？

许国启：小学一年级是我爸辅导我的，那时候每天都要辅导到很晚。有时候我不会做什么题目啊，我就会向我爸问，我爸就会耐心地教我数学、语文。有的时候遇到不会的题目多了，或者作业多的时候都会做到很晚，像凌晨啊，都也是有可能的。

问：那之后的学习情况呢？

许国启：到了小学两年级就开始跟不上学校上课的节奏了，后来逐渐地学习上的题目啊什么的，我就没敢问我爸了，就尽量能自己学一点就学一点，学不到也没办法。两年级的 6 月份，我爸爸就帮我转学了，转到黄浦区的那个学校①了。

问：怎样发现智力有些问题的？

许父：唉，跟不上嘛，后面就去测个智商呀。

许母：测智商，那个时候测下来六十几还是……

许父：五十几，对哦？唉，智商就……不是很好，这么所以……

许母：你要进阳光学校，你必须要有个证明的呀，对哦？就是证明她的智力是滞后的，对哦？所以，我们去测出来以后就进了这个阳光学校嘛。后来她到去参加特奥会的时候已经提高一点了，六十几有了哦？

许父：嗯。

许母：最高也大概有七十了。

问：能谈谈如何进入阳光学校吗？

许母：正常学校的老师因为都……带有偏见嘛，都对她不是很好，那些同学也欺负她嘛。所以那个时候，她整个人的状态是不好的，经常逃学。有的时候我们还以为她上学了，她其实拎了一个袋子到外面去兜一圈就回来了，然后在家里扒几口饭又出去了。后来老师说，你们小孩子怎么几天没来上学，我们才发现她逃学了。我们感觉在正常学校让她这样下去呢，对她来说是一种伤害，因为她跟不上节奏，学习英文啊、数学啊，她听不懂。一开始听不懂，她

---

①　即上文提到的特殊教育学校——上海市黄浦区阳光学校。黄浦区阳光学校前身为曙光学校和晨光学校，许国启入学时为曙光学校，后因两校合并，成为黄浦区阳光学校。

能乖乖地坐在那里；后来听不懂，她就乱动，就自己在那里做自己想做的事情，老师就要批评了哦。

哎，影响他们的升学率。在这种情况下就两个出路，要么就送回福利院，要么就帮她寻找一个比较适合她的学校。后来我们就到处找，正好找到黄浦区阳光学校嘛，为了她就在黄浦区阳光学校附近找房子住。在文庙那里，租了一间房子，为了让她能上学方便一点嘛。这几年，阳光学校确实给了她很好的发展机会，还有成长的空间。

阳光学校的老师，也都对她很好，因为她比较乖巧嘛。她在那里，都知道怎么去谦让，怎么去和小朋友交流，在学校里帮助别的比她更差的同学，帮助他们喂饭啊什么的。阳光学校的学生水平也是参差不齐的，我们在那里算好的了。在正常的学校，会跟不上上课节奏，老师说的东西她听不懂，你勉强让她在那里听课，硬要叫她坐在那里，她肯定是坐不住的。但是到了阳光学校，教学进度比较慢嘛，毕竟要根据学生的情况来教学的，上课内容、学习的东西都会比正常学校的简单一些，那她肯定掌握得了。去了阳光学校以后，她在里面算最好的，学校开会啊什么活动老师都会让她参加。我一次去到学校，看到她在那里主持一个会议嘛，哎哟，我一看我女儿还行，所以说阳光学校，像这种特殊学校还是适合我女儿的。

过去我们不认为这种学校好，因为什么？感觉你进了这种学校，你就被人家歧视，是智商比较低的人进去的。其实对她来说……我们承认这一点，智商比一般人的滞后，但是我们进去了以后，她反而在那里得到了一个成长空间，各方面都有了很大的提升。那里的老师对她也是非常好的，因为她比较乖巧，对哦？她也逐渐能领悟很多东西。而且她在体育方面，表现得特别好，她领悟性比较好。所以呢，老师就让她参加各种体育活动。

她的体育特长也是在那里发现的，那个董老师特别好，碰到啥比赛，总归都叫她去参加的，她也非常刻苦努力。她可能比一般的孩子下的苦功要多一点，别的孩子就训练的时候去，我们家孩子不是的，平时她也去的，包括我们这次做那个……就是那个健身卡对哦，因为她要参加游泳比赛，所以她也叫我们做一个健身卡，虽然比较贵，但是我们还是为了她办了。比如说休息天啊，或者有空啊就和她爸爸一起去健身游泳。她都是很努力的，很刻苦的，一般的小孩子可能受不起这种苦，对哦？

许父：她早上要五点多一点出去，到晚上六点多回来。

许母：她还会去参加训练、集训，所以晚上九点，上次九点才到家里的，对哦？上次她爸爸九点去接她的。她比较刻苦，也比较热爱体育运动，比较愿意去参加特奥会。

问：在学校里有没有什么好朋友？你们之间发生过哪些事情？

许国启：在我读初职校时，我最好的朋友是小倪。她是普校的，我跟她在一起学习，各方面都还可以，跟她是最好的朋友。她在烹饪课上有点不好，我会帮她，教她如何切东西、烧东西。有时候呢，我们两个人也有矛盾，也有折腾，也有吵吵闹闹的情况。比如语文课上啊，有时候我会回答问题，她没回答，她会心里有点不开心。上完课，她会跟我吵起来，说这个题目我会的，为什么不让我跟老师说，为什么要你说，我们两个就会吵起来。就为了一些小事情啊，我们会吵一会儿，但是吵到后来又和好了之类的。

问：你们现在还联系吗？

许国启：现在不大联系了，因为我们都各自上班啊，或者是有其它原因啊之类的，所以不大联系了，我现在都是跟同事聊聊，或者是单位的保安部啊，其它部门的同事聊聊。

问：你平时是怎么去上学的？

许国启：自己去上学的。

许母：但是我们那个时候联系了一个志愿者。她不是有重症肌无力嘛，而且智商也比正常的差一些。

我们当时搬过来的时候就是乘451路的，451路的队长邓师傅每天都关照许国启，他现在还跟我们联系的。那个时候电视台也来采访的呀，报社也采访的，《青年报》上登了很多的，于是就有很多人照顾她，每天早上在她上学的路上帮助她。照顾她一个位子嘛，让她有座位，就是每天自己上学去的时候有位子坐。

问：你之后就直接参加工作了吗？

许母：她还读了职校。

问：在职校里面学什么专业呢？

许国启：烹饪和餐饮。

许母：这个大专呢，也是因为国家现在照顾这些人，为他们专门设立了一个大专课程。它和普通的大专又不一样，稍微要简单一点，她现在是大专毕业。但不管怎么样，也是个大专文凭，对哦？你到单位里现在是敲门砖呀。她现在在单位有大专文凭，那么，也就不一样。要不然对他们来讲，找工作就有点难了。

吃得起苦练轮滑

问：你什么时候开始接触轮滑运动啊？

许国启：就是进了黄浦区曙光学校，老师上了体育课，叫我去参加了轮滑比赛，那时候我没有接触过轮滑，也不知道怎么滑，经常摔倒。就是从这时候开始了，喜欢上体育，也开始学轮滑。

问：老师平时是怎么带你们进行体育训练的？

许国启：我们有时候暑假就有比赛了，教练会跟我们说在哪里训练。然后我们就到指定的地方去训练，训练一个小时或两个小时。

问：平时训练有些什么内容呢？

许国启：教练都是在外面请的体校的老师，他们就带我们特奥轮滑、特奥游泳的。第一次接触轮滑是一个国家级的教练，马教练，他是老早越野滑雪的运动员。然后就 2006 年，有一个上海国际特奥邀请赛，他带了我们上轮滑训练。我们每周双休日去黄浦区轮滑馆训练，学轮滑。到了那里先是做准备工作，然后他再安排怎么训练。因为他有每个礼拜的训练计划，还有安排的。

问：训练的时候家长会陪你么？

许国启：第一次家长陪我，后面因为我家离黄浦区轮滑馆很近的，我自己走过去，就不用我爸妈带我过去了，因为我自己也大了么。

问：你会不会有不想训练的时候？

许国启：刚开始会感觉有，因为毕竟很枯燥啊，天天要训练。然后到了比赛，就感觉到训练了还是有效果的，因为能拿到自己理想的成绩。

问：老师是怎么评价你的？

许国启：比较刻苦也比较认真。

问：能谈谈轮滑练习中的经历吗？

许母：为了参加轮滑比赛，她很吃得起苦的，比一般的小朋友、独生子女吃得起苦多了。她训练的时候，脚啊都磨破皮了，都磨出泡了，但是她对我们从来都不提要求的。后来有一次她叫我们去买一双轮滑鞋，我们当然答应了，给她买了一双新的轮滑鞋。很热的天里，她就拿着个轮滑鞋到黄浦区的轮滑馆里去锻炼。人家平时都不去的，就她去锻炼，皮都碎了，哎，我一看皮都碎了，特别心疼。有几次叫她不要去了，她还是坚持去那里自己练。那次得了好几个冠军吧，对哦？

许国启：嗯。

特奥让我焕然一新

问：你是什么时候知道有特奥的？

许母：学校里给她机会的呀。那个时候我记得是世界特奥会，就是在上海开的嘛。一下子就感觉，全社会都重视这方面了，感觉也蛮好的。本来歧视的人都发生了变化。一下子好像他们就受到社会方方面面的重视了，对哦？那个时候。后来参加的上海市的特奥会，比赛项目是轮滑，对哦？

许国启：也就是从 2005 年，老师叫我参加了特奥轮滑项目，我才了解到特奥。那时候我也不知道特奥是啥，只是去参与了。等到了后面几年，2007 年的时候，因为要迎接世界夏季特奥会，所有学校都在推广特奥知识、特奥活动、特奥项目之类的，之后我再了解，和爸妈再了解了是什么来源，是什么性质。

问：你是什么时候开始参加特奥的？

许母（问许国启）：几几年开始的？

许国启：是从 2006 年开始的。

问：那个时候在读什么学校呢？

许母：在读阳光学校。

许国启：黄浦区阳光学校。

许父：就是小学……

许母：三四年级的时候。2006 年是不是三四年级的时候啦？

许国启：对。

许母：现在 2017 年了，都已经参加十年了。

问：你参加过哪些比赛？

许国启：轮滑。参加过 100 米、300 米，还有接力……

问：能举些具体的例子么？

许母：第一次上海世界特奥会，不是胡锦涛来参加的那一次么，妈妈爸爸去了。

许父：还有一次叫、叫什么？澳大利亚，对哦？

许母：好像在黑龙江训练的，对哦？

许国启：训练是 2007 年，就轮滑。在黑龙江集训了三个月。

问：除了轮滑，还参加过什么项目吗？

许母：自从参加特奥以后就给了她一个很大的自信，她对生活有信心了，参加轮滑以后就……

许国启：改成游泳了。

许母：刚开始的时候是轮滑。

许父：还有跑步哩。

许母：跑步的少呀，她主要还是游泳为主的。

许国启：然后田径也参加过。

问：除了这些项目以外，你还有什么喜欢的项目么？

许国启：乒乓球。

许父：不，只要是体育方面的，她都挺喜欢的。

许母：她自行车也骑得挺好的。

许国启：游泳、田径、滚球、乒乓球。乒乓球参加的都是小项目。轮滑和游泳，主要参加的是世界级和夏季特奥会。

许母：黄浦区改成游泳了，老师又让她去参加游泳。参加游泳以后她每次也都是得奖的，在学校里也拿了好多奖状，有好几张还在那个阳光学校，挂在那。家里还有好多好多奖状。

问：参加的时候心情紧张吗？

许国启：紧张是肯定有一点紧张的，到后面了就越来越不紧张了。

许母：紧张是肯定的，我去看的时候发现我自己也很紧张，电视上看和实况不一样的。那个时候我从楼下跑到楼上，楼上跑到楼下，呵，就在看哪个角度看得清楚一些么。那些志愿者很好的呀，两个人跟着一个人的，对她很好。

问：比赛中有发生什么有趣的事情么？

许国启：像这种比赛么，也有有趣的事情的。我还有一个好朋友，她叫小陈，是从 2006 年第一次接触轮滑开始认识的，我跟她学轮滑时间都比较短，但是参加比赛训练的时间都比较长。跟她也有很好的时候。在 2006 年特奥会比赛当中，我们两个也有发生小冲突吧。就是为了一个什么挂件啊，我想要，她也想要，在休息当中我就跟她有点矛盾了，就吵起来了，就为了这个纪念品啊，我们两个都想拿到，我们两个就吵起来了。

问：像这些情况你回家会跟家长说么？

许国启：这个不会啊。因为……我们总归要吵吵闹闹的，吵吵闹闹弄好之后我们又和好了。志愿者也劝我们，她也很大方的，又给我挂件了。我们和好以后，也互相道歉了。我们俩又和好了。

问：你在这么长一段时间的训练和参赛的过程中有没有结交什么朋友？他们有没有给你什么影响？

许国启：在比赛中么，交到的朋友也蛮多的。像河南队啊，还有福建队啊，一些一起参加比赛的队伍之类的。

问：你们是怎么认识的呢？

许国启：在比赛前有一个检录测试，然后我们就聊聊天嘛，问问你是哪个队的，就一起聊聊天。也有可能你这个项目他也上场，又到了另外一个项目也可能又碰到了一个好伙伴，那么正好一起聊聊天。

问：他们给你带来什么影响么？

许国启：我们就是都给自己打气，加油。也会为对手加油，然后自己也鼓励自己。

问：你参加特奥会，去过最远的地方是哪里？

许国启：澳大利亚。

问：当时有没有去那边玩一玩？

许国启：有的。我去了澳大利亚悉尼，还有市中心。

许母：还有海边，对哦？

许国启：嗯，海边。

许母：跟外国友人一起拍的照片蛮多的。

许国启：那是开幕式之前和开幕式之后，一起拍了照片。还有一天休息去了海边，在那里吃烧烤。

许母：最有意思的特奥会是在上海召开的那一届，胡锦涛主席出席的那次，还有姚明点火炬的，对哦？

许国启：姚明、刘翔。

许母：我家女儿很好玩的，那个辰光还没有现在那么成熟，那趟是舟舟指挥的嘛。她回来和我讲，也不讲姚明、刘翔，她讲妈妈我今朝看到个人，我看到舟舟嘞，她讲，我看到舟舟。我想看到舟舟有啥稀奇，看到刘翔、姚明么，你稀奇；看到舟舟这么激动干什么啦。她拿舟舟当榜样（笑）。人家讲我看到刘翔喽，看到姚明喽，格么①我觉得自豪的，对哦？看到舟舟她老兴奋了（笑），因为他们之间有相同的经历，相同的处境遭遇。

问：你参加过特奥运动员领袖计划的，对么？

---

①　上海方言，那么。

许国启：以前参加过。

问：您是怎样被选入参加这个计划的？

许国启：这个也是 2006 年，正好也是有个特奥领袖的活动，我们去夏令营参加的。

问：自己想参加么？就是自己想当领袖么？

（许父笑）

许母：肯定想的（笑）。她也好胜心很强的，呵呵，是哦？（看向许国启）后来没那个机会了。

许国启：后来我从阳光学校毕业，就小陈①参加了。

问：当时有没有什么针对领袖计划的培训？就比如说演说啊交流啊什么的？

许国启：这个倒没有，那时候比较短。

问：就是没有进行培训，对𢒉？

许国启：对的。

问：特奥会给你带来了哪些方面的改变？

许母：我去陪着参加比赛，每次都心里很激动的。她在那里，每次表现得也是很好的，她比较拔尖。在阳光学校她是比较拔尖的，老师对她都非常满意。现在阳光学校的老师、校长都还记得她，有时候和她都会联系。

我发现这特奥会真的改变了我女儿好多好多。给了她一种自信，一种和人相处的、人际交往中的自信。她，就是不再像过去那个样子，唉，就畏缩在后面，不敢和人家交流，也不大和人家交流，怕人家看不起她，对哦？但是到了特奥会锻炼了以后，她就感觉自己好像各方面都还行嘛，对哦？有的时候比赛结束了，她会跟哥哥说，你能拿冠军吗？我最起码我能拿冠军呀。哥哥虽然是大学毕业，但是拿不了冠军呀，对哦（笑）？虽然每个层次、每个领域不一样，但是在她的这个领域里边，她是拔尖的。那，这就足够了。

特别是那些志愿者对她很好。有一个插曲，当时她轮滑得奖了嘛，她上去的时候还有小心思。她当时就叫那个志愿者，她把鞋子往旁边一放，说"给我放起来"，就有一种要大牌的感觉，感觉自己很厉害（许父母笑）。

后来回来了，她感觉自己像国王一样。我就教育她，你不能这样子的，那些哥哥姐姐都是非常辛苦帮你的忙，他们是义务志愿者。你没什么资格让人家这样呀，你就算取得一点成绩也是在他们帮助下的呀，你不能这样对他们。你

---

① 许国启在阳光学校的好朋友。

许国启（右一）在领奖台上

就应该说，谢谢姐姐，你帮我放一放，对哦？不能用这种口气对人家说。我感觉这种腔调发生在她身上是不应该的。我跟她说了，她就没有再那样了。后来她对人家都是非常客气，很有礼貌地说话。就那一次被我抓住了，我正好去看她。

　整个社会环境也都不一样了，对哦？像她这样出去也不……也没有人去撒①。包括她现在能够自己找工作，自己去工作，在交通大学的会议中心，也是自己找的工作……

　（许国启拿来一袋奖状）

　许母：我上次打电话跟单位里的同事领导交流，他们都对她评价很高的，都说她很好。因为她现在不像过去好像自卑感很强的，现在没自卑感。她工作很卖力很积极的，她很珍惜这份工作。所以呢，他们也蛮支持她去参加特奥会的，唉，批准她假期什么的。小孩子她现在，我感觉，她在整个的人生道路上走得还比较顺的。特奥会真的给了她改变，特别是到了阳光学校以后，包括再后来她到了技校，技校那些老师也说她是拔尖的。那里的老师都非常认可她的。通过这些锻炼哦，这些大型的比赛啊什么的，人的素质啊，人的气质，包括人的胆识啊、思维啊，她逐渐都开发出来了，我感觉她整个的人，就前进了

───────────────

　①　上海方言，招惹。

一大步。

许父：蛮多的，这些都是奖状（拿出一些奖状、奖牌）。

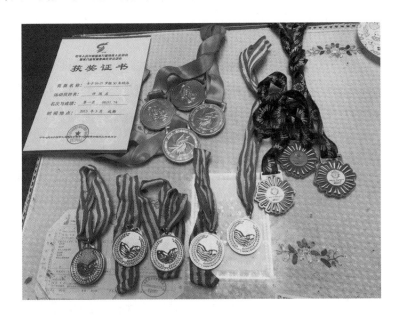

许母：哎，她现在比起以前非常有自信了。

许父：你看，蛮多的，她老多的。这是长宁区的喏（对许国启说）。

许母：她得到过好多好多奖状还有奖牌啊什么的。她是上海市优秀少先队员。什么奖状都有，有好多好多了。

许父：格么奖状就只有这些了么？还有好多奖状呢？

许国启：挑了几张好的都拿出来了。

许母：这是上海市的金爱心学生。全都有。

许父：上海市一共十个人，《新闻晚报》上登的。主要是因为她语文好一点。

许母：也不算是太好，但在所有科目里面，语文算她最好的科目。形象思维的东西还是比较容易理解的，她就是逻辑思维不行，你要叫她从这上面推理出一些东西哦，太抽象了。通过这几次特奥会，我发现，她跟我们交流也好像顺畅了好多，就是说，感觉她不像过去一样怕说错话，所以就不敢和别人家交流。她现在没这种感觉的。过去好像说话总怕人家笑话她，要说错嘛，现在不是这样了，她现在和正常人反正一模一样。我就发现我们家女儿要比正常的那些独生子女还能干，要能干多了，对哦？

问：你自己觉得参加了特奥会之后，哪些地方发生了变化？

许国启：自己也有了自信心了……同时也把自理能力、独立能力提高了。各方面都有了提高。

问：父母对你参加特奥运动的看法是什么？

许国启：他们也很积极让我参加这个活动，也就是说给我锻炼身体。哦，考虑我身体也不是很好。因为从参加了特奥，我身体就比较好一点了，也就开心了。不像以前，不是很开心，整天在想其它事情，反正就参加特奥，自己也感觉很开心，爸妈也很为我骄傲，很为我自豪。

问：叔叔阿姨对姐姐参加特奥有什么看法么？

许母：我们非常支持她的呀，之前我就跟你说了，像这种活动，她能够参加，拓展了她的视野，开阔了她的思维能力，对她来说是一个非常大的提升。假如没有这些活动，她就不会像今天这样的，对哦？许国启就不是今天的许国启。因为，那时候，你想想看，没人看得起这一类人的，社会上对这部分人群都是歧视的。就因为有了特奥会，她每次得奖啊，回来成就感很强的。

451路不是还帮助她么，长期帮助她嘛，她拿着这些奖状也去反馈给他们，他们也给了她很高的评价。他们说："哎呦，我们都没看到过奖状，你真了不起哦，拿这么多奖状！"

不管奖状里面含金量多少，最起码社会都认可了，看到了她的努力，同时看到了她的成长，就感觉没理由歧视她。你看社会上这么多的孩子，还不如她有出息呢，对哦？

问：你认为特奥活动还有什么值得改进的地方么？

许国启：就是希望特奥运动员们跟健全的人一起融入特奥运动当中，也让他们正常的人了解到智障人士训练当中有多么辛苦，多么累，让他们也体验到特奥、融入在特奥当中有多么快乐和多么开心。

问：现在还希望参加体育活动么？

许国启：现在，只希望一心一意工作吧。因为现在工作了，特奥的活动啊、比赛啊就慢慢减少了，慢慢要独立起来了，就很难参加到特奥活动和特奥大家庭当中去了。

（许父笑）

许母：现在应该是都蛮好的，喔？

许国启：嗯。

许母：现在时间上有点安排不过来。

许国启：对。

许母：但是单位还是蛮支持她的。

问：现在工作了以后还有参加吗？

许母：有参加的，上次不是参加了那个特奥会么。

许国启：就是6月份参加了，那次去北京参加了游泳比赛。

问：你工作之后参加比赛有没有什么困难？

许父：在工作的时候要请假。她单位蛮支持的，就现在那个单位。

许国启：请了一个礼拜的假。

劳动打造快乐人生

问：你是怎么参加工作的？

许国启：我自己去就业所，然后用身份证让他们帮我开通了公共招聘网。我在公共招聘网上找到了自己现在的单位，单位通知来面试。

问：在这之前你还有其它的工作经历吗？

许国启：就一份。这份工作是我第一份工作，其它的都没有做过。只是之前有参加过一些社会实践活动，比如在职校，我们去沃尔玛超市，学习整理货架，整理东西。学怎么把水果、点心这些东西理好，烂的就帮他们挑出来。

问：你现在在单位具体做什么工作呢？

许国启：我是做会务服务的人员，接待以及布置教室、布置会场。因为学校有时候有茶歇，就是要帮他们准备点心和水果一类的东西。还帮他们烧咖啡，因为有时候会有会议需要，还有就是在开会的时候要矿泉水，要给他们送矿泉水啊，按照数量给老师送过去。

问：你喜欢现在的这份工作么？

许国启：我现在挺喜欢这份工作的，因为这份工作是我自己找的。呃，也挺难找的。现在找工作不像以前，现在找工作比较难找，它要求也很高，能找到这份工作对我来说也是一件很不容易的事情了。

问：这份工作现在是做了多久了？

父母：一年多了。

问：嗯，你有没有什么想去工作的地方或者你自己想做的工作？

许父：她觉得这份工作她还蛮喜欢的。

许母：不是，她是比较珍惜工作，因为对她来说工作是必须的，对哦？她不像有些小孩子要啃老或者什么的，对她来说自己工作自己挣钱是必须的。她毕竟是智力方面有些滞后的人，所以她自己找到了工作也是比较开心的，当时找工作的心情也是比较迫切的。找到了以后，她还没有考虑过其它地方。但是有可能会有跳槽的想法，因为工资比较低嘛。目前来说她对这份工作还是蛮珍惜的。单位领导都对她评价很好的，她吃得起苦呀。在训练当中不怕苦、不怕累的精神，她都带到工作当中去啊。每天早出晚归的，他们主管说的，她每天都比人家去得早，晚上回来比人家晚，你说单位领导怎么会不喜欢这种人呢。

许父：她工作前做好几次志愿者。

许母：哎，也做志愿者。她职高毕业那段暑假里面嘛，就去了周浦医院做志愿者。我们跟她说了，你之前受到社会方方面面的关爱，对哦？那你也要回报社会嘛。后来她就去了周浦医院，去做志愿者，帮人家测测血压，引导引导人家，帮人家挂号啊，在电脑里指导人家怎么操作。

问：你与同事相处得怎么样？在工作中有什么好朋友吗？

许国启：我跟同事接触得还蛮好的，也都蛮融洽的。只除了个别同事，有点不是很好。

问：可以举一些例子么？

许国启：我那个同事主要是比较懒，什么事情都不肯做，都要逃避。

问：你第一次拿工资开心吗？都用工资做了些什么？

许母：呵呵，拿工资了很开心的，就给爸爸买了个手机。

问：你现在对未来有什么打算？

许国启：对未来的打算就是希望自己好好地工作，工作稳稳定定，然后给生活加精加彩。自己工作嘛，工龄也就做到退休就好了。

问：对生活有什么期待么？

许国启：对生活嘛，就希望科技越来越发达吧。

问：你现在长大工作了，有没有考虑过婚姻问题？

许母：这个肯定是考虑过的。我也为她介绍过的，但是没合适的。

问：你现在享受政府什么福利待遇吗？

许母：这个倒没有。她是福利院的，福利院每个月有生活费的，以后国家会分房子给她，就是分经适房给她。这个方面，国家对他们这部分人，都是很照顾的，很关心的。她现在在福利院的户口已经转到普陀区去了，普陀区的民政局的老师都经常打电话给她的。

问：对未来有什么打算或期待吗？

许国启：未来打算就是好好回馈寄养家庭，因为他们养我很不容易。

许母：还有要报答社会。看到有困难的人群、需要帮助的人群，要像当时人家帮助你一样去帮助别人，对哦？

问：叔叔阿姨对姐姐未来的生活有什么期待吗？

许母：期待肯定有的呀，我们希望她找个好的小伙子，就是说生活上能够照顾照顾她的。我们女儿呢，工资也不高的，就希望小两口能够好好过，寻个老实的、实惠的人，能够成立一个家庭。她马上要分经适房了嘛，就国家给她的房子，她有自己的一个小窝了，对哦？有个窝，希望有个人陪伴她，我们也不要啥家庭老老好的，最起码能够知冷知热。最好她还能再参加几届特奥会，特奥会不是为了别的事，就是锻炼自己的能力，我觉得这点上是老好的，希望能够在她三十岁之前再参加，三十岁之后估计就不能参加了，三十岁之前能够再参加一趟世界上的，在自己的成长历程中能够留下一个很深刻的记忆。

许国启工作观察日记

观察时间：2017 年 10 月 26 日
观察地点：上海交通大学会议中心
观察者：陈羽、曹蕾

时　间	活动内容	备　注
8:30	打开会议室门。	根据会议室预定表，相继开门。
9:15	整理平面教室；整理阶梯教室和讨论室。	将教室排成课桌型及小组型。
10:00	准备茶歇。	准备水果、点心，添加绿茶包、红茶包、糖包、一次性水杯、餐盘等。
10:40	送矿泉水。	送矿泉水到教室、会议室、办公室老师处。
11:15	准备下午的茶歇。	准备下午会议室的茶歇点心和水果、一次性用品。
11:30	休息时间	
12:15	收拾上午的茶歇。	收拾上午的茶歇物品，帮老师打包；清洗点心盘和水果盘，收掉一次性用品。
13:00	布置 A300 房间主席台。	布置两张签到台；在舞台上放 4 张桌子和 8 把椅子。
14:10	布置 A509、A305 会议室。	在 A509 布置 50 个人回字形台，并铺台布，放 50 个盖杯、矿泉水；在 A305 布置 20 人的 U 字形台，为开会使用。
14:38	准备下午的茶歇。	准备 A407、A503 的茶歇点心和水果、咖啡、牛奶，准备一次性用品。
	整理公共区域。	整理会议楼大厅公共区域的桌子和椅子，将其排放整齐，每周一要恢复原样。
15:05	巡视会议室及检查电池和白板笔。	巡视会议室里的桌椅是否排放整齐，检查会议室里的电池、白板笔和黑板擦。
15:45	中间休息一会儿。	

时　间	活动内容	备　注
16：00	进行第二天的会议准备，送矿泉水到开会会议室。	准备第二天的会前工作，如送 80 瓶矿泉水到 A301 会议室，排放在桌子上，门口放两张签到台并检查话筒是否有电。
16：20	准备第二天的茶歇工作，排放点心。	准备第二天的茶歇工作，如 A511、A303 的工作，将点心放在点心盘上。
16：30	收茶歇物品并帮老师打包。	收走所有茶歇点心并帮老师打包点心和水果；收点心盘和水果盘并清洗干净。
16：50	准备第二天的 24 个盖杯。	准备第二天 B404 放置 24 个盖杯和放置 24 瓶矿泉水的工作。
17：00	准备下班。	

一个男孩的冰上舞姿

——潘琳母亲林晓芳口述

潘琳，男，1995 年出生。独生子女。唐氏综合征。2015 年毕业于黑龙江省哈尔滨市启迪学校，后进入哈尔滨市某冰场工作。

口述者：潘琳母亲林晓芳
访谈者：陈晨、张依然
撰稿者：陈晨
访谈时间：2017 年 10 月 5 日
访谈地点：潘家

高龄妈妈的宝宝

问：请问您从事什么工作？

潘母：我从事技术工作。

问：是什么单位呢？

潘母：原来是在哈尔滨松江橡胶厂。企业倒闭了，我就下岗了。正好有小孩了，就是潘琳，我就在家看孩子。他八岁，我就到社区从事劳动保障类的工作。

问：叔叔是什么工作呢？

潘母：他是在三大动力①，钳工。

问：您跟叔叔是怎么认识的呢？

潘母：同学介绍。我的小学同学是他小学同学的媳妇，然后就介绍我们

---

① 三大动力：哈尔滨电机厂、哈尔滨汽轮机厂和哈尔滨锅炉厂三家国有大型装备制造企业，是新中国动力工业的先驱，人称"三大动力"。后三厂合并组建哈尔滨电站设备集团公司，现更名为哈尔滨电气集团公司。

认识。

问：那挺好，你们是哪一年结婚的呢？

潘母：1992年结婚。

问：是结婚三年有的孩子吗？

潘母：嗯，对，结婚三年有的孩子，头三年都没有孩子。三年以后有的，孩子1995年出生。孩子爸爸姓潘，妈妈姓林，加了个王字旁，孩子就叫潘琳。

问：您生孩子的时候多大？

潘母：三十三，我是大龄产妇。

问：您家里现在是几口人呢？

潘母：三个。

问：什么时候发现孩子身体不太好呢？

潘母：那是他会走的时候了，两岁吧。我没发现孩子不正常，是外面人发现的。我领着我家孩子出去玩的时候，陌生人告诉我的。我带着他在公园嘛，一个老太太就告诉我，领你家孩子去儿童医院看一下吧。我想，我的天呐，为什么跟我说这个呢。我回家，跟孩子她爸说，有人说咱家孩子有毛病。他爸早就知道了，但没告诉我。等着过了几个月以后，我又领着孩子出去玩。一个年轻人说，你领孩子去儿童医院查一下。两个人都说孩子有病，我肯定得带孩子去医院检查的呀。

我抱着孩子上儿童医院一查，医生告诉我是唐氏综合征。当时我都懵了，没听说过这种病啊，之前没接触过这个病。我就问这个病是什么东西啊。然后看孩子的手和眼睛，孩子小时候的面相特别明显，能看出啦。但是咱没接触过，不知道啊。我就问医生，孩子的智商能到什么程度。医生告诉我，智商70左右。他说，生活自理没问题。我说，那上大学是没希望了？他就笑了。

孩子刚生下来的时候，医生也没告诉我，也没发现，一岁以内都很正常的。后来医生告诉我，这种唐氏的孩子一岁之内是发现不了的，但是面相特别明显。

问：孩子小时候身体好吗？

潘母：还可以，没有其他毛病，跟正常孩子是一样的，正常孩子不也经常感冒发烧么，他也一样。要不说我没发现孩子生病呢，他的一切和正常孩子是没什么两样的。我也是按正常孩子来教育他的。

问：孩子的病因是什么？

潘母：嗯，就是高龄产妇，高龄产妇容易生出唐氏综合征的孩子。

问：能谈谈当时发现孩子身体有问题时的一些情况吗？

潘母：哦，天呐，那时的打击相当大，当时的心情，哎呀，都没有办法用语言来表达了。好几天都没缓过来。我当时下岗在家，全心全意整个人都投入到孩子身上。之前住平房，孩子总在那门口坐着，邻居其实都看出来孩子不正常，后来都告诉我："哎呀，都没敢跟你说啊，怕你受不了。"我爱人也是怕我受不了。

不过我转变得还挺快的，大概有半个多月吧，我就调整好心情，缓过来了。我要把他当正常孩子来养。我查了一些资料，查完以后，就知道十岁之内必须把一切知识都给他灌进去，十岁以后再教什么就晚了。唐氏综合征还有种现象就是早衰，现在他二十多，相当于正常人四十多岁。他的高峰期在十五六岁的时候，完了开始就往下坡走。像咱们正常人多大都在长，他不是，他到十岁就不长了，再教什么也都学不进去了。反正我就是在家里全心地教他。

问：做过哪些方面的治疗没有？

潘母：没有。唐氏综合征没有办法治疗，它是先天的嘛。就是去医院检查了一次，一分钱没花。

问：您想过再生一个孩子么？

潘母：没有，我从来没想过。因为我也不太容易受孕，而且他爸也不喜欢孩子，我喜欢孩子，我说再要一个，他爸不同意。等他大一点了，我们家长交流多了，就想明白了，如果他有弟弟妹妹了，就给另外那个孩子很大的负担，另外那个就很不愉快，他不愉快还带他来到这个世界干什么？

问：孩子小时候要整天陪伴吗？

潘母：对啊，小的时候他要我陪。再说正常的孩子也是需要整天陪伴，他小的时候就和正常孩子是一样的，因为他病情比较轻一点，智商的缺陷轻一些。

问：孩子小时候喜欢跟周边的小朋友一起玩么？

潘母：不玩，我把我家邻居的孩子都叫来了。我说，儿子你跟他们一起玩。他不跟他们玩，他就喜欢自己一个人玩。当时我就不明白啦，我寻思想让他多接触正常孩子，因为周边小朋友都是正常孩子啊，他不跟人家玩啊。

问：他小时候的启蒙教育跟我们是一样的么？

潘母：对，就是该上幼儿园就上幼儿园，该干什么就干什么。他的接受能力是很快的，除了数学，其他的都很快能接受。哦，我当时教 10 以内的加减法，一个礼拜之后，回过头来问他 1 加 1 等于几，就不记得了。呵呵，唐氏综合征的孩子都是数学差。

问：他小的时候自己一个人待着，喜欢玩什么呢？

潘母：我家玩具很多，有儿童玩的钢琴，还有什么电子琴、架子鼓，他喜欢音乐。会走以后，别人家音乐一响，他就跟着跳舞。

问：相比跟小孩子在一起玩，他更喜欢跟大人在一起么？

潘母：他也愿意跟小朋友玩。小朋友来家里，他也很高兴，把玩具拿出来给大家玩，但是喜欢自己玩自己的。搬到这里面来之后，他到楼下去跟小朋友一起玩也很高兴，也愿意跟小朋友在一起。但是大了之后，正常的孩子不跟他在一起玩了。呵呵，我家邻居可明显了，就有一个小朋友和他在一起玩，另外再来一个小朋友，那个孩子撒腿就跑，把他扔那了。

问：孩子什么时候可以初步生活自理？

潘母：一岁开始就培养孩子自己吃饭。我家宝宝三岁我就教育他拿勺吃饭，自己穿衣服，穿不好就一直穿。五岁开始自己刷牙。跟儿子讲道理，他很听话的，现在生活自理没问题。

问：他什么时候会做家务的？

潘母：小的时候，就帮忙擦点东西、拿东西，他都很愿意做的。特别愿意帮我干活。从小就帮我干活，有时候也指定他，帮妈妈干点什么。现在也是，家里的地都他擦，购物的时候都他帮我拿东西。简单买个东西都可以。

问：我们之前在报道上看到他会做饭，是么？

潘母：你们看到了啊，《新晚报》之前也采访一大堆他的事。我要不在家，他就做饭，给他姥爷打下手什么的。他生活自理没问题，医生都说他自理没问题，就得培养他，将来不能成个废物啊。

改变了教育方法

问：他上幼儿园的时候，适应幼儿园么？

潘母：正常上完幼儿园，直接去的特殊教育学校，这真是特别大的一个遗憾。

问：他在学校具体都学习什么？

潘母：他们特殊教育学校有特殊教材，就数学、语文、常识，还有一些就是他们学校开的比较好的课。上午是学文化课，下午学按摩、舞蹈、唱歌，他唱歌跑调就没学。有很多兴趣班。我觉得学校在这方面挺好的。

问：他最喜欢哪个课程？

潘母：跳舞。他一开始学按摩，也学得挺好，现在也是，谁来家里了，他就给按摩按摩。后来按摩老师没有了，按摩课取消了，变成运动课，就是跳舞、手语。上了几年之后又上了电子琴。反正这方面他就挺喜欢的。

问：他体育、手工怎么样？

潘母：手工没问题呐，他觉得都挺简单的。之前有个体育组，在里面呆了两年，打篮球。篮球去武汉参加比赛。我儿子真的很优秀，文体方面很好，数学不好。

问：他从幼儿园到毕业愿意和同学一起玩吗？

潘母：对，他大了就愿意和同学玩了。

问：那他喜欢老师吗？

潘母：喜欢，哎呦，那老师的话跟圣旨似的，听老师话。

问：老师待孩子好吗？

潘母：他们学校的老师都特别好。校长家有唐氏综合征的孩子，所以他要求学校的老师都是特别有爱心的。我都佩服这些老师，真的太不容易了，我有一个唐氏综合征的孩子都够够的①了。班级里那么多个孩子，他们对每一个脾

---

① 方言，意为难度大。

气都特别好，老师真的很有爱心。

问：他们班里有多少个孩子？

潘母：班里有十多个孩子。

问：老师都是专门接受过特殊教育的么？

潘母：嗯，对，老师都接受过专门的特殊教育的培训。特教专业毕业的吧，都挺好的。

问：他上学是从小接送，还是自己去的？

潘母：小的时候有送子车接送。到十几岁的时候就自己去上学，我走路慢，孩子长高了，说："妈，不用你了。"然后就自己走了。

问：他自己第一次去上学很顺利么？

潘母：很顺利的。

问：他放学之后作业要辅导么？

潘母：回家第一件事就是写作业。幼儿园的时候，他就有作业。幼儿园老师留的作业，写字。后来老师跟我说的，你家孩子写字写得不好。我这个人自尊要强，就要求孩子写得好。当时脾气不好，就呵得①他了。他胆小，往小凳子上一坐，就哆嗦。完了之后又开始写，写了一晚上都没写完，晚上我睡了，孩子他爸看着他继续写，晚上十点了，都没写完。他就又害怕又不敢写，写一行字大概就得一个两个小时，他怕写不好啊。我觉得，这不行啊。第二天，他回来往小凳子上一坐就哆嗦，就知道妈妈要批评他了。

他小时候就会告状，八岁那时候，我还没回来，他就告诉他爸我说他了。他小时候总尿裤子，我就得总洗，被我说过。其实这事怨我们家长没照顾好他。我觉得这样不行，孩子智力方面本来就不行，再在其它方面吓出毛病了。

后来我无意当中看到周弘②写的一本教育孩子的书。我觉得教育方法得赶紧改。第二天孩子放学回来，我就说："儿子，妈妈去做饭，你写作业，咱俩比赛看谁更快。"一会儿孩子就写完了。我说："哎呀，你比妈妈还快。"后来我不呵得他了，回家第一件事就是写作业。他就问："妈妈为什么不说我了？"我就说："你很棒嘛。"从这之后，就养成习惯，无论什么，回家第一件事就是写作业。这就是教育方法用对了，要是我还是以前的教育方法，这孩子就废了。

---

① 方言，意为训斥。

② 周弘：《赏识你的孩子》，广东科技出版社，2004 年。

问：做作业的时候需要辅导么？

潘母：数学需要辅导，语文基本就不用。

问：除了学校教的之外，还有什么兴趣爱好？

潘母：体育。正常孩子玩的玩具我家全有。滑板车、轮滑鞋、打篮球，我和孩子打羽毛球。他爸还说，正常孩子家的玩具都没这么多。他很喜欢动，我自己发现的，他不光唐氏，还有点多动症。就是这样让他待一秒钟，他都待不了。很活泼。老师说他是兴奋型的。

问：他上的特殊学校是哪一所？您认为学校有需要改进的地方吗？

潘母：哈尔滨启迪学校。国家教委办的，特殊教育学校一个区一个，咱家住这个区，香坊区，就去这个学校。以前我们学校跟其他学校不一样，有兴趣班模式。现在，我们学校跟其他学校一样了，办的特长班都取消了。我不希望这样，还是希望是原来的模式，要不孩子上午上课，下午就坐着看动画片，把孩子都给看傻了。还是希望学校技能方面的课都开着。

"花样元老"

问：当时是怎么想让他学滑冰的呢？

潘母：老师给他报了，报完就去比赛了。他喜欢轮滑，上冰滑就很自然，但是就是胆子小，害怕摔倒，两个手不敢离开地，就一直哈着腰。但花样滑冰需要直立的。我鼓励他，要直着腰才好一些。我在他就胆大一点，大概几堂课就能站起来了。你看轮滑在地面上，他习惯了，就不害怕。滑冰在冰上，他就吓得不行了。

问：什么时候开始学习滑冰？

潘母：2008年十三岁开始学习滑冰，国家成立了这个……学校教练组织了……有意培养体育方面。特殊奥林匹克花样滑冰，孩子得了铜牌，咱们国家的首枚奖牌。"花样元老"，咱国家滑冰他最好。

问：您什么时候知道有特奥这个组织？

潘母：孩子上学的时候知道的特奥，特奥就是特殊的意思，不是每个学校都有的。花样滑冰这个项目给我们学校了，就直接去参加比赛去了。

问：老师怎么带他训练的？

潘母：嗯，老师就是教他先学上冰，等他学会之后教各式各样的动作，一个动作一个动作地教。他不怕摔了以后，动作就学得很快。

问：滑冰之后是跟之前一样，上午上课下午滑冰么？

潘母：比赛之前集训的时候，是整天训练。其他时间，一周两堂课。

问：他有不想训练的时候么？

潘母：没有没有，他就喜欢训练。他说："只要不让我做数学题，啥都行。"我觉得就不要逼他了。这是长大了跟我说："妈妈我真的是不行，想不出来，给我换个脑子吧。"小时候题难，就坐那里不吱声。我说："要是能给你换，花多少钱都给你换。"呵呵。

问：训练过程中，老师会给他鼓励么？

潘母：老师说他是滑得最好的，我也鼓励他。越夸他，越说他棒，他滑得越好。

问：他都参加过什么比赛？家长陪伴吗？

潘母：2008 年是花样滑冰，2010 年是哈市举办的花样滑冰，参加过两届篮球比赛，世界级的是今年的特奥，市里参加过乒乓球比赛。他速滑没问题，轮滑没问题。今年 10 月份要参加轮滑比赛。

问：老师带他去外地吗？

潘母：对，他参加的比赛都是老师带着去的，家长不用陪伴。

问：他回来之后会跟您说比赛的事么？您印象深刻的事有哪些？

潘母：我家孩子特别爱说话，有的没的就听他白话①吧。2010 年的时候，去外地比赛，我在哈市就挺担心他的。还行，他自己解决了。第二天要比赛，下半夜两点了，跟他一个寝室的男孩子不让他睡觉。就是有种母子感应么，我晚上睡觉就听见他喊"妈妈，妈妈"，我就很担心他。真的出事了，那个男孩子守着门，不给孩子被子，也不让他出去，洗也不让洗。孩子没办法，后来就去找老师，老师把那个孩子调走了，他才睡觉。

我说，他碰到问题自己能解决，不就是长大了么。他那时候才十五岁，我也一直在担心，听见他在喊我，就是母子之间的那种感应。第二天他就告诉我怎么做的。我就说"你做得很棒"，因为妈妈也没在身边，你喊妈妈也没用，就是得去找老师解决。

问：孩子参加特奥得奖牌很高兴吧？

潘母：高兴，天呐，孩子可自豪了。拿着奖牌跟这个人照，跟那个人照，跟这个说，跟那个说，宣扬自己的成绩。就不用我说，我都不咋说，就他自己说。

热心帮助他人

问：您的孩子是特奥运动员领袖，您对特奥运动员领袖有什么样的了解？

潘母：我觉得他就是应该给大家做出更好的榜样，并且要带领大家。我儿子现在谁都教，相当于一个小教练了。因为他滑得很好，就去教不会的孩子，帮着他们。男孩子嘛，女的家长就不能带着去洗啊涮啊什么的，都是我儿子带着他们去卫生间。我儿子这一点做得非常好，热心去帮助其他人。

问：他当时怎样被选入特奥运动员领袖计划当中的呢？

潘母：老师觉得他很优秀，无论是体育还是生活方面都很好。

问：他自己想当这个领袖么？有竞争对手么？

潘母：很愿意的。没感觉到有竞争对手。

问：特奥运动员领袖，有接受什么培训么？

潘母：这个好像没有特殊的培训，好像几年前有过一次讲座。

问：他代表运动员参加了哪些特奥活动？

潘母：哦，有个大学生计划，年年他都参加，就是省残联举办的，每年都

①　方言，意为说。

参加，一年一次。7月20号特奥日也要参加活动，9月份也都有活动。

问：他参加活动之前会紧张么？

潘母：不会紧张，我儿子这点做得特别好。就是很高兴，因为他很自信嘛，从来不紧张。也就是这一点跟咱们正常人不一样吧，正常人会感到紧张害怕的，他都不会。活动之前他都得兴奋好几天，完了回来也可高兴了，就是愿意出去参加活动。

问：您觉得参加特奥以后，孩子有什么明显变化吗？

潘母：特别明显的变化，就是特别有自信，孩子懂事了。就是有种孩子一下子长大了、成熟了的感觉，就不用太操心了。特奥就最锻炼孩子的。

问：他参加完特奥，社会接触面什么的有扩大么？

潘母：没有。就是有比赛的时候去参加，没有比赛，就回家，正常生活。

问：您认为他在哪些方面比以前进步了？

潘母：就是说与人沟通、视野……还有他的心情都很好，比别的孩子进步一大块。在长春的时候，我儿子还很阳光的，在宾馆电梯里头有老外看到他，就说他帅。他就很骄傲，跟人家外国人照相，他跟谁都愿意照相。特奥增加了孩子的自信心。

我觉得特奥特别好，能让这些孩子觉得自己还有用，将来能融入社会啊，毕竟他开阔了自己的眼界，有一个锻炼，让他能得到社会上的认可。

问：参加特奥以来，您和叔叔心态有什么变化吗？

潘母：就觉得我的儿子肯定是没问题的，是最棒的，哈哈哈。尤其是他爸，因为平时都是我陪着他去比赛锻炼，有次在哈市比赛，他爸也去了，全场显示我家孩子最高分，给他爸激动得不得了。真的，我家孩子特别优秀，很为他骄傲。

问：您觉得特奥还有什么需要改进的么？

潘母：我就是想说两点：特奥项目再增加一些，花样多一些；特奥的参加人数多一些，有时候名额有限制，咱们孩子就参加不上，规模扩大些，让更多孩子接触这个。

问：您希望孩子能一直参加特奥么？做运动员领袖么？

潘母：特奥是八岁到八十岁都可以参加。我希望孩子一直到动不了之前，都可以参加特奥。特奥运动员领袖，只要想参加，就一直是，除非中途放弃了。有的人结婚了，工作了，就不参与了。特奥运动重在参与嘛，有的人年纪大了，感觉成绩不行了，就不参与了。

到 冰 场 上 班

问：他毕业之后参加工作了么？

潘母：现在是他毕业第二年，已经工作了。毕业之后他一直都在训练、比赛。他自己也着急出去找工作，我也让他自己出去锻炼锻炼，跟正常人接触，学习怎么样应聘。因为还要继续比赛，训练需要时间，我说问问老板给不给假。如果老板不给假你就不能去工作，个体老板一般都不会给训练的假。我就说那你等着吧，就等9月30号去冰场，这个飞扬冰场的工作就是教练给他们特奥的孩子推荐的。

问：在单位具体做什么工作？

潘母：在冰场做保洁工作。

问：孩子在单位跟同事朋友相处得怎么样？

潘母：他愿意跟所有的人联系，就他微信里的朋友有好几百。我们有全国的唐宝群，那时候孩子去无锡参加唐宝夏令营，然后直接去杭州参加梦想秀。所以说他是很优秀的嘛，那些唐宝的家长也很愿意跟他沟通。我说你跟这些阿姨沟通都可以的，因为这个很锻炼自己。

问：他周末、业余生活都喜欢做什么？

潘母：参加工作之前，每天早上起来去轮滑，回来以后跟我去早市买菜购物，帮我做家务，完了之后弹琴。有的时候吧，玩玩手机，一般我不让，可以让他玩十几分钟的游戏。一般我就把活安排得满满的让孩子去做。有的时候他自己看看书，写写字，反正他的业余生活特别充实。有时都忙不过来，说，妈，这个怎么怎么没做完。我说那你接着做。他弹琴的时候很专注，会弹很长时间。

问：有跟朋友一起出去玩么？

潘母：没有，我不让他跟着去。

问：他现在是每天都工作么？

潘母：现在是，等单位正规了以后，老师跟我谈的是，干一天休一天，两个人倒班。现在两人全都在那干呢，那个也是特奥的运动员。

问：他现在是白天上班，晚上回来么？

潘母：对，晚上九点半回来。商场开业是早上九点半到晚上九点半。他是八点半就得上岗，晚上老师让他赶末班车，八点多回来，到家大概九点多。

不给社会添麻烦

问：您和叔叔对孩子在教育上有不同么？

潘母：不同。这个教育问题，孩子爸爸是老观念，什么棍棒底下出孝子。我就不同意打孩子。我跟孩子说："儿子，因为你妈，你看你少挨多少揍。"孩子爸爸还是那种老的教育方法，他从小就是打出来的。我家不怎么打孩子，我从小我爸妈就没怎么揍过我。所以两个人的教育方法就不一样。

孩子跟我比较亲近，孩子说要妈妈不要爸爸。我带他看过心理医生，那医生说，他就是智商不高，他情商很高。我们唐宝群里都说，唐宝的孩子都是智商低，情商高。有时候，就是一整急眼了①，孩子爸爸就想打孩子，我就不让他打。我说："你能把这孩子打明白了，你就打。打不明白，你就不要管。"这越打越傻，越打越严重。孩子挨打会害怕，就把他都束缚了。有的事情孩子做错了，我就会告诉他，你这样是不对的，你应该注意。他爸就要打，说正常孩子都得打。我就不太主张，他那个都是什么年代的教育方法了。有时候，我看到那个〔好的〕教育方法也给他爸看，让他好好看看。

问：您一家人在一起会做什么？

潘母：基本什么事情都是一起做。上早市一起去，回来他爸做菜，我做饭，完了还收拾屋子，一起吃饭，购物逛街。

问：他和邻居、亲戚家孩子玩么？

潘母：有我的侄女、邻居家的孩子一起。我家孩子愿意跟他们接触，但人家都上大学，都在学习，特别忙，就没有时间跟他一起玩。因为他说出的东西都是特别幼稚的东西，问的问题都很幼稚，就是没法跟正常孩子接触。

问：他成长过程中特别大的变化有么？

潘母：跟正常孩子一样，一点一点变化过来的。参加比赛之后，青春期的时候就变化了，并且他的面相变了，整个唐氏综合征的特征都没了。2010年比赛回来以后就变了。到无锡去的时候，工作人员说我们是冒牌的，"是不是领孩子来玩的，冒牌的啊"。哎呦，我说他要是冒牌的，我就烧高香了。他听到了，他很尖②的，问我："妈妈，我是不是正常人了？"因为他特征都没了，

---

① 方言，意为发火、生气。

② 方言，意为聪明。

鼻子眼睛，手纹什么的都长开了。我说："你说话办事正常了，才正常了。"言谈举止正常才算正常，但是他不理解，别人都说他好，他就认为自己好得不得了。

问：考虑过孩子结婚么？

潘母：没有，当时法律规定智障和精残不能结婚，现在是精神有残疾不允许，智障可能是允许了，智障不能结婚没再提。我和他爸在孩子小时候就考虑这个问题，想让他自己一个人，我们陪伴他到不能陪了，他要是走在前面，他就先走。要是说我们先走，国家还会管他，他自己能自立就更好，生活不能自理国家也会管他，就没有考虑过让他结婚成家。

有很多智障孩子的家长说，智障的孩子也很可能智障，一代一代地传下去，会给国家造成多大的麻烦和负担啊。我说儿子你今天缺一根弦，你找一个缺一根弦的妻子，你俩的孩子就缺两根弦，哈哈哈。一开始小的时候邻居逗他，他也会把我说的话跟邻居说，法律上不允许。现在大了，有的时候也问："妈妈我能不能结婚啊？"我就跟他讲道理，你是不能结婚的，你现在虽然发育比其他的男孩子正常一些，但是你们都是不能结婚的，结婚会给别人造成很大的麻烦。因为从小就给他灌输不能结婚的想法，他就能接受。

期待关注与包容

问：孩子现在享受政府的什么福利待遇？

潘母：咱们国家待遇各个地方有不同。南方要好一些，上海 1 000 元一个月，无锡一个月给 820 元。国家的文件很早就下发了，要地方财政拨钱，但是有的地方政府说没钱，一直没执行，我在社区工作，看到了这个文件。后来国家施压要求必须给补助，黑龙江去年才给补助，一个月 100 元钱。地区间的福利差距真的很大。除了这个方面，别的福利都没有。

问：对福利有什么期待么？

潘母：我希望可以对不同地区一视同仁。我们老了或者不在了，孩子怎么办？南方的是唐宝，我们就不是唐宝？待遇不要差距太大。南方的孩子只要确定是唐宝，就有补助，可是我们没有。给孩子未来一个保障，我们现在就碰到这个问题了。

我们现在是靠着参加各种活动赚钱。〔我们的〕那个主席，老伴走了，他也走了，这对我们孩子的损失相当大。每次活动都是他在策划，相当有能力的家长。可是他不在了，就剩下他儿子一个人，现在跟他舅舅生活，什么待遇都没有。

所以我就希望国家第一，一视同仁；再一个就是解决父母的后顾之忧，能照顾孩子。这些孩子的自理还是不行，花钱方面的能力不行，不识数啊。给他10块钱，就买了一个鸡蛋饼，早上吃得饱饱的。他不知道有些东西什么时候该买，什么时候不该买。人家说10块钱，他就给10块钱。孩子回来跟我说："妈妈别生气，钱我用来买鸡蛋饼了。"我告诉孩子我没生气，我给你的钱，就是让你花的。当时就是为了锻炼他花钱。我问他你知道错哪了吗，他不知道。我刚说了，他没记住。我说你不能乱花钱，第一地摊上的东西不干净，而且早上你刚吃过早饭。你不是很饿，不需要花这10元钱的时候，不要花。

小时候我说钱脏，不让他花钱，都是我花。孩子长大之后，会拿钱了，我就让他锻炼，给他正好的钱，或者让他去超市买东西，收银员不会找错钱。他算得慢。

问：对未来有什么期待吗？

潘母：我就希望孩子可以有份工作，接触正常的人。但是社会接不接受，我不确定。所以现在就打算，我走到哪就把孩子带到哪。

问：周围人对他怎么样？

潘母：周围人有时候也会骂他，对他不好。他没有暴力倾向，智障的孩子不会打人，他会跟别人讲道理："你别说我是傻子，我只是反应有点慢。"邻居有人会告诉我，你家孩子在跟别人讲道理。有一次我也看到了〔孩子讲道理〕，他喜欢跟小孩玩，学校的比他小的孩子淘气，喊他〔不好的称呼〕。孩子的家长过来之后，他会跟家长说："你家孩子说了我不好的话，教育教育你家孩子。"

问：您希望社会能怎么样呢？

潘母：我们这些唐宝的家长也参加活动，就是呼吁社会，对特殊孩子多了解，并且要容纳和理解他们。美国和日本这点做得很好。但日本和我们一样，鼓励自己家再生一个健康的孩子照顾他。美国不是，美国是只要有这样的孩子，国家就管。现在已经不叫孩子智障了，改成心智障碍者。希望就是可以多了解、包容他们。

潘琳的教练王本贺教练口述

口述者：王本贺教练
访谈者、撰稿者：张依然
访谈时间：2019 年 5 月 20 日
访谈地点：电话

问：王教练您好，我是黑龙江大学历史系的学生张依然，非常感谢您在百忙之中抽时间接受采访。请问，您今年多大年纪？什么时候开始从事教练行业的呢？

王教练：我今年三十一了，2015 年开始做教练，到现在有四年了吧。

问：您是什么时候开始接手教潘琳的呢？主要教他什么课程？

王教练：我是 2015 年开始教的，他们这些孩子主要学习陆地和冰上，我主要教他花样轮滑。

问：一般在什么时间教他？对课程是怎么安排的？

王教练：一周教他两到三次吧，时间不固定，主要看我的时间安排。因为我也是业余抽时间教他，我本身有自己的工作。

问：在训练过程中，潘琳的水平怎么样呢？有哪些优点和劣势呢？

王教练：他水平还可以，花样轮滑很不错。他训练的时候挺认真的，他的柔韧性很好，协调性也可以，这两点就能让他做出来的花样动作比较舒展，比较美，这方面他完成得还是比较不错的。缺点的话，胖算缺点吗？哈哈哈哈，轮滑嘛他也算运动员，但是体重有点大，这方面对他不算是好。

问：教他的四年里，您感觉他有哪些明显的变化或进步吗？

王教练：在训练方面，他轮滑进步还是比较大的，他今年应该还是会去申请特奥会的比赛资格，还是会去比赛的。

问：您一直在和这些孩子接触，在对这些孩子的教育方面，您有什么看法吗？

王教练：从我们训练方面来讲，就是要对他们付出更多的耐心，他们就是接受能力偏低，理解能力也都有偏差，我们就要多和他们讲解，多做示范，手把手去教他们完成动作。正常孩子你可能讲一遍他就懂，但是他们不行，对他们，那就必须付出更多的耐心和体谅。

问：您对潘琳和这些孩子有什么寄语和期望吗？

王教练：希望他们都能够走上社会，能够自立，因为他们在这一类孩子中，能力还是算比较强的。同时也希望社会能给他们更多的理解和照顾吧。

潘琳的教练姚楠教练口述①

口述者：姚楠教练

访谈者：陈晨

访谈时间：2019 年 5 月 20 日

访谈地点：电话

问：请问教练，您今年多大年纪？

答：三十七。

问：您在哪里工作？

姚教练：我在冰场，飞扬冰上运动中心工作。

问：您做教练多久了？

姚教练：十九年。

问：您都教潘琳哪些项目呢？

姚教练：滑冰和轮滑。

问：您是什么时候开始教潘琳的呢？

姚教练：2009 年吧，我想想，嗯，2011 年吧，差不多。

问：您现在还一直在教潘琳吗？

姚教练：在教。

问：他平时都会训练一些什么？

姚教练：比如跑步啦，一些身体素质训练、腰部肌〔训练〕、跳绳，然后滑轮滑和花样滑冰。

问：他大概什么时候训练呢？

姚教练：每周训练三次。时间不是特别固定，有的时候会有调整。但基本上是每周练三次，周一、周三、周五，每次练两个小时，下午三点到五点，差不多是这样。

问：训练有特定的要求或者必须要达到的效果么？

---

① 姚楠教练是哈尔滨飞扬冰上运动中心的负责人，也是特奥运动员的总教练。

姚教练：没有。没有很明确〔的要求〕，因为每一个孩子都不一样，训练的不是只有潘琳，每一个孩子需要达到的目标是不一样的。

问：您能大概说一下潘琳平时的训练情况吗？

姚教练：潘琳他比较容易兴奋，很愿意跟小朋友一起。在训练的时候他会愿意跟别人比赛，愿意跟人家竞争，他很喜欢比别的小朋友滑得快，他很积极很努力的，希望能够超过更多的小朋友吧。他比较积极，对，也比较上进。

问：您觉得潘琳有什么优点和缺点么？

姚教练：他的优点就是我刚刚说的，他很积极很努力，很希望能够更好地表现自己。他的缺点其实也源自他……迫切地想表现自己，有的时候情绪上他会控制得不好。比如说他希望超过别人，会很努力，但是可能他努力了〔也不一定会超过别人〕。比如说我们滑一个十圈，前几圈的时候，他就一直很努力地追别人，他可能在一个比较领先的位置。但是十圈是需要你合理分配体力的，你不能像滑一圈那么滑十圈，你每一圈都用滑一圈的体能去完成，你第三圈的时候可能就没有劲了，你就完不成了。他会因为想超越别人，没有更好地分配体力，在中间圈的时候没有劲了，然后他就降速了，别的人有可能会超过他，到他前面去，这个时候他就会自我放弃。他就像泄了气的气球一样……他就会很慢很慢地来滑，来训练。〔这个问题〕始终是潘琳需要克服的。

问：请问您带他参加过什么比赛？

姚教练：参加过全国的轮滑比赛，还有一些花样滑冰的比赛。

问：比赛的时候，他的父母会跟着去吗？

姚教练：父母会跟着他一起去，哈尔滨的比赛，父母就会来看比赛。如果去外地比赛，他父母也很喜欢跟他一起去，他妈妈跟着他比较多。

问：在比赛的时候发生过什么有意义的事么？

姚教练：潘琳第一次参加比赛，很紧张。实际上你会滑冰，或者你会某一项运动，不代表你就能够叫作特奥运动员。严格讲就是你会滑冰，你会滑冰的技术动作，但是你要知道如何比赛，比赛是有一些要求的。你要能掌握比赛的方法，你要有驾驭比赛的能力，你才能够称为是特奥运动员。

潘琳第一次参加比赛，实际上在这之前他不了解〔比赛〕，他就比较紧张。在赛前我们也模拟了一些比赛应该怎么做，比如说检录，还有你要听裁判的指令，什么时间你可以开始比赛，你结束的时候要做哪些事情，在备赛期间的训练阶段我们都已经教过他了。但是真正到了赛场参赛的时候，他还是有一点紧张。

我们当时跟他讲："你知道上场需要做什么吗？"他就基本上很懵，就是那种兴奋也很紧张的状态。他比较容易兴奋，一兴奋，情绪就会比较激动，可能头脑里面就会一片空白，他就不太清晰自己需要做什么。我跟他妈妈一块跟他讲，你要做什么，一直在跟他说我们在模拟训练中都做了什么，你来回忆一下。跟他一遍一遍地讲。后来也让他提前到赛场去看其他队员的比赛，让他别紧张。跟他讲场上的例子，你看队员上场之前做了什么，最后他做了什么，你看他比赛结束是要怎么样做的，对不对？你只有这样清晰了，你才能够完整地把比赛比完，你的分数就会更高一些。跟他看完、说完了之后，他等于是记住了。实际上就适当地调整一下他比较兴奋的情绪，最后他也控制住了情绪。

他的第一次比赛我觉得挺好的，我们都觉得很满意。本身花样滑冰这一块，他的技术水平在男运动员当中还是比较好的。对他来讲，只要是控制好他自己的情绪，正常发挥就没有问题。

问：从您开始教他到现在，他有明显的变化吗？

姚教练：他明显的变化……我觉得他肢体的协调能力明显增加了；另外一个是他的自我照顾的能力〔提高了〕。训练的时候，可能家长、教练参与管理的很多。但是在整个比赛期间，比如说我们参赛之前会有一些集训，会统一在一个地方吃住，就类似于封闭训练，这样家长管理的机会相对就少一些。所以我觉得特奥活动是给这些孩子很多锻炼和成长的机会。他也通过比如说第一次坐飞机、第一次参加比赛、第一次离开家、第一次出国这一系列的锻炼，自我照顾的能力和自我的情绪管理的能力要好很多。之前他特别容易激动，也很容易兴奋。有的时候去一个比如他没有去过的地方，他会很开心，吃东西就会吃得很多，其实他并不饿，他已经吃饱了，但是他就觉得很惊奇，还会吃很多东西。现在他的一些行为，我觉得都康复得比较好。

问：您一直在接触这些特殊孩子，您在教育和陪伴他们成长过程中有什么经验吗？

姚教练：实际上每一个孩子都是不一样的，他们的情况都不太一样，因为造成这样的一个特殊〔障碍〕的原因都不同。像唐氏综合征的孩子，他们的表现会差不多。其他类别的孩子，比如自闭症的孩子，表现也比较明显。但你可能跟他关注的点就不一样。像其他不明原因的发育迟缓的孩子，每一个孩子表现都不一样。所以我觉得你需要拿出一些时间和精力，先去关注、去观察他们每一个人的不同的情况，然后根据他们不同的特点来设定不同的目标，不同的阶段设定不同的目标。每一个孩子的方向也不一样，你像有一些轻度的孩子，他可能适应能力比较强，相对而言比赛的竞争也比较激烈。他的运动能力、掌握某项运动的技术水平，要求会比较高。

像我有一个滑冰的孩子，他属于肢体上运动能力很受限制，他不会跑。家长会讲，我都无法想象我家孩子能学会滑冰这样技巧性比较高的、比较有难度的项目，因为他连跑步都不会。他自己的受限制的程度到了这样一个地步，你怎么能够想他滑冰会什么样？一个不了解这种情况的人，看见孩子滑冰，你不会认为他在滑冰，他只是很自如地穿着冰刀在冰上走。但是他走得很流畅，走得很自如，也走得很随意。他冰刀控制得非常好，而且他也不是说像我们穿鞋这样走，他把冰刀抬起来的时候，另外一只脚还是有滑的动作，就等于是他在冰上一边走一边向前滑。这就是我们对于从事相同运动的不同孩子的不同要求，能够很自如很流畅地在冰上有滑动地走，对于他来讲就是一个极大的挑战，是非常不容易的事。对于一些轻度的孩子，我们会〔要求他〕滑得非常快，技术动作也非常标准，真的很炫酷也很帅气。所以每一个孩子在运动当中，可能就是单纯从掌握滑冰的技巧上来说，目标就是不一样的，最后达到的目标也是不一样的。

另外一个就是锻炼他们，以特奥运动为载体，在参与活动当中，他们不只是掌握了某项运动的技能，可能在语言上、运动上、在社会适应的综合能力上都有不同程度的改善和提高。

问：您希望社会和周围人怎么帮助这些特殊的孩子？

姚教练：首先，我觉得好一些了。社会发展进步比较快，之前比如他们走在路上，还会收到一些异样的目光，会有一些很特殊的关注。现在好一些了，但是大家还会有一些好奇的眼神，虽然不是不友好的或者歧视的，但是我希望大家能够把关注他们的目光放得更加温柔吧。但怎么说呢，实际上短时间内很难做到的。

现在也有很多人、很多机构都在经常地跟特殊学校，还有像残联做一些帮扶活动，但是我觉得形式化的多了一些，真正的常态化的活动少了一些。我是希望能够以社区为单位，有一些对外的活动、小型的运动会；或者活动室，是可以对他们开放，让他们离开学校以后，回到家里面，也有可以参与活动的地方和场景，能够融入社会。现在我的这些孩子像潘琳这种大一点的，潘琳也算大一点的，还有比潘琳更大的，离开学校以后，回到家里面的活动就是我们的训练。我的训练每周三次，是他们唯一能够离开家庭、参与的一个社会活动，我觉得比较少。像我们平时，比如今天中午我想找个朋友去吃个饭，聊个天，

当然他们不具备这样的能力，但是也缺少这样的〔机会和地方〕，就只能是由我们这些相关的人来给他们创造可以交流的机会。现在这样的活动比较少，这样的机构也比较少，但是家长的意愿都比较强烈，如果这样的机构多一些，比如说每个月搞个一次或两次活动，他们是很愿意参与的。

问：最后，您对潘琳有什么希望吗？

姚教练：希望他能够继续努力，在克服自己的情绪方面能够再有一些进步。训练上他已经很刻苦，也很努力了。

他也可以在家里面做一些〔家务〕，他具备做简单家务的能力。希望他能够把帮助父母做家务或者自我照顾这个事，调理得更清楚一点，形成类似于程序化〔的习惯〕，比如早上起来扫地、擦地，或者洗碗；希望他能坚持，每天坚持做一些这样的事情，帮助父母分担家务。他具备这样的能力，但是可能他今天高兴了，就做一些，明天不高兴，就不做了。就希望他能够把他现在力所能及的事情都坚持下去，做得更好吧。

潘琳工作观察日记

观察时间：2017 年 12 月 21 日

观察地点：哈尔滨市飞扬冰上运动中心

观察者、撰稿者：陈晨、张依然

时　间	内　容	
6：45	从家出发去公交车站。	和观察者见面，主动打招呼
7：10	到达电机厂公交车站。	乘坐 117 路公交车，熟稔地上车打卡，随身携带一个饭盒，准备当午餐。早班车上人太多，有一个空座位，他主动让观察者坐，观察者婉拒。因为太过拥挤，没有过多交谈。
7：45	到达王府井站。	穿过路口，到达工作的商场。由于时间太早，商场没有开门，只能绕到商场背面，从运货通道步行上到四楼冰场。冰场很大，过道面积很大，因为还没有人，灯也没有开，显得特别空旷。
8：00	开始工作。	飞扬冰上运动中心还没有开门，很冷清，只有他和小伙伴，还有一个工作人员。工作人员询问观察者来干吗，潘琳主动向他解释观察者是黑龙江大学的学生。他的工作主要负责拖地，收拾垃圾和换垃圾袋，小伙伴负责擦柜子和椅子。
8：30	拖地完成，开始收拾垃圾桶，并换上新的垃圾袋。	员工打卡机开启，他在收拾过程中到前台打卡。
8：40	开始整理洗手间。	潘琳负责男洗手间，小伙伴负责女洗手间。整理内容主要包括收拾废纸篓，打扫地面，擦门把手和瓷砖。
8：55	工作结束，休息。	小伙伴还在打扫，他已经打扫完毕，跟观察者聊天，解释早来的原因：冰场 9 点半开业，他需要在这之前完成打扫。简单讲解他的作息时间，早上 5 点起床，打坐锻炼半小时，5 点半开始自己做早饭和准备午餐的盒饭。
9：15	重新整理。	小伙伴告诉他厕所没打扫干净，他先反驳了一下，摸了把头，然后两个人一起去看，重新打扫了一遍。

（续表）

时　间	内　容	
9：25	整理大垃圾箱。	小伙伴教他怎么整理，然后，他重新套上新的垃圾袋。小伙伴整理纸盒子，去倒垃圾。
9：27	巡视。	商场即将开业，再次巡视。背着手走了一会儿，看到地上有脏东西先用脚探一探，再弯腰捡起来，用手摸一摸柜子还有没有灰尘。和小伙伴小小地闹了一下。回休息室前，看到没人的屋子亮着灯，上前关灯。
9：40	休息。	在休息室门口的无人区打太极，跟观察者聊了会儿。亲切地和同事互相打招呼，并向同事介绍观察者。一个同事去打水，他提醒同事走之前记得关灯。
9：50	巡视。	再次巡视，有同事叫他收拾垃圾，收走一大袋垃圾，扫地。
10：03	休息。	休息，看看手机，跟观察者聊会天。小伙伴一直在打扫，没休息。
10：26	整理库房。	冰场的同事叫他帮忙去整理库房。潘琳看见了库房里清理出来的准备废弃的衣服，想把这些衣服带回休息室。小伙伴也让他拿回去，她自己先整理库房里其他的滑冰工具。潘琳去休息室后迅速返回库房，继续帮忙整理剩下的衣服，把衣服叠好摞起，心疼地说好好的衣服怎么就丢了。把不用的东西丢掉，心疼有些被丢弃的东西还很好。拿着一个头花很高兴地出来，不过最后还是丢掉了。跟他一起收拾的老师要出去一趟，他就等着，不再整理。在库房里找到一盒彩铅笔，很开心地收起来。中间休息了3分钟，然后简单地去巡视一次。继续去帮忙整理库房。冰场有客人来。外面有动静，也会出来看一看。 修理了休息室的柜子。
12：26	休息吃饭。	用微波炉加热带来的盒饭，午饭吃饺子。
12：44	巡视。	先是小伙伴提醒他去巡视，去巡视了一趟，回来收拾了自己的饭盒。有同事叫他去帮忙，进了机房。
13：03	休息。	看了看手机，去厕所关上门接了个电话，回来看了会儿手机。
13：16	巡视。	拿着扫帚去巡视一圈，扫地。巡视之后，回休息室，路上看到同事在工作，也会去看看，然后再看下地上还有没有灰尘。
13：23	休息。	和小伙伴说话。
		下午主要的工作是整理库房和巡视。 19：30下班打卡。

去外面的世界看看

——H 先生口述

H，男，1996 年出生。有一兄长。2015 年毕业于浙江省温州市特殊教育学校。现就职于温州某液压公司，担任机床车间操作员。

口述者：H 先生
访谈者、撰稿者：潘立川
访谈时间：2017 年 11 月 26 日、2019 年 1 月 31 日
访谈地点：浙江省温州市鹿城区某街道 H 家

我的反应比别人慢

问：你好，感谢你接受特奥口述史项目的采访。请介绍一下个人情况，好吗？

H：我是 1996 年 1 月 10 日出生，在瓯海区出生。我的老家就是瓯海这边的，父母也是牛山这边的人。

问：你的父母今年几岁，从事什么工作？

H：他们现在都已经六十岁。我父亲种田、卖菜，在我家楼下的地里种蔬菜，那块菜地都是自己家的。

问：父亲一天大概能卖多少斤蔬菜？

H：现在的话，一天只能赚个二十几块，将近 30 块吧。以前生意好，买菜的人多。现在厂里工人少了，买菜的人少，生意没有以前好。

问：卖的菜都是自己种的？没有去批发市场进货？

H：卖的菜都是我爸自己种的。现在是没有去进货了，过去是有去蔬菜市场批发来卖。之前这边没有拆迁的时候，附近有很多厂，所以有个菜市场。现在被拆了以后，就是没有菜市场了。他就没有去进货，只拿自己种的菜去卖。

现在摊点都不固定了，我爸踩三轮车去到处卖。

问：你父亲年收入怎样呢？

H：一年？反正一天最多不超过50块吧，一天最多可能是有50块吧。

问：你母亲是从事什么工作？

H：我妈妈在山后做兼职工作，在一家照相馆里打扫卫生，可以算是清洁工。

问：她以前是从事什么工作？

H：她以前做过很多工作。最初我爸妈两个人一起卖菜。后来菜市场没了，没有那么多人买菜，她就自己出去工作，打打零工。

问：按照目前的家庭收入，你们有没有申请低保？

H：家里也不太清楚低保这事情，这些事情都是我爸妈来弄的，我不清楚他们有没有申请低保。

问：你有几个兄弟姐妹？

H：我家里就一个哥哥。他比我大十一岁，今年三十六岁。现在我是二十三岁，他应该是三十四岁。

问：他的情况和你一样吗？

H：不一样，他已经有自己的家庭了。刚刚在我们客厅里的孩子，就是哥哥的孩子，他今年八岁了。

问：你和你哥哥，两人关系好吗？

H：很好。小时候经常一起玩。后来我到了小学，因为我转学去别的地方读了嘛，我们在一起的时间就很少了。后来我哥哥也去湖北的警校读书。

问：他现在干什么工作？当警察吗？

H：他现在不做警察了，在做滴滴司机。

问：你搬过家吗？

H：我原本不住现在的房子。这个是新房嘛，今年刚搬进来不久。我的老家房子原本是在你过来时经过的地方，那里的房子都被拆了。我原来的家就在那个地方，原来的房子有三楼。这边是拆迁后的新房。

问：你们的房子被拆了，就赔了这一套房子吗？

H：这一套房子摸文了①以后分的，后面就没有了。

问：原来的邻居，现在也都住到这里了吗？

---

①　温州方言，是抓阄、抽签的意思。拆迁以后的抽签分房。

H：呃，没有，有些也都搬出去了。

问：那小时候有没有和邻居家的小孩子一起玩？

H：没有，因为邻居家的房子离我们都比较远嘛。比如说我家在前面，他们在后面，中间隔着一大片田。我的朋友家都是在后面，在德政村；而我住的地方就是牛山。

问：你小时候都去哪里玩？

H：我有空的时候就去电子游戏厅，跟我的伙伴一起去玩一下电脑。还有的话，就是一起学习。但是到了初中的时候，大家一起玩的就少了。基本上都搬走了，我也不在这边上学。

问：你小时候知道自己有和其他人不同的地方吗？

H：嗯有啊，就是我的反应比别人慢……智力上的发育有点晚嘛。

问：你自己是知道的？对自己智力反应慢，你怎么看？

H：就是这样子嘛，还能怎么样。又改不了，是吧？

问：小的时候，家里人会经常带你去看病吗？

H：没有，从来没有。我小时候的身体状况还可以，体质也还好。就算我得病，基本上就是发烧，没其他问题。我基本上没怎么去过医院。

问：能不能说说你小时候印象深刻的事，或者一些好玩、有趣的事情？

H：好玩的事情，基本上都是在游戏厅里面。以前我们玩的游戏就是QQ三国、跑跑卡丁车、泡泡堂。或者有时候我们去电子游戏厅，玩的就是拳皇。除了这些游戏，就是去别的地方玩捉迷藏，还有就是玩一些陀螺、赛车。这些都是我们那个时代经常玩的东西，和其他小孩子玩的东西没什么差别。

老师对我很耐心

问：你小时候有没有去过幼儿园？

H：有，幼儿园上了一两年，我就去小学了。到了小学二年级的时候，我就转学到了新码道学校，之前都是上普通学校。

问：你说几岁的时候去幼儿园？

H：好像是八岁吧。反正我也不太清楚。我记得应该是这个年龄段吧。反正是六七岁、七八岁的样子，和普通小学生是一样的。

问：上幼儿园？

H：呃，不对，上幼儿园是更早的。哦，那错了，我上小学是七八岁。反

正就是和其他同学没什么差别，都是一样的。

问：你小学是在哪里上的？

H：小学是在南汇小学，就是你过来的时候经过的小学。上小学的时间是和正常人一样的。

问：你小时候喜欢去学校吗？

H：不知道，反正小时候去学校，我上课跟不上，就在那里睡觉。

问：为什么跟不上？

H：我也不太清楚。自从上了小学以后，基本的课本学习我就开始跟不上。跟不上就是开始犯困，无聊了嘛就在那里睡觉。所以我一到上课也就是在那里睡觉，也不闹。我小时候就是比较斯文，不爱说话。虽然成绩不好，但是我很安静，所以老师也没怎么说我。

问：具体是哪些课程跟不上？

H：就是语文、数学这些课程跟不上。因为我印象中只记得这些课程，其他的我就不太清楚了。人长大了，过去的这些记忆就比较模糊了。

问：为什么选择转学去新码道呢？

H：我记得当时好像是我妈妈和我说，我小学的班主任说我成绩不怎么好，有可能是智力方面不怎么行。南汇学校的老师就建议我去新码道学校。我也不太清楚，反正跟我家长是这么说的。

问：你们有去检测过智力这方面吗？

H：没有，我后来就是直接转学过去了嘛。

问：转学新码道学校，就是你们直接和学校那边联系，就转过去了？

H：对，就直接转过去了。

问：他们也没有做一些筛查？

H：没有。反正我那时候转学过去，跟他们的校长说好了，学校那边也同意接收了，我就直接开始在那里上学。

问：你的父母有没有接送过你上下学？

H：有，第一次上学他们接送过，之后就是我一个人走了，坐 106 路公交车。每天中午我都是直接在学校里吃饭，没有回家。

问：你转学到新码道学校后，是继续读三年级，还是重新从一年级开始？

H：二年级又重新读。因为原本我在南汇的时候，是在读二年级下册。转过去以后，重新读二年级上册，等于说我留了一级。

问：新码道学校没有提供住宿？

H：有些学生有住宿，但是我自己是不住宿。我从一开始到后来一直是走读。新码道学校是在温州市区陡门头那边，离我家也不算很远，所以我每天上学来回都是乘公交车。

问：在学校住宿的话，是要多交钱？还是因为你离家近，学校不建议你住？

H：这个我就不太清楚了，因为我在那边没有住过。我班里的同学也都没有住宿，大家都是走读的，就除了小任他们是住宿的。还有小廖，因为他家比较远嘛，我记得他好像是住在宿舍。

问：你现在对第一天去新码道学校还有印象吗？

H：印象就是怕生吧，我还是属于比较害羞、腼腆的。到新的学校里读书，总会有一点怕生。

问：新码道小学的小朋友和南汇小学的小朋友有没有不同？

H：感觉有一点不一样吧，新码道学校里有些人说话说不清楚；还有一些人就是腿脚不方便。

问：你们班上的同学都是在一起上课吗？腿脚不方便的同学和智力跟不上的同学是分开上课？

H：应该不在一起。我们班的小朋友，在我那时候看来，走路都是比较正常，就是想法上可能比我还要慢一点。

问：像听不见的、不会说话的小朋友和你们都是分开的？

H：我们新码道小学的话，是没有听不见、不会说话的小朋友，基本上都是智力〔障碍〕的小朋友，其他的就是腿脚不方便的小朋友。

问：从南汇小学转到新码道小学，你自己感觉怎么样？

H：小时候没什么感觉吧，因为小时候没有像现在一样想那么多事情，感觉上学任务轻松了很多。

问：你的作业是在学校完成，还是回家后做？

H：如果作业少的话，我就在学校里做好；有时候作业多，我就带回家来做。刚开始的时候作业比较少，后来就多起来了。不过和原来的学校比起来，新码道学校的作业就少很多了。

问：你觉得作业难度怎么样？

H：那减轻了好多负担，我感觉一下子就都看懂了。

问：除了作业方面，还有哪些方面比在南汇小学过得轻松、舒服点？

H：就是上课基本没有睡觉了，我感觉自己听课能听得进去。主要是南汇

那边的老师讲课讲得很快，我跟不上，就导致我上课容易睡觉。新码道学校的老师上课会比较慢，比如说一个星期只教一课。小时候记不清了，现在应该是三四天教完一课，我在高中的时候是这样的。

问：那课文都是些什么内容？和在南汇那边一样吗？

H：不一样。新码道这边的课文比较容易。我记得，比如在新码道数学学的就是1加1等于几。等于说我那时候在新码道学校学的是幼儿园的知识，因为幼儿园的知识我都知道。

问：在新码道小学，你都学哪些课程？

H：比如在南汇小学有英语课，但在新码道小学就从来没接触过。在新学校我只学了像音乐课、数学课、语文课、体育课等比较多一点，其他的课比较少。

问：你当时的成绩怎么样？

H：我的成绩在我们学校算很好的，应该也有拿过奖学金吧。

问：你在哪门课程上成绩或表现更好一点？

H：那应该是语文课吧。因为在新码道小学的语文课上，大部分字我基本上都认识，基本都看得懂。在新码道小学基本上我都能跟得上。老师一讲，我大概都能明白，比以前是好了很多。

问：从南汇转学到新码道小学，你还是比较喜欢和适应的？

H：以前没有想过这个问题，但是现在，我是有一点点想法的。

问：想什么？

H：为什么我会转学到那边去。

问：你现在想的是如果留在南汇可能会更好一点？

H：有可能吧。

问：你在小学的时候有参加体育运动吗？

H：有，我就是偶尔打一下篮球。有体育课的时候，我基本上都是打篮球。没有体育课的时候，我基本上都是待在教室里。

问：新码道这边的老师和南汇的

老师有没有差别？

H：南汇的老师像我睡觉，都不会管我。新码道的老师，比如说我哪里错了，他们都会跟我说。像我做题的时候，哪里错了，他们都会仔细地跟我说。在南汇小学我上课基本不听都在睡觉，老师也不会管我。在新码道学校，我上课还是很认真的。

问：这是不是和班级的学生人数有关？

H：南汇一个班可能有三十几个人；在新码道，一个班只有十几个人。

问：在新码道，一位老师是不是只教一门课？

H：嗯，语文课嘛，还有一门阅读课。不知道小学有没有阅读课。这位老师只教语文课和阅读课，其它课都不教。

问：你在新码道小学，有没有印象深刻的老师？

H：没有吧。因为我小学的时候经常换班主任。

问：每年都有老师变化吗？

H：有时候一两年就换一次吧。印象深刻的话，我知道的就是胡老师，胡胜欢老师。她是带我们最久的班主任，好像是当了四五年的班主任吧。我记得好像是从六年级开始到初三。其他的老师教了我们一两年就去生孩子了，然后就换老师了，再也没有教我们。

问：除了胡老师之外，还有其他印象深刻的老师吗？

H：还有的话，就是教过我们班最久的朱丹老师、狄克老师。小学时候的体育课、训练基本上都是狄克老师带的。

问：在新码道的这些老师，是不是都很有耐心？

H：是的，相比普通学校的老师，他们更有耐心。比如说你不会的地方，他们会耐心地来教你们，一直把你教会。像有些小孩子比较闹，爱跑来跑去，老师们也不会生气。像我就比较安静，就坐那里，不会惹什么事情。

问：你和你在新码道学校的同学关系怎么样？

H：还好吧，玩得比较好的就是小蔡、小林这些同学，还有就是现在还在学校读书的小朱。现在他们都在职高部读高三。

问：你们是怎么认识的？

H：那时候我是学生会的成员，经常要去班级里检查卫生、打分。有时候我去各个班级看一下，就这样认识了他们。

问：你是戴着红袖章的扶助员？

H：对，每天去给各个班级打分。开始是给眼保健操打分，后来改成文明

卫生打分，检查同学们的仪表仪容。

问：这些同学现在和你都还有联系？

H：有，我们经常都有出去玩。和这些学弟出去玩，我们基本上就是去电子游戏厅或者他们家里玩一下。和我的朋友的话，同学之间基本上就是出去聊天。

问：你到新码道小学以后，平时还有去电子游戏厅吗？

H：也有去的，就是和我自己家附近的小朋友、南汇小学的同学一起去。很少和新码道学校里的同学一起去，因为他们家住得都太远了，放学了都接触不到。新码道本身离我家就有点距离，他们住的都是江边或者瓯北那边。所以有的同学基本上都是开始有联系，到后来就少了。

一 直 是 班 长

问：你是什么时候上的初中？

H：新码道学校毕业以后，我们就到了现在所说的温州市特殊教育学校上初中，也就是去瓯北了。因为学校搬到瓯北，还有其他几个学校的同学一起过来。

问：学校是什么时候搬到瓯北的？

H：2008还是2009年的时候吧。正好我们那一届毕业的时候搬学校。我们是六年级毕业时，搬去瓯北新学校了。

问：你们升读初中有没有什么要求或者条件，还是自己想读就可以读？

H：学校有要求，我们必须读初中。有些同学可能觉得瓯北太远了，上下学不是很方便，就没继续读初中了。我看我们那些原来读六年级的同学基本上都在初中。只是到了高中的时候，进入职高有一项考试，有些人就没去考，所以没有去读高中。基本上我的小学同学都是有去读初中。就是到了高中，有些小学的同学就碰不到了。

问：到了初中，你们换了一所新的学校，有哪些方面的变化？

H：学校环境变化很大，变宽阔了嘛。原来我们的新码道学校很小，小小的一个班级。初中的时候，学校搬到瓯北，整个校园一下子变大了。环境也比以前好，学校变得更漂亮。

问：新码道学校原来一个年级一共有几个班级？

H：原先就只有两个班级，每个班级差不多十几、二十个人吧。搬到瓯北那边以后，学校学生就比较多了，因为学校变大了，也来了好几个学校的新同学。

问：到了初中，你们的班级同学发生了变化？

H：没有，基本上和小学班级是一样的。它是固定班级，人都是一样的。到了高中就开始分班了，就是两个初中的班级合并在一个班。

问：你们搬过去的时候，新的学校已经建设好了吗？

H：已经建好了，但是还没有完全好。我们过去的时候，都是在启音部读书、吃饭，就是统一集中在一个教学楼。后来应该是到了初三吧，在初三的时候我就转到了启智部。不同的班级就分开了，分别在两个楼。当时我们去瓯北的时候，学校的操场都没有建好。我们体育课都在体育馆里进行，当时体育馆已经建好了，体育馆外面的空地就是我们的临时操场。

问：初中的课程在种类上与小学有没有什么变化？

H：变化是有的，就是内容上我们学了普通学校小学二、三年级的课程吧。因为我看过我朋友的课本和题目，等于他们小学所接触的内容是我们在初中时接触的。因为我还是看不懂，所以就不要他们的书了。

问：在初中的时候，你哪门功课成绩比较好？

H：应该都还可以，具体我也不太清楚了。我那时候是比较喜欢打篮球，所以我只能说是体育更好一点点吧。其他的成绩也都一般，和小学的时候差不多。

问：在初中的时候，有没有一些手工、劳技的课程？

H：有的。手工课，美工老师有时会给我们一些纸张让我们学剪纸，有时则让我们画画，还有些就是给我们一些已经印好图案的纸，让我们填涂颜色。

问：这些对你来说是不是很简单？

H：我画画不是很强，所以还是有点难度。

问：总的来说，这些功课对你来说没什么压力？

H：还行。在南汇小学的时候可能有点难，但是到了新码道这边，后来就逐渐跟上了。

问：你在初中的时候担任班干部吗？

H：有的，我担任过班长，从小学的时候就一直是班长。而且我也是学校里的扶助员，给各个班级打分。

问：在担任班长的时间里，你都干了哪些事情？参加了哪些活动？

H：我主要是安排同学们打扫卫生，收集同学们的作业。我还是语文课代

表，所以也要专门负责上交语文课作业。还有就是老师交待的任务，让我去跟进一下，我就会去跟进。

问：你当时是参加了学生会吗？

H：初中的时候还没参加学生会。本来那时是可以加入学生会，但是因为身体体质关系，搬到瓯北以后，那边的环境可能有点不适宜，水土不服，我感觉太冷了，我基本上一个星期就要发烧一次。最开始的一个学期，我基本上都是住在学校。因为经常发烧，身体不舒服，没有办法，后来和老师说了，就让我走读。所以我在学校住宿了半年，就开始走读，每天回家。

问：走读的话，你是不是每天早上很早起来，晚上很迟到家？

H：差不多，一开始是这样，很早起来，很迟到家。最开始走读的时候，我每天都是坐公交车上下学。坐75路从瓯北到将军桥，再转车坐1路到牛山。正好在我住校的那段时间，学校已经有安排往返学校和市区的校车。有些小孩子不愿住在学校里，学校就安排了一些校车接送。后来我就和其他走读的小朋友一样，坐校车上下学。

问：坐校车要交费吗？

H：要的，一个月好像要几百块。

问：你在瓯北的温州市特殊教育学校读了三年的初中？

H：对，毕业了就继续在瓯北的学校读了三年的职高。

当了节目主持人

问：我听你的普通话很标准。

H：还好还好。如果说标准，有可能是因为上初中的时候，去星光电视台嘛，就是自己学校的电视台，我是去当节目主持人。

问：当主持人，就是每天负责校园广播？

H：不是，我们那边的节目运行是这样的，比如说有时候给一个稿子，让我来念一下播出。后来，参加节目的次数也少了。节目就是在启音部这边会有播放。现在去学校里应该也还能听得到。我和那些搭档负责广播节目的制作、播放，也认识了很多新的伙伴。有时候星光电视台的节目弄晚了，我也会住在学校里。

问：你参加过什么节目的表演吗？

H：非洲鼓。基本上就是非洲鼓的表演。

问：非洲鼓的表演，是在校内还是有去校外表演？

H：有在校内表演，也有去校外演出。去外面表演的话，基本上在温州地区比较多。偶尔会去外地，去过一次衢州。

问：你什么时候学会非洲鼓？

H：也是在初中，上了高中也还有，基本上都是我们班主任胡老师来教我们，她是我们学校非洲鼓社团的指导老师。她让我接触了非洲鼓，把我拉到非洲鼓社团里。从初中开始我就一直是她非洲鼓社团的学生。

老师叫我读高中

H：我本来是读完初中，就打算去打工，是不想读高中的。因为班主任坚持的缘故，我们就继续在那边读。当时家里是比较反对我继续读，叫我直接先出去工作。学校让我继续读下去。我自己的话，反正就是听家里人安排。最后是我们老师找我家里人做工作了，所以我就继续读职高了。

问：你从小学起就是班长，高中的时候还当班长吗？

H：有啊，高中也有。本来我不想再当了，后来班里选举，我还是当了班长。我们当时高中只有一个班，现在已经有很多个班级了。当时我们高中人数很少，所以只有一个班级。我记得我们班人数最多也只有十九个人。他们有一半走读回家，有一半是选择住校。他们有来自陡门头，也就是原来新码道学校附近的；还有来自学院东路那边；还有些就是来自将军桥那里。基本上温州市区这几块地方的同学比较多。就有一个同学来自下面的县市，他从别的地方考到我们学校来的，因为特殊学校的高中就只有我们学校有。

问：高中的课程又有哪些变化？

H：高中就多了一些英语课吧，还有多了一些职业课程，像园林、客房。园林课就是教我们认识一些植物，比如这些植物叫什么，以及如何灌溉、保暖。客房课就是酒店里接待、打扫卫生和门口迎接。

问：学习这些课程，你们有出去实习过吗？

H：去外面实习？没有，都是在学校里。实践的话，我们是有的。我们学校里专门建了一个客房教室。园林课的话，我们学校有一个小土坡，我们就在那里实践。

问：除了这两门课，还有其他类似的职业课程吗？

H：没有了。到了高三，我们就出去实习。我们被分配到了学校的教工餐厅，帮助那些叔叔阿姨，给他们打打下手。我是在教工餐厅里负责收盘子，还有最后的打扫卫生。

问：实习的话，有没有发补贴给你们？

H：有的，最后结束的时候，学校给我们发了工资。那时候我好像拿了几百块吧。我们一共实习了半个学期吧。

问：上了高中，你也是每天走读吗？

H：对。我只在学校住了一个学期。

问：每天走读是不是很辛苦？

H：那是有一点辛苦。如果有特殊情况，我还是会住在学校，比方说我要参加学校的什么演出。在学校参加演出晚上太迟了，回不去了，我就会住在学校。

问：毕业以后，你和你的同学们都去哪儿了？

H：大家都去上班了。

跑步是我的强项

问：你是什么时候开始喜欢上体育运动？

H：应该是在初中的时候吧。小时候，我只是喜欢在上课的时候打打篮球，但是到了初中就特别喜欢打篮球。我经常会叫上几个朋友在课间休息时一起来打篮球，二对二、三对三都有，基本上都是一对一。因为我们班其他人也不怎么会打篮球，其他的人我也不熟悉。到了高中，我就会叫上一群人一起打，那时候基本上都是四对四、五对五了。

问：你有和老师一起打篮球吗？

H：我只能是在体育课上和老师一起打篮球。放学以后我就没有打球了，因为我是走读，要早点坐车回去，不然到家就很迟了。住校的同学就会留下来打球，他们放学以后基本上每天都有打球。

问：除了篮球，你还喜欢哪些运动？

H：我还喜欢乒乓球，但是我打得一般，只能说是小学生水平。其实我打篮球也算是小学水平，因为有些技术我都没有掌握。

问：打篮球时，你打的是什么位置？

H：我们那边打球基本上没有分什么位置，就是随便玩一下。我投篮准确率有五成吧，一半中，一半不中。因为我们老师基本上也没教过我们投篮姿势，没有怎么认真地教我们投篮，所以我们就是随便投一下。

问：你在新码道学校的时候，参加过学校里的运动会吗？

H：有啊，我参加过跑步比赛。应该说跑步是我的强项，因为我那时候短跑跑得很快。反正我 100 米跑得挺快，成绩挺好的。

问：你在学校里拿过名次吗？

H：应该有吧。小学的时候我还参加过特奥运动会，我记得当时参加的项目是短跑，还有一个 4×100 米接力赛。

问：你什么时候知道特奥这项活动的？

H：应该是初中或高中的时候吧。

问：当时是去哪里参加特奥会？

H：杭州，我们参加的应该是浙江省的特奥会，我没有参加过全国的特奥运动会。

问：你有取得成绩吗？

H：有吧，好像是有一个第一名。我也不确定是不是了，时间有点太久远了。

问：你是在几年级的时候去杭州参加特奥运动会？

H：四五六年级的时候吧，反正是在小学，具体我也记不清了。小廖他们应该记得具体是什么时候，那时候正好是我第一次和小廖他们认识，因为我是和他们一起去参加比赛。

问：他们是和你一个项目，还是参加接力比赛？

H：应该是参加不同的比赛项目。

问：你在小学的时候，每天放学都有留下来参加训练吗？

H：平时放学后没有，就是老师们在体育课上会带我们跑步，跑完步以后就是自由活动了。因为放学后我要早点坐车回家，不能留在学校里待太晚。在准备参加特奥运动会那段时间，我基本上都是留在学校里训练，那时候应该算是暑假吧。我们暑假基本上都是在学校里训练。白天训练，晚上回家。初中的时候参加特奥运动会，应该是在初三的时候，当时也是去杭州参加比赛。

问：当时训练的内容是什么？

H：就是跑步，还有一些体能锻炼啊。

问：有老师带你们训练吗？

H：有的，就是学校里体育老师带着我们训练，主要是狄克老师和曾友锋老师吧。基本上带我们最多的就是狄克老师，狄老师教我们怎么跑步，如何跑

得更快。

问：当时你们觉得训练辛苦吗？

H：小时候也不清楚，应该算辛苦吧。反正小时候我只是觉得参加体育运动就是开心，其他事情也没怎么想。

问：当时你参加的是什么比赛项目？

H：100米、400米和4×100米接力，成绩是两枚金牌、一枚银牌。

问：像狄老师在你们训练的时候是如何鼓励你们的？

H：如果我们训练累了，他们就让我们休息。不过，我觉得上初中那时候训练还真的蛮累的。每天下午除了跑步，就是休息，基本上就是跑步、跑步……反正第二次参加特奥运动会的时候训练挺累的。

问：去杭州参加比赛，是谁带你们过去的？

H：就是学校里的老师。小学的时候是狄克老师他们吧，反正就是体育老师带我们过去。初中的时候就是启音部的两位老师，还有我们的金志明老师，他们三位带我们一起去的杭州。我父母都没有陪我们去参加比赛。

问：你们学校一共有多少人去参加特奥运动会？

H：学生有很多。我们先是参加浙江省的比赛，比完了以后再去参加全国的比赛。

问：浙江省的比赛是在哪里举办？

H：就在我们学校。第一次浙江省的比赛在我们学校，第二次在杭州。

问：你们参加的100米比赛，和普通的比赛有没有什么不同？

H：基本都是一样的流程。

问：参加比赛回来以后，有没有和父母、亲戚朋友讲比赛的事情？

H：和亲戚朋友没有，但是和家里人有讲过。

问：你在比赛中有没有印象深刻的事情？

H：跑不动，呵呵，没体力了。因为我跑的是400米，我一开始就全力冲刺了，将近跑到终点的时候已经没力气了，跑不动了。但是我400米最后还是拿了第一名。我们本来是第二名，原先的第一名不知道怎么了，我就变成第一名。

问：你参加比赛取得的奖牌、奖状都还在吗？

H：现在有可能会不见了吧。因为搬过一次家，有些东西都不知道丢哪里去了。

问：参加比赛赢了，你会很高兴；输了，你会不会懊恼？

H：那倒不会，反正我都已经尽了全力。输了就是输了，输了就表示自己还不是很努力。其他的也没有去多想。

问：你在参加特奥运动会以后，发现自己有哪些方面的变化？

H：就是感觉比我强的人还有很多，自己要更加努力才行。

问：在参与比赛的过程中，你有没有认识一些对手或朋友？

H：主要还是队友吧。虽然和这些队友加了QQ好友，但是后面基本就没联系了。

问：你当时去杭州，是第一次离开温州吗？

H：算第二次吧，小时候去过杭州一次，但是小时候那次印象已经不太深刻了。

问：除了这两次，你还有没有去过外地？

H：其它时间就没去过外地，除了表演非洲鼓的时候去过外地，其它时间基本就是待在温州。

问：参加两次特奥运动会，你觉得自己还有些不足？因为你说遇到了很多比你强的人。

H：体力不支，待在家里不运动。那会儿休息的时候，我基本上都是在家里玩电脑嘛，很少出去锻炼。上初中那会儿，我家里已经买了电脑。

问：你上高中后，还有参加特奥运动会吗？

H：特奥运动会它是四年举行一次嘛，当时正好是初中举行，四年后我已经毕业了嘛。所以我就只参加学校里的运动会。

问：你在学校里的运动会上成绩怎么样？

H：运动会成绩还行，我的运动成绩在我们学校内不算特别好。因为我体质比较差，可能运动性能不怎么好。

问：你现在还有参加体育锻炼吗？

H：之前有，现在倒是不多了。我平时主要是骑骑自行车，因为我是比较喜欢骑自行车。刚毕业的时候我很勤快，从我家里骑车到瓯北的学校里，回学校看下老师和老同学。我从牛山一路骑到瓯北，而且是绕远路的那种方式，从双屿那边的大桥过去，没有坐轮渡。哦，不是双屿的大桥，而是藤桥那边。我不是走三江这边，因为是锻炼身体嘛，是走远路从藤桥那边去瓯北。那时候我还专门买了一辆自行车。

问：现在你还有骑车吗？

H：现在因为上班了，工作的地方比较远，就很少骑车了，而且上班挺累的，不是很想骑车。

爱好打游戏

问：除了体育运动之外你还有哪些其它的兴趣爱好？

H：爱好就是打电脑游戏嘛。在以前的话就是玩 DNF 和 CF，后来玩着玩着，我的技术不怎么样就不玩了。现在基本上就没玩电脑游戏了，都是玩一下手机游戏。有时候玩 Fgo 和王者荣耀，还有最近新出的荒野行动，就是绝地求生的手机版。

问：你有没有和周围的朋友一起玩？

H：有啊，有时候我们去网吧玩游戏，玩 DNF 或者 QQ 飞车；或者偶尔和亲戚朋友在手机上一起玩王者荣耀。王者荣耀这个游戏原先就是我同事介绍我玩的。我现在在游戏里的等级是铂金，玩得一般般，我朋友他们都是在荣耀、钻石这些等级上，所以是他们带着我玩。

问：你现在每天玩游戏的时间长吗？

H：上班以后游戏玩得不多，我现在一下班就马上回家了，到家已经六点多了。吃过晚饭后，最多玩一个小时，然后我就准备去睡觉了。我基本上九点半就睡觉了，因为早上六点钟就要起来。

问：上班时长多久？

H：八个小时，路上来回要花两个小时①。

问：上班路上你都在干什么？

H：我是骑电瓶车上班，自行车不方便嘛，我就买了一辆电瓶车。我上班没有坐公交车，因为转车太多太麻烦。不过骑电瓶车上下班也要花一个小时。

问：除了玩游戏以外，你还有其他兴趣爱好吗？

H：现在没有了。小时候的话我还会玩一些四驱车什么的。现在基本上都是玩手机或电脑。

问：你和家人相处得很好吧？

H：很融洽，基本上没有发生矛盾的时候。虽然说我比较内向，我的脾气还是比较好。

---

　　①　第一次访谈时，H 的工作地点在温州市永嘉县瓯北街道，离家较远。此处两小时通勤时间为第一次访谈所言。第二次访谈时，H 已经转到离家较近的温州市区炬光工业园的液压公司工作。

问：你是喜欢和爸爸还是和妈妈在一块？

H：这两者话，我还是更喜欢和妈妈在一起。我有什么事情，有什么话，都喜欢和妈妈说。因为我妈妈好讲话，爸爸不好讲话。其实我爸爸也是好说话的，都差不多的，但是更喜欢妈妈多一点。

问：除了父母，生活中还和哪些人接触比较多？

H：生活中主要是同事和温州特校、新码道学校和南汇小学认识的朋友。和南汇小学的朋友，就是出去聊下天，聊聊我们最近的情况；和新码道的同学基本都是在手机上聊得比较多；和同事，就偶尔会出来约一下碰个面。

想到外面试一试

问：你毕业后找的第一份工作是什么？

H：第一份工作是在市区桥儿头那边豪客来牛排店，这份工作是我自己去找的。

问：你毕业的时候学校有没有帮助你们去找工作或推荐你们去工作单位？

H：有是有的，学校让我们留在学校，我最后实习不是在学校的教工食堂帮忙嘛，所以我们可以留在学校里工作。不过我就想到外面去试一试，就没有留在学校。

问：你们班级里的同学都去哪里找工作？

H：他们基本上都是去了福利厂上班，还有些人去当保安了。剩下的人我就不太清楚了。

问：你当时在牛排店里工作，工资有多少？

H：我一个月能拿 3 200。

问：你在牛排店里工作了多久？

H：一年，后来因为搬新家了，家里要装修。我就在家里待了半年。这半年我都没有去找工作。我是 2015 年毕业，工作到 2016 年，又休息了半年。因为那时候我妈妈工作忙，我爸爸要出去卖菜，家里装修基本上都是我在打理。相当于这半年我就没有出去工作。而且那时候我妈妈的钱都是我在管。现在是不管了，分开了。那时候是装修要钱，我妈妈没时间管，都交到我这边来。我这边要给装修工人们发钱。

问：为什么你后来不继续在豪客来干下去？

H：是身体方面的原因吧，他们店里吃的都是四川辣，我身体本来就弱，

145

也不适应口味，很容易上火。当时吃饭吃太辣，就把胃给弄不好了，经常去医院。

问：你后来又去哪里工作？

H：我的第二份工作是 2017 年 6 月份找到的。这份工作是我朋友介绍的，就是在恒河科技，这家公司是做加油机的。我在厂里做统计工作，在车间里负责点数量。他们在车床里车好了以后，我就来点数量。

问：工资大概能有多少？是计件吗？

H：每个月 1 500 元的工资。我们不算计件，相当于按普工来计算。伙食的费用是一部分公司负责，一部分自己掏钱，等于说公司出一半，自己出一半。除了工资，还有五险，保险什么的都有。

问：你和同事相处融洽吗？

H：很好啊。周末时间有时候也会和大家出去玩。

问：你现在还在恒河科技工作吗？

H：没有，我现在已经不在瓯北那边工作，已经转到家附近的液压公司工作。我是 2018 年 3 月份开始到液压公司工作。

问：为什么没有继续留在恒河科技工作？

H：因为从我家这边到公司上班的距离实在是太远了，路上来回就要两个多小时，而且公司接下来要搬到上塘那边，离家更远了。我也是后来知道他们要搬，因为公司这边要拆迁了。虽然在瓯北的公司工作累倒不是很累，但是他们吃饭吃得太辣，我不习惯。我当时身体状况就很差很差。家里事情也很多，父母年纪大了，所以我就找一个离家近点的、周末有休息的工作。因为瓯北的工作一个月只休息一天，然后工资又有点低。

问：现在这份工作是怎么找到的？

H：这份工作是亲戚介绍我过去的。第一个原因是离家近，其次在这里的工资也比以前高，离家近也更方便，也可以照顾家里的事情。

问：你现在具体从事的是什么岗位的工作？

H：我现在是操作工，负责数控机床的操作。

问：作为数控机床的操作工，当时应聘的时候有没有条件和要求？

H：没有嘛，公司也就是让我先去干一段时间，考察一下。

问：机床的操作具体是哪些方面？

H：我的工作是把产品装上去就可以了，同时要关注机床的工作状况，比如砂轮要更换了，我们和师傅说一声，让他来进行更换。机床出现问题了，我们就上报。厂里目前还没有让我们直接去上手机床的数控操作。

希望自己勤快些

问：你刚刚说不清楚有没有申请低保、补助，那你是否知道从小到大你有没有受到过社会的帮助？

H：没有，从来没有。呃，应该有，好像每一年都会发500元，还有一桶油。只有这样，其它的基本都没有。

问：你有去办残疾证吗？

H：有，残疾证上原本是按四级残疾来写，因为学校的缘故，直接把我降到三级去了。那时候我要去读职高，我才去办的残疾证，之前都没有办过。当时我班主任带我去办的，因为读职高必须要有残疾证。

问：你考虑过你的婚姻问题吗？

H：呃，也有吧。我妈妈也有和我说过，你有残疾证，不好找对象。

问：那你交过女朋友吗？

H：现在还没有。因为在瓯北的学校就没谈过，工作了以后也没有谈过。

问：你家里人有没有给你介绍过对象？

H：没有，我要自己去找，呵呵。亲戚朋友也没有介绍。

问：父母有催你赶紧找一个吗？

H：偶尔催催。我的感情生活基本上还是一片空白。

问：对于接下去的生活和工作，你有什么想法或打算吗？对未来有什么期待？

H：对于现在的工作我比较满意了。对于生活，我感觉自己有点懒了，有时候一些事情都是让我妈妈打理，像洗衣服什么的，应该说在家里住惯了。以前在学校生活，基本上都是我自己弄，但一回家里就会懒了。所以期待未来能更勤快一点吧。

问：对于我们这次采访，你有什么地方要补充的吗？

H：没什么。

问：感谢你接受我们的访谈。

H：也谢谢你。

H 工作观察日记

观察时间：2019 年 1 月 31 日
观察地点：温州市某液压公司机床车间
观察者：潘立川

时　间	工作内容	备　注
7：20—7：35	H 离家出门，去早餐店吃早饭。	
7：45	步行五分钟到达工厂，并在手机上用钉钉 App 打卡签到，前往车间。	
7：50—8：00	车间举行晨会。车间领导布置今日任务，总结上一工作日。H 仔细做好记录。	
8：00—8：05	H 与夜班工友做好工作交接，核对产品数量；同时做好上机床前的准备，检查机床运行状态与产品原料。	
8：10—10：00	H 正式上机操作。	检查缸体在生产出来以后是否有压伤；更换机床砂轮。
10：10—10：15	H 抽空上洗手间，休息了五分钟，看了一会儿微信。	
11：30—11：35	H 关停机床，收拾工作位，准备去吃午餐。	
11：40—12：00	H 前往公司食堂吃午饭。公司食堂就餐人数较多，H 排队五分钟。	公司食堂免费提供午餐，样式较丰富。
12：00—12：30	H 吃完午饭后，在公司车间午休。其间用手机玩了半小时的游戏。	夏天午休时间长，H 中午会回家午睡；冬天则直接在工厂休息。
12：30	H 回到工作位，开启机床，开始下午的工作。	继续上午工作内容。

一路走来都是爱

——王舒婷母亲口述

王舒婷，女，1996 年出生。中度智力障碍。现就读于公办特殊教育中等专业学校——陕西省城市经济学校。

口述者：王舒婷母亲
访谈者、撰稿者：刘欣欣
访谈时间：2018 年 1 月 7 日
访谈地点：王舒婷母亲工作的社区

辛苦康复盼进步

问：请问您和婷婷爸爸怎么认识的？

王母：我们就是从工作中认识的。都在西安的一个企业里工作，国企。大家都在团委呢，然后就认识了，就走到了一起。

问：哪一年结婚的呢？

王母：1994 年吧。

问：婷婷什么时候出生？

王母：婷婷是 1996 年 10 月份出生的。

问：婷婷出生后，您发现她身体有些问题吗？

王母：没有发现，婷婷生下来真的没有啥跟别人不一样的。等到她一两岁的时候，快两岁吧，她就表现出来比别的孩子慢。就比如说，人家穿鞋的时候左右脚都分开，她有的时候就不分开。这个时候才发现她跟别的孩子不太一样。到医院看，人家大夫也说没有啥呀，所以也没有太关注，使劲儿教，多教几回也许她就慢慢好一点了。但是别的孩子接受能力更好一点的时候，她明显就显出来了。

问：是什么时候开始越来越明显的？

王母：就是到了上幼儿园以后，都到了五岁以后了。真正开始明显是她上小学的时候，开始上学时也没有跟老师说她的问题，我们就想让老师自己发现她有没有问题。之后老师就说她跟身边的孩子还是有一些区别的，反应有些慢。

问：上幼儿园时老师有没有跟您反映孩子的情况？

王母：说过的，因为我们都认识。我们当时就觉得，就这一个孩子不管咋的，也都要好好的。世界上也没有药可以让她一下子就能跟正常人一样，这是肯定的，肯定是〔要〕你自己在家下功夫，就像珠心算。还有一些感统训练，做感统训练的时候，确实比较辛苦的，特别累。那还是很小，还在上小学，感统训练就是帮助她康复的，就是俯冲，坐溜板俯冲下来以后就要爬，训练她整个神经元的反应。然后再往回去做羊脂球什么的。那个老师说，回去以后走草地，对她感知能力的培养有用。我就一个人带她去体育场，然后把鞋脱了，把袜子也脱了，在草地上走。

问：康复训练一直做了多久呢？

王母：哎呀，有一两年了吧。在那个训练中心我们待的有一两年吧，费用还挺高的呢，要好几千呢一年。我们家里做了那个板，就是做感统训练的板，人家训练要什么板，我们家就有个一模一样的板。哎呀，我给你说，就是那个滑板，整得我满头大汗。一些感知能力方面的训练，做做投篮什么的，培养注意力的，我们家也有一个投篮的东西，就在家投篮，就是练习她眼球和其它方面的注意力吧。还有就是坐秋千。学校训练有个啥我们家就有个啥。

问：这期间一直都是您陪着她吗？

王母：我陪，她爸爸也陪，我俩人换着来。毕竟我们家里还要生活，我们还有工作，我们不能不工作，不生活了。

问：您在婷婷小的时候，没想要二胎吗？

王母：其实我当时有这样的想法，但是我想着我要是要了二胎肯定会厚此薄彼。

问：当时婷婷爸爸是什么意见呢？

王母：我俩当时统一的意见就是把这一个养好就可以了，一心一意养好她。其实我觉着这还是有好处的，此一时彼一时。当时就觉得如果我和她爸爸多付出一些，她就能好一些。我俩在这方面就是商量着来，这种事情一个人决定不了。

问：孩子爸爸抱怨过吗？

王母：那肯定会有那种心理，心理不平衡的感觉。想着别人的孩子都那么健康，为啥自己的孩子会这样。孩子她爸爸也比较内向，也不太说这些事情。肯定是有这样的心理的。

启智学校当班长

问：她一直在普通小学上学吗？

王母：是的。小学一直在普通小学上。

问：学习方面跟得上吗？

王母：有些困难，这种情况呢，老师会建议你去开一个证明，她的成绩不计入老师的业绩。她的成绩只要合格就行了。成绩不是分 A、B、C 嘛！她不分那个分数，我们也不能给人家老师带来太大的压力。当时我就去开了个证明。

问：嗯。在她上小学的时候您是一直接送她上下学吗？

王母：没有。我们三年级就不接送了，她自己上下学，可以的。她自己一个就能回来，有的时候就跟我朋友的孩子一起回来。

问：她小学毕业的时候已经是 2008 年了？

王母：应该就是 2008 年了。我们小学毕业之后就转到了聋哑二校①，当时分到别的中学我们都没去，因为中学生是放开式的了，我害怕她心理上有别的问题啥的。当时西安没有启智学校，就在二聋上了一年多吧，然后就去启智学校上了。

问：在聋哑学校上的怎么样？

王母：当时就是十二三岁了，在那上得也还行。因为二聋的孩子智障程度参差不齐的，有自闭的什么的，聋哑的是单独分开的。二聋不是也挺远的嘛，就在互助路那边，当时她也是自己去。我们送了一两个月，后来她就是自己去，一直都是自己去。为了能让我们婷婷记忆力好一些，我们还专门请了一个老师，我们单位之前工会有个师傅，人家是搞音乐的，就是一对一的那种。

问：在聋哑二校学的是什么课程？

王母：聋哑二校的时候，还是学的基础的语文、数学之类的，都是基础的文化课。跟小学学的差不多，比小学学的还简单一些。

---

① 西安市第二聋哑学校。

问：为什么最后从聋哑二校转到了启智呢？

王母：西安启智学校成立以后，二聋必须把这些启智类的孩子交到这边来。我们可能就是 2009 年或者什么时候来的启智学校，启智学校一成立我们就过来了。

问：转到启智以后，上的是七年级？当时学的是跟之前的小学学的知识一样吗？

王母：我们是从初一开始上的，就是七年级开始的，七、八、九嘛！然后职业上了三年，一共六年呢，在那待了六年，2016 年从启智学校毕业的。我觉得启智在这方面具有针对性，比较注重生活方面的，生活化的多一些。就像他们上的穿珠课，他们穿的珠子、包啊什么的都挺好看的。婷婷她自己也都能穿，但是刚开始起头的时候，她就需要人协助。

问：还记得启智学校时期有哪些难忘的经历吗？

王母：她不是会弹琴嘛，特奥之前，我也记不清楚了，好像是有一个文艺晚会；还有就是特奥上的一个领袖选拔，我也记不清楚了。在这个学校里面，老师也给了她很多机会，如果她在普通学校是不可能有这样的机会的，就比如说是今天老师叫她上去叫操什么的。老师给她分的是班长的工作，她可爱干这些工作了，她在七、八、九年级的时候是当着班长的，就喜欢帮助别人。她特别听话，老师让她干啥就去干啥。回家还会跟我说她的同学们，她的同学像小孙这些我都认识，还有几个我也都认识，她们玩的这几个就算程度比较好的了。他们都能正常交流的，能交流一些比较简单的。那几个还算是反应比较快的。

琴声里的母爱

问：当时请的老师教的什么乐器呢？

王母：就是教的电子琴。学简谱，学得还行吧，但是你要是让她弹出咱们正常人这种旋律感，她肯定是没有的，而且还要把感情跟音乐融合在一起，她肯定是做不到。她能做到的就是，把谱子都背过；然后都会弹下来，她都能记得住。

问：电子琴学了多久呢？

王母：学了两三年吧，两三年肯定是有了。

问：您当时让她学电子琴，她自己愿意吗？

王母：当时学琴就是因为婷婷喜欢琴，一看见琴就想去摸，我们就让这个老师去带。我们觉得她的手可粗了，但是自从练琴练了一年多，她手指的灵活度就好多了。然后咋说呢……对增强她的记忆力，和增强她的记忆长度都是很有帮助的。

问：她喜欢弹电子琴吗？

王母：我觉着……咱实话实说，我觉得她不是喜欢，主要是我们给弄得。学琴和珠心算，是在2005年左右吧，就是小学没毕业的时候，就开始学，学了两三年左右吧。反正现在也一直在弹着，也不想让她把这些忘记了。而且那个老师也挺好的，她查字典也是这个老师教的，老师的确是挺好的，把我们所有的简谱都教会了。比如说好多歌曲从头到尾是那样子的，他不会全让她弹出来，他会选取其中一小段，中间比较经典的，大家都喜欢听的，她就弹得比较好。但你说，让她对拍子对韵律分得那么清楚，她做不到哦，尤其是五线谱，当然我们也没有强求。基本上就是学习的简谱，一开始的时候就把琴上的键都标出来，现在就不用了，现在就把一个正常的标准键放那，她都可以。

就想参加特奥会

问：阿姨您是什么时候知道有特奥的？

王母：这个我知道的时间挺早的。我们婷婷小学毕业的时候，我就知道有特奥的这个事情了。我认识的小乔，上海人，那年是在上海办的特奥会嘛！那是2010年还是哪一年，办了一次。① 那时候我就对特奥会很喜欢，我就特别想带我们婷婷去。

问：婷婷参加特奥会是通过什么渠道呢？是老师推荐的？

王母：老师推荐的。我们去上西安启智学校后，他们〔同学〕第一次就去了福州，那应该是哪一年我自己也记不清楚了，我当时就很羡慕，人家都去了福州了。②然后我就一直在关注这个事情。

〔上海〕那一次是国际的特奥会，我们婷婷参加的是全国性的特奥会。那次国际特奥会，我看那里面跳舞的女孩子，也是个智障的孩子，跳得还可好了。我观看了那个特奥会的开幕式，把开幕式从头到尾都看了，特别感动。我

---

① 2007年上海举办了第十二届世界夏季特殊奥林匹克运动会。
② 2010年，全国第五届特殊奥林匹克运动会在福州举行。

当时就在想，如果有机会一定叫我们婷婷去参加特奥。

到了西安启智学校，他们对特奥会比较重视，因为西安市也开了特奥会了，陕西省也开了。他们也都拿了奖牌，她就愿意去参加，去拿奖牌，现在奖牌还在我这放着。

问：婷婷怎样被选上参加特奥会的？

王母：老师推荐是第一步，学校里面还要选拔呢！他们学校不是有兴趣班嘛，他们班报滚球的人也特别多。老师刚好就挑了这四个，因为她表现还挺好的。当然，我自己也去找老师了。我就给老师说："我可想让我娃参加这个了，你说让我回去给我娃咋练，我就给她咋练。"说实话呢，我当时就是这样想的，因为对于她来说，你也不知道有啥机会她能再参加这个特奥会了，这个机会很难得！我们不可能去残联说，我们要去报名参加特奥会，这是不现实也是不可能的事情嘛！没有组织的筛选和报送，你也参加不了嘛，是不是？她到那里以后，她代表陕西省，戴着陕西省那个标牌啥的，她肯定是很高兴的。

问：当时除了报滚球，还报了其他项目吗？

王母：她当时报了滚球还报了篮球呢。但是篮球，是同时比赛呢，也不可能参加两个。我当时的想法就是，不管是篮球还是滚球，我就是想让我娃去参加特奥会，去参加一下全国性的比赛。那时候就是他们滚球老师决定的，觉得她合适，就让她去了滚球项目组。就是老师决定的，我们家长都没有权利去参与决定这个。

问：能谈谈训练的情况吗？

王母：每天下了课以后，可能别的孩子都放学了，他们就还没有放学，还要待在那里进行训练。当时就是在西安启智学校，有训练室，滚球也在操场上训练过。比赛是在室内的。

问：婷婷在学校训练完，回家之后您还要帮助她继续训练吗？

王母：老师说是要训练一些走路、跑步，训练她的协调能力，这些东西就是需要我们家长在家配合的。我们在家还买了多种颜色的球，就是帮助她分分颜色啊，给她讲讲怎么样打，以及比赛的规则什么的。滚球类似于冰壶，就是打标准球，谁离标准球越近谁就赢了。但还是要比冰壶简单一些。我就帮她看看这些就行了，然后就是跑步、锻炼、运动手腕啥的，就是这些。

问：一共训练了多久就开始参赛呢？

王母：一年不止呢。

问：参加比赛的时候，你和他们都一起吗？

王母：是一起的。学校是自己订票，他们把日子订下来了以后，我自己就在网上购票。

问：当时是她要求你一起去的吗？

王母：不，她没有要求，是我自己非要跟着去的。

问：她知道自己要去参加比赛之后，有没有告诉亲戚朋友？

王母：她当时非常高兴，给自己的亲戚朋友都说，宣扬一下。这个是肯定的。她还给我们楼底下的人说，她要去比赛了，她发的什么东西，像背包、行李之类的东西，她拿着那些东西给别人看的时候就很骄傲。她比赛回来之后，说她得奖了，我们邻居还请她吃个饭。她当时都感觉很骄傲的。我周围的人，包括我的邻居对我的孩子都很好，一直都是多多鼓励。她得奖了，他们都会帮她庆祝或者夸赞她一下，奖励一下，买个吃的啥的，都挺好的。

问：她是自己主动跟别人去分享这些事情吗？

王母：是的，会分享，会告诉家人告诉朋友。她会说，她去参加比赛了，还坐飞机了。她代表陕西队获奖了，还上台领奖了。我们还去上海比赛过，就是那个融合的比赛，她也挺好，她去了以后也有感觉，有那种骄傲感。

问：您是全程都观看了她的比赛吗？

王母：是的，我全都看了。她当时还是紧张，就是会一直往台上看，因为家长和教练员都不能下去的。

问：在特奥比赛的时候，有没有让您觉得印象深刻的事情？

王母：印象深的就是他们得第一，大家都很开心啊。

问：参加完特奥运动会，您觉得孩子有什么明显的变化吗？

王母：我觉得我娃参加完特奥会之后，比原来就更开朗了。咋说呢，就是她从中得到的快乐和自信是别的东西带不来的。参加特奥会了以后，她自信心也强了，她自己会给别人宣传一些关于特奥的事情。她现在最起码知道特奥是干啥的，她知道特奥会之前那个……美国总统的妹妹①，叫啥我记不清楚了。反正她也都知道了。她在学校也经常上台去演讲，她自己拿着稿子可以一整套地演讲下去，反正还行吧。她还去学校敲鼓啊，鼓号队。

问：您觉得她参加完特奥会回来，哪方面的能力有所提高呢？

王母：我觉得运动能力提高了，因为她本身就喜欢运动嘛。

---

① 尤尼斯·肯尼迪·施莱佛（Eunice Kennedy Shriver 1921—2009），世界特殊奥林匹克运动会创始人，美国前总统约翰·肯尼迪的胞妹。

问：您还记得她是怎样选入特奥运动员领袖计划的？

王母：这个就是学校选的，学校组织的。就是学校说你们都可以来报名，要讲一段嘛，搞一个演讲类似的；还有才艺表演。她当时表演的才艺就是弹琴。她还演讲了，但是演讲的内容可简单了，那内容都是之前专门写好的一段。还有竞赛形式的那种，抢答问题，提前会给资料，问题都在资料里。她在那时候，回来给我说过，她想去参加这些，我就鼓励她去参加，并且表演弹琴。因为她只会弹琴。当时，参加这活动的人好多呢，男孩女孩都有，我还去现场看了呢。现场有个女孩演讲得比她好，现在我还记着呢，人家那女孩演讲的时候声音比她洪亮，那个女孩我不知道她叫啥。当时演讲完，等了好久呢，结果才出来的。之后就通知了我。

问：她要去演讲，您帮助她练习了吗？

王母：练习了，那是肯定的。帮助她练习需要的东西，包括她之前练过的《祖国在我心中》之类的，这些她都弄过。学校有个专门的讲义式的东西，回来我们都可以看的，我会帮她一起弄。她自己会背诵，我们会帮她检查，中间有断句啥的她不会。

问：您对孩子参加特奥会有什么看法？

王母：这个嘛，我觉得，特奥会能带给他们跟正常人在一块儿的融合。怎么说呢，就是让他们享有了和别人一样的权利，正常人有参加运动会的权利，他们也有这样的权利。

然后呢，社会也会包容他们，因为你想想，他们去参加这个比赛，志愿者和他们基本都是一对一的，这样就可以让更多的人能了解他们这个群体。志愿者首先会了解，这些志愿者基本上都是大学生，也可以说就是国家以后的顶梁了，都是人才，他们肯定会对这块有所了解，对他们的一生也是会有影响的，这些都是潜移默化的，不是立马就能看出来的。这种志愿者，也不是你随随便便就能当上的，也是要经过筛选和选拔，是学校里一些品学兼优的孩子。他们以后就能带动这个社会，对这个群体有所认识，也许在他们这些人里面以后会出现一些热衷于公益事业的人，也许他们的能量也不可限，会去帮助智障群体。对他们来说也是一段好的经历，以后他们成家立业了，在他们对自己的子女教育上也会有所帮助，让自己的子女学会帮助别人。通过关心别的人来提高你自己吧。

问：她参加特奥运动会以来，您心态上有什么变化吗？

王母：她参加了特奥会，她的思想境界就会比以往更宽阔了。她坐过飞机，参加过比赛，代表陕西省代表队去参加入场，她知道了中国有这么多个省市，开阔了视野。她去比赛的时候，看到别的省市也来参加。她就会想，我要是能得第一，就会为我们陕西省代表队争光了，她有荣誉感和争光感，我觉得挺好的。我现在比之前更能接受他们这个群体的孩子。我现在到学校去了以后，感觉心里可安静了。不像之前那样，外界对我的干扰那么大。会觉得孩子那块就是一块纯洁的天地，都是一些干干净净的心，很少受外界的影响，比较纯的一块，你知道吗？可能老天爷造就他们就是为了不让外界干扰吧，他们心理比较单纯。

问：阿姨，您还希望孩子继续参加体育运动吗？

王母：肯定希望参加，我还想让她继续去参加特奥会。我也希望她继续参加运动员领袖计划。

父母鼓励学本领

问：她平常有什么自己的兴趣爱好吗？

王母：我觉得吧，我也看不出来。比如说我娃这个情况啊，她都是被动式的，学轮滑我是为了她练习平衡感，是我觉得这个好，就让她去学习轮滑。她学习轮滑的时候，已经稍微大了一点嘛，大了一点重心就高了，她觉得会摔，她就不敢。现在我娃的轮滑鞋还在这。有一次她害怕摔，她不敢滑嘛，而且摔过几次，她就不想滑了。

那一次她摔倒了，就不想继续了，我就站在跟前不理她，在那旁边说她要是今天站不起来，我就不管她了。旁边好多家长看着，觉得我对她挺严格的，但是婷婷她就自己站起来了，大家给她鼓掌。她就觉得自己挺能行的，就觉得自己特别棒，会觉得这个困难我可以战胜，我不是战胜不了。站起来没多久，她就会滑了。

包括学习自行车，都是这样的。她会骑自行车，但是上车时候的平衡感找不好。因为小时候学，都是有两个撑架的嘛。后来不要撑的时候，我们也是在操场上练。她不愿意练，我们就会表现得比较厉害一些，她就会觉得，这个东西她可以做到，她会。之后突然找到感觉，就练会了。从另外一个角度来讲，这些孩子就是怎么样说呢，你得耐心地给她去说，她其实是能学会的，不是学不会。

问：婷婷现在回到家会自己主动做家务吗？

王母：现在是我要求她做。她自己也会主动做一些，但是她比较懒，应该还算可以吧。她就在家扫扫地啊、擦擦桌子啥的。必须让她自己独立去干这些。

考上了中专

问：婷婷从启智学校毕业，就直接转到陕西省城市经济学校吗？

王母：这边也是属于选拔式的，也是要经过考试的。当时要进来时，就有上百人的，就筛选出来这么多。这个学校的要求是必须走读，不允许寄宿的。

问：是个什么样的选拔形式，只有笔试吗？

王母：笔试有一部分，然后就是操作类，她们这块是学习中西面点的嘛。考试的时候不让家长进去嘛。考试，就是进去最起码要把酱油、醋分清楚嘛，就是味觉。

问：笔试的时候考了些什么呢？

王母：好像笔试也没有考啥，基本上就是问一些关于生活类的问题，我们也看不到人家那个东西。我只知道她回来给我说的，人家叫闻酱油、醋啊，知道味觉这些的；还有考的摆积木。

问：您为什么希望她进这个学校呢？

王母：这是启智学校的老师给介绍的。老师当时就问我这孩子毕业了，你要让孩子到哪去啊，要么阳光家园要么其它的地方。我和她爸爸当时想的是，让孩子多学一点知识，职业中专什么的。最主要我们考虑的就是要给孩子一个和别人融合的环境。你不能一直把她封闭在一个圈子里，你让她去干啥。

问：陕西省城市经济学校在哪些方面满足了您对婷婷的期望？

王母：这边的孩子都能走读，面向全陕西省招生的，启智学校只是面对西安市招生的。这个学校开放一点，管理的方式相对于启智学校来说要松一点。你像这个学校，中午吃完饭自己去宿舍。在启智学校就会有老师专门带领着，看他们都睡没，还要有一个老师专门在宿舍，他们就没有。这个学校的学生，就像我们班的那几个娃，中午睡完觉以后你就告诉他不能出学校的大门，他就不会出去。到了该上课的时间，他也就自己上楼了，也能找到教室，不会说是有找不见或者其它什么情况的。

问：在陕西省城市经济学校上学的时候还是您接送？

王母：那肯定的，前一个月肯定要接送，后边的时候我们就有家长轮流值班的。学校也没要求家长必须接送什么的，这个学校就是严格地规定说必须走读。不允许那种自己都不会上下学什么的，那肯定不行。

问：学校对家长有什么要求吗？

王母：家长必须回去帮助孩子一块复习。不能说是一学期学下来，人家别的孩子包个包子、饺子什么的都会，我们要是不会多难看。

问：您当副班是学校要求还是您自愿的？

王母：这个都是自愿的。当时学校不是要求有一个副班嘛，说最好从家长里面选择，我就去报名了。我们现在一般就是有两个家长陪着，学校中午就给我们管一顿饭。基本就是跟志愿者一样的，学校中午把我们的饭一管，我们就在那照看孩子。

问：婷婷在陕西省城市经济学校一直学的是技能方面的内容吗？

王母：是的。这边一直都是以技能为主。文化课有一些，但是少。

这个技能是所有的学生都得学习的，学校开的这些课程，基本上就是中式的，还有西式的。现在还有编珠课，对孩子的手上末梢神经是最好的，他们都会编，在老师的带领下都干得挺好。还有心理健康课、音乐课。原来他们还有语文、数学课，就是简单的语文、数学。体育课现在他们也在上。还有德育课。

我们第一学期学的是炒菜烹饪，第二学期学的冷菜、热菜。现阶段学的是饮品。中式面点就是学习包子、饺子还有糖糕、面条、烙饼，或者做南瓜球这些。这些技能他们在老师的带领下都会，但是如果叫他们自己烫面，这样一套的程序操作下来，还是有难度的。和面这些现在我们班的所有孩子都会，没有不会。做得好坏是一回事，但是他们肯定都会这个程序。

问：婷婷要在这个学校上几年？

王母：上三年。明年就毕业了。

政策支持　自食其力

问：您对她毕业后的事情是怎么考虑的呢？

王母：这个问题是我们所有家长必须面对的。我想如果有一个……怎么说呢，就像是残联，如果能给我一个场地，我们把这些孩子聚在一起，也不是说做多大的产品吧……或者就是让他们去一个食品加工厂干某一项事情，就像流水的那种作业，他们肯定是能干好的，而且也不会偷懒。但是这些事情都得让

组织去协调。他们学校今年也开了一次招聘会，我们也联系了一些，但是还没有跟人家联系得那么紧密，以后看情况了。我们希望能够有一个专门的机构来管这些事情。

公益的事业，如果没有企业托底、没有政府的支持肯定是做不好的，而且做不长久。并且做公益还得有盈利的性质，你不可能光是这些人，你肯定还得有一些正常的人来带领他们，才能提高他们。你让他们单独去完成一件事情，是不太容易的，比如说你要去成立一个企业，如果全都让这些人来弄，这是不太可能的，也不现实得很。只有家长还有社会上的爱心人士一块共同来做这个事情。

现在深圳有一个专门做智障人士工作的洗车公司，叫啥我给忘记了，这些都是我自己在网上看的哈。这个洗车行呢，就是把这些孩子弄在一起，招了几个正常的工作人员，也就是一些学生，就是搞公益的这种，跟他们一起，然后政府给提供的场地，提供了就业的岗位，还有一些家长和老师也参与在里边。他们每天来这上班，五险一金都给交着，非常好的待遇，而且政府的有些车都在这块来洗，洗完了也会给他们结账。之后就有好些社会上的热心人士，想着到哪不是洗车嘛！就到他们这洗。而且这个地方，还会组织这些智障人士一起学习，进行一些活动。还是做得非常好的。人家就是政府给扶持的，政府给的地方。这个洗车行，还是全国连锁的，人家重庆现在也有了，可能后期这个牌子做好了，我们这里也会有。

你想想如果是做食品，你肯定要有健康的人带领啊，现在大家买食品或者吃的东西都比较讲究，你肯定得有人把关。这个咋说呢……我觉着应该有一个食品厂或者其他的厂子，咱们托在那里以后，就可以简单地把他们组织在一起，〔再找〕这几个家长在一起。但是这个情况，肯定是有一套程序下来的，不可能是随随便便地就做个产品去卖了。我们现在做的这个就是单品，就是在家做〔着吃〕的那种单品，就是作坊式的，不是人家那种大机器式的，咱们这个只能说是给家里做个什么东西〔吃〕呀,是这样的。

参加社会活动对他们是比较好,他们也比较喜欢,他们也喜欢和人在一起玩耍。当时在西安启智学校,这种活动比较多。陕西省城市经济学院里面聋哑生、盲生比较多,像婷婷他们这种情况的是比较少的,就他们这一期,第二学期智障的孩子就没有招。

问:现在学校里就他们这一期是有智力障碍的学生吗?

王母:是的,就他们这一期,是 2016 年 9 月份到校的。之后他们学校就因为场地不够用,没有再招人了。现在实训室就那么大个地方,两个班用着就够紧张的了,还别说就再招一级,那场地就没办法用了。他们现在还有一个实训大楼,还没有开始启用,没交工呢,还得几年呢。

问:婷婷现在有没有享受政府相关的福利政策?

王母:目前没有。有残疾证,上这个学校是免费的,其它没有啥了。

问:您对这些孩子的未来有什么期望?

王母:我觉得像这些孩子就得给个低保,要有个最低保障。让他们去社区做一些义工的活,也是对孩子的关爱了。并不是让他们拿着低保费什么都不干,可以去干一些义务的劳动,也算是回馈社会了。他们扫扫地什么的还是可以的,给小区打扫卫生什么的,应该干点啥。这个办法还是现实可行的。我跟社区主任还常说呢,不是说给个低保让他们白吃呢,他们也可以干点啥,算是回馈社会的一种方式吧。

像其它的,不管你干啥,都得有个师傅带着。像她要是去工作,我还得带着她,把工作环境熟悉了,我才能放心。那些社区的人,毕竟是政府一级的人,不管是工作岗位还是公务员,都应该对智障群体更有爱心一些。如果能给他们享受最低生活保障的待遇,他们就会回馈社会,做一些自己能力范围内的事情。或者给他们这些人提供一些公益性的岗位,比如说环保啥的、收拾垃圾什么的,都是他们能做到的事情,不是说他们做不到。现在咸阳有一种就是绿色环保工作者,去花坛捡树叶、捡烟头什么的,这些他们绝对能做到,他们也很乐意去做这些事情。我敢保证,如果要是交给他们这些事情,他们肯定很听话,并且遵守纪律。最好就是他们能去这种公益性的岗位。给他们一点点报酬,让他们能生活,他们也能做一些力所能及的事情,这是最好的。这都需要交流和沟通,需要政府和相关部门的支持,一起去弄。现在,每个社区都有残联呢,我跟我们社区的残联也交流过,但是他们还回复不了,就说向上级反映这个事情。我自己也会去残联反映这个事情。

王舒婷的老师马老师口述

口述者：体育老师马老师
访谈者、撰稿者：刘欣欣
访谈地点：陕西省城市经济学校

问：马老师，您第一次接触王舒婷是什么时候呢？

马老师：她是 2016 年的 9 月份进校的。

问：您第一次见她，她给您一个什么样的印象呢？

马老师：当时是第一批招收智障的孩子，他们班有九个人。看着她和其他人区别也不大。他们彼此都有一个新鲜的感觉吧。她在这个班里面，从上体育课的角度来看，从身体的协调性和老师的各种反馈来说吧，她属于中等水平。她具体从哪来的我还是不太清楚。从她来的时候我一直就带她体育课，体育课一周一节。

问：她在您的课上表现怎么样呢？

马老师：对于他们这个班级，要求也是比较低的，主要介绍一些体育运动的规范和规则，让他们去了解。有时候，会特别要求她做到哪个程度。在这块，王舒婷做得也算是中等吧，不算特别好。

问：她平时有哪些运动项目呢？

马老师：我们开展一些无害无损伤的活动，他们的安全是放在首位的，所以感觉会造成伤害的运动，我们就不会去考虑。针对这个班，现有的能参加的活动，像海绵球，第一次用这样的设施上课，孩子们也比较喜欢海绵球，海绵球可以当作篮球使，也可以当作足球使，更可以当沙包使用。结合起来用得比较多的就是海绵球，他们都挺喜欢的，王舒婷也很喜欢这个。

问：她参加特奥这事情您知道吗？

马老师：这些我就不太清楚了。

问：您觉得她从 2016 年以来，有什么变化吗？

马老师：不光是她一个，整个班的同学，从刚来到现在，每个人都在变化。他们之前都是一个个体，到了这之后就会发现很多跟他们类似的同学。然后就有一个说话和释放的机会和空间，所以每个人都在变好。

问：老师，您可以举一个相关的具体例子吗？

马老师：第一堂课的时候，我要求他们做什么，可能之前没接触过，他们节奏比较慢。到这之后，他们看到了有些人比自己出色一些，就会更加努力。像广播操的动作、后抬腿的动作等，之前他们没有意识后抬腿是个什么意思，我就会辅助他们来做这个动作，来帮助他们理解这个动作。

问：您布置任务的时候，王舒婷完成得怎么样呢？

马老师：完成得很不错的，还可以吧。

问：王舒婷和同学之间合作得怎么样？

马老师：合作得也很不错。我给他们设计的一个手抛球的游戏，今天你看见的是一个投篮的游戏，基础就是找一个合作伙伴，两个人互相传球。传球无误以后才开始游戏。她和同学们相处得都很好，至少在我的课上，她的表现是很积极的，跟同学关系也很好。

问：她有没有在课堂上和同学发生口角或者其它矛盾？

马老师：没有，从来没有的。

问：好的，谢谢老师！

王舒婷的同学李同学口述

口述者：李同学，男，王舒婷同学。相识五年，曾一起外出比赛。该同学障碍程度轻于王舒婷，可独立上下学，有自理能力。

访谈者、撰稿者：刘欣欣

访谈地点：陕西省城市经济学校

问：你和王舒婷认识多久了呢？

李同学：认识至少五年了。

问：你还记得是在哪认识的吗？

李同学：启智学校。

问：你们当时是在一个班级吗？

李同学：不是一个班。她是对面班的。

问：当时她上几年级呢？

李同学：七。

问：那你上几年级呢？

李同学：八。

问：上了几年之后你们转到这里来的？

李同学：不知道。

问：你们来这之后一直都是一个班？

李同学：是。

问：你觉得王舒婷人怎么样？

李同学：好着。

问：她有没有做过什么让你印象比较深的事情？

李同学：没有。

问：你觉得她人好吗？

李同学：好。

问：你为什么觉得她人好呢？

李同学：因为她又没做什么坏事啊。

问：她在班上和同学关系好吗？

李同学：还行。

问：她在你们班学习算是什么水平呢？平常作业完成得好吗？

李同学：很好。

问：一般是第几名呢？

李同学：第四名，我的成绩有的好有的不好。

问：她平常放学是一个人走，还是有人接呢？

李同学：一个人走。

问：你觉得她是一个什么样的人？

李同学：她就是有时候话有点多。

问：她喜欢跟你说什么？

李同学：她就是废话多，有的话跟你重复好几遍。

问：她一般会问你问题吗？

李同学：有的会问，有的不问。

问：你们课间一般玩什么呢？会跟她一起玩吗？

李同学：不会，各玩各的。

问：好的，谢谢你了。

王舒婷学校生活观察日记

观察时间：2018 年 1 月 5 日
观察地点：陕西省城市经济学校，体育课
观察者、撰稿者：刘欣欣

班级共九人，一人休学，两人请假，现有六人上课。体育课一周一节，上课时间为 13:55—15:30。

时　间	活动内容	备　注
13:55	到达上课教室，等候老师。	站在那里东张西望，不和同学交流，自己玩。一直在扯自己的衣服。
14:00	和同学打闹，并说同学"不要脸"。	同学拽她的头发，跟她打闹，她有点生气。
14:10	喊自己母亲，依旧自己玩，老师来了没注意。	老师到教室。
14:20	做体育课前的准备运动，中途经常回头看母亲。老师让她上前去领操，扩胸运动。	老师到教室组织上课，做课前放松运动。她动作很熟练。
14:35	在做操的时候，笑另外一个同学动作有问题。	这个同学不开心地看了她一眼，她不再说话。
14:45	老师布置投篮游戏，她拿球第一个开始拍打，跟一个男生并排。	动作很熟练。拍打的力度也很大。
14:55	自己投中一球，主动帮同学捡球。	自己投中一球后很开心，主动看着自己的母亲，面带笑容。
15:05	用脚帮同学踢球，主动跟同学进行眼神交流。自己站着拍打球。	
15:15	叫同学去投篮，并为同学加油，喊"×××加油"，拍打同学肩膀示意他加油。	
15:20	有同学跑入投篮区，她喊同学出来，并说"你试啥试"。	直到同学从投篮区出来，她才停止喊。
15:30	老师喊集合，她很主动站在队伍当中，并大声依据老师要求报数。解散之后，拿着书包，和妈妈回家。	解散后主动和妈妈交流上课情况。心情很愉快。

用眼睛感受这明媚的世界

——曹沈磊家庭口述

曹沈磊，男，1997 年出生。独生子女。2008 年至 2014 年就读于普通小学——天山一小，2014 至 2017 年就读于特殊教育学校——上海市长宁区辅读学校，目前在上海市长宁区初级职业技术学校就读。

口述者：曹沈磊母亲沈华、曹沈磊奶奶、曹沈磊
访谈者、撰稿者：王梦雅、裘潇潇
访谈时间：2017 年 10 月 13 日、11 月 14 日
访谈地点：沈家

乐天知命故不忧

问：您的孩子叫什么名字？能否简单介绍一下他的基本情况？

曹母：他叫曹沈磊，曹操的曹，沈阳的沈，今年虚岁二十一。现在就读于特殊学校，在上三年级。

问：您是哪一年出生的？

曹母：我是 1973 年出生的，我们家是姐妹三个，我有一个姐姐和一个妹妹。

问：您和您先生是怎么认识的？

曹母：他是和我一起学中专的同学，是现在所说的"闺蜜"介绍认识的。我同学和他是一个集团的，但是两个部门。他们那时候团支部经常有活动，我们就由同学介绍认识了。认识之后互相感觉也蛮好的，大约过了一年以后就结婚了，都挺顺利的。

奶奶：我们当时就让儿子找一个老老实实的人，不要找一个乱七八糟的。后来亲家也很好，媳妇也很好，这么多年我们都没有红过脸。

曹母：我们也没有打麻将、打牌之类的不良嗜好，以前空下来就看看书充充电，读一下《读者文摘》之类的，或者就看看电视追追剧，现在就都是玩手机了。

问：您和您先生的受教育经历或者职业经历是怎样的？

曹母：我1996年结婚，1997年生的孩子。在磊磊上幼儿园的时候，也就是在2000—2003年，我去读了三年东华大学的成人夜大，学的专业是财务，毕业之后在日资企业上班。

因为是日资企业，我和老板语言上交流比较困难，我就看看书，自学了日语，也没有报培训班，最后日语考到了一级水平，可以当翻译的。在学习日语方面，也有受我姐姐和爸爸的影响。我高中的时候，姐姐是一直在日本工作生活的；另外，我爸爸是日语翻译，小时候家里的日语书也很多，资料、杂志都有。我也是因为进了日资企业，所以就学了这一门语言，这样就可以直接跟老板交流，老板有事给我发邮件的时候，就可以不用通过翻译了。我是从1995年进了外企后开始系统学习日语的，其实在结婚以前也学习了一些，学了大概四到五年，在2001年和2002年的时候进行了日语考级。现在因为磊磊也大了，为了更好地陪伴他成长，我就做了全职妈妈。

磊磊爸爸也是财务中专毕业，他2001年到2004年的时候在电视大学长宁分校读的大专。那时候还是很忙的，又得工作又得读书。磊磊爸爸2005年到2014年是在国企工作，之后离开了国营单位，到了房地产投资这方面的公司，现在做财务主管。

问：磊磊爸爸为什么要离开国企呢？

曹母：因为国营企业的效益不行，外资单位收入啊各方面待遇都更好一点。这个决定主要是他自己做的，与家人商量之后，他2005年离开上海到安徽待了两年，后来到徐州待了一年，2007年到了海南，都是在做房产的。现在在上海找了一个朝九晚五的公司，周末休息。孩子也比较大了，父母年纪也大了，回来可以照顾一些。

问：奶奶对于爸爸离开国企是怎么看的呢？

奶奶：我思想比较保守，还是挺舍不得的。因为国营单位蛮好的，是铁饭碗。但是他自己想要出去闯一闯，我们也就支持了。

问：您跟先生结婚之后很快就有了曹沈磊吗？

曹母：对的，我们是结婚一年以后就生下他的。

问：磊磊出生时候的事还记得吗？

奶奶：那天他妈妈夜里肚子痛，打电话给我们。后来出生的时候，我去医院看了，是在长宁区妇幼保健医院，离家里不远。出生的过程也很顺利，他妈妈是二十五岁生他，还挺年轻的，生产没花多长时间，黄昏的时候去，夜里一两点钟就生了，刚出生的时候有 6 斤几两。在医院住了一个礼拜没到就出院了，刚生出来的时候，产房里都说我小孙子漂亮，我们也很高兴。第一次看到他就觉得很清秀，现在也很帅的，学校里都喊他小帅哥，现在是学校第二帅，还有一个拉二胡的孩子还要帅，像哈利波特一样。

问：妈妈出院大概多久出去工作的呢？

奶奶：三四个月就上班了，她做财务需要算账，还没有到产假她就到日资企业去兼职，因为没有人替代，人手不够，她就自己去了。也没有母乳，基本上都是奶粉，磊磊出生一个月没到就吃奶粉了，都是雀巢、多美滋什么的。

问：刚生下曹沈磊的时候，你们夫妻两个人工作忙吗？

曹母：工作就是一般的工薪阶层，按时上下班。

问：孩子出生时健康吗？是什么时候发现问题的？

曹母：他生下来都很好的，一两岁的时候基本上跟同龄孩子差不多，因为他也没有晚说话、晚走路。有些问题孩子是发育迟缓，可能两岁以后才能学会走路，但他一岁就会走路了。八个月左右的时候，基本上灯在哪里、电风扇怎么摇、狗怎么叫这些问题都能明白的。后来两岁左右上了幼儿园，幼儿园老师说，发现他喜欢一个人，好像不合群。因为在家是爷爷奶奶和保姆带的，我们觉得是不是大家包括外婆都太宠他了，小孩子也老放在家里，那肯定就不合群的。当时我们因为工作，要交际之类的，比较忙，也没觉得小孩子有什么不对劲。

后来到了他五岁的时候，要做加减法了，他做得特别难，开始感觉他有些奇怪，因为逻辑思维不行。发现之后我们就去了华东师范大学，老师说你还是去做一个测试吧，会不会是自闭症倾向。做过测试，老师就首先排除了自闭症，因为有些问题他会和老师互动，只不过他深入不了。而自闭症的孩子是完全不能和人对视或者对话，他们喜欢完全一个人在自己的世界里，所以老师说肯定是排除磊磊患有自闭症的可能。

我们在测试的时候看到一个家庭，男孩是自闭症，那是我们第一次真正地接触到自闭症的孩子。我们看到这个孩子怎么这个样子的，就听他爸爸妈妈解释。老师说排除磊磊患自闭症，我们就已经感觉很幸运了。

之后给磊磊测了一下智商，老师听了我们的详细叙述：父母三代里面没有这种情况，我们也是很正常的父母，孩子出现这样的状况可能就是遗传或者基因突变，老师说他是属于断层思维。我们才知道什么叫断层思维，就是说大脑发育，它发展到一个地步，有些孩子自然而然就会懂一些问题，比如逻辑问题；但有些孩子就会停滞不前，会断了这一层。至于什么时候能够接上，老师说就不知道了。曹沈磊是属于思维断层，什么原因到现在专家也不知道。我们问老师是什么导致的，他让我们去 DNA 基因研究所分析一下。但我们也不准备生第二胎，去研究出来又有什么用呢？

　　我们问医生怎么办呢，医生说他可能将来跟不上社会、跟不上同龄人，因为别人在发展，但他就停滞不前甚至在退后，只能是你们自己有点耐心，让他要融入社会、提高他自食其力的能力，只能够做到这一点。也有可能突然有一天他就跟上了，这个思维就接起来了，也有这个可能，但这个希望蛮小的。这样我们也就懂了。

　　问：磊磊需要接受药物治疗吗？

　　曹母：不用的。后来去了儿科医院，做了一个 CT，医生怀疑是大小脑发育不好，但 CT 做出来的左右脑、大小脑都是正常的。因为脑袋里没有什么东西不好，也没有头痛生瘤，所以也不能够给它打开去分析，那只能够这样了。

　　问：结婚之前有产检吗？

　　曹母：我们都是很规范地去做各种检查，也没有医生说有什么不好。我是二十五岁怀孕生下他的，都很正常，生出来各项都是满分。他小时候也有发烧，奶奶就是医药公司的，也懂得照顾他，所以也没有什么特别的毛病。

　　奶奶：他生出来是顺产，不过有一个怀疑的地方，就是孩子在生出来的时候额前有一个血块，也不知道是生得快还是怎么的。当初问医生这个血块怎么没有退下去，医生说很正常，并且还不让揉。但是血块就一直没有退下去，后来大了才退下去的，我们也没有当回事。其实也不一定是这个缘故引起的，就是时间长了、反过来想的时候，我怀疑可能就是这个伤了脑子。不过现在和谁说呢，时间都过去这么久了。

　　问：有血块期间有没有什么异常呢？

　　曹母：没有什么异常，检查都是正常的，包括他生下来至三岁的体检、智力发展测试之类的都正常的。后来做了一个鉴定，说是发育中断。但再说也没用了，只能够做好后面的工作。

问：小的时候你们和爷爷奶奶是住在一起的吗？

曹母：我们以前是楼上楼下，在一起吃饭。那时候奶奶和爷爷也差不多退休了，也请了一个阿姨帮忙照顾，就都是围着磊磊转。住在楼上楼下的时候，是奶奶负责把磊磊接回来，我或者爸爸上班的时候顺便送过去。我们 2014 年的时候搬到普陀区了，离得稍微有点远。现在因为他已经大了，最近四五年都可以自己搭乘公交车回家，只要给他手机就可以了。

奶奶：磊磊小时候晚上和我们一起睡觉，我们三个人睡在两张拼在一起的床上，爷爷睡一边，我睡另一边，磊磊睡中间。他妈妈那时候母乳不太好，没有营养，磊磊都是吃奶粉的。

问：晚上磊磊睡觉会闹腾吗？

奶奶：他还好，晚上尿不湿穿好了，都很听话，也蛮好的。因为爸爸妈妈都要工作，就不耽误他们，我们空了就帮忙照顾照顾他。阿姨晚上是不带睡觉的，我们带着磊磊睡觉，白天爷爷去买菜。

问：对于只生一个孩子，家里人是怎么看的呢？

曹母：这个我们家里都达成一致了，爷爷奶奶也都很支持这个决定，觉得他既然来到我们这个家庭，我们也要善待他，包括家人朋友也没觉得有什么。有些人可能觉得你们有这么个孩子，好像也不是很值得，应该再去生个二胎；也有很多邻居觉得二胎将来还可以照顾哥哥。

但我也有考虑，如果生了二胎，万一跟他一样；又或者是好的，但对这个正常的孩子来说也是不公平的，从小就要背负着照顾哥哥的压力。而且如果有二胎的话，一般来说就等于放弃大的，全部去扶持另外一个好的。

现在特殊学校的孩子也挺多的，比他差的也是很多的，许多家庭生了二胎之后就根本不管第一个了，大的就越来越差。我们现在等于是全身心围着他转，周一到周五他在学校里面，星期六星期天该去活动的时候活动，该去学习的时候学习，像暑假、寒假基本上我都陪着他，出去旅游、活动、学习。

问：妈妈陪伴了磊磊的很多成长吧？

曹母：其实也没有什么多与少，我们尽力而已。如果是一个正常的孩子，人家家长也在不停地付出，可能大部分在学习方面。我们就注重培养他一些技能，让他精神世界充实一点。现在我自己会多花一点时间在他身上，将来可能我老了，他也长大了，没有学校可以读了，他就不会像别人一样没事做，就天天看电视，这样就让人觉得很可怕。现在把精力多花在他身上，对他以后肯定是有好处的。

茁壮成长进步多

问：他的自理能力怎么样？刚刚开始的时候会比较差吗？

曹母：小时候也看他不出，毕竟像衣服啊这些都是我们给他穿。现在还可以，吃好饭，他会把剩下的碗和筷都放到厨房间。还有吃饭前如果他没有什么事情，我就让他把碗筷碟都放好。

问：磊磊是什么时候学会走路、说话的？

曹母：他的学习过程都是正常的，一周岁就学会了走路。说话，他不像人家那样很流利，就是说几个字，表达能力差一点，我们家里也习惯了，都听得懂。现在他在学校里也会用电脑，老师也会表扬他。平时我们在生活中有意识地训练他，他都分得清楚 ABCD 和数字。有时候我开车会有意识地问他，前面的车牌是多少，沪 A、沪 B 之类的，也会问车子的牌子，家里的电器商标也会问他。他小时候就懂很多，什么松下、飞利浦和一些广告牌他都知道的。但大概在四五岁的时候，他一下子就停滞不前了。

问：他几岁开始自己能穿衣服？

曹母：像系鞋带这些，基本上读一年级的时候就学会了。洗脸洗澡都是他自己弄的，包括洗头，反正男孩子无所谓的，也不用非得怎么搞。小时候天冷我就帮他洗洗头，因为衣服穿得多，自己弄不方便，我就弄一个脸盆给他稍微洗洗。这种我不大去管的，包括现在我们有时候出去吃饭，自己喜欢吃什么他自己会说。老师也说他是一个很自律的孩子，不像人家如果觉得今天那个菜特别好，就非得要吃破肚子一样。他比较自律，他就吃一碗饭，然后喝点汤，喜欢的菜稍微吃一点，吃好了就吃点西瓜。他特别喜欢吃西瓜，吃好了就和我说，妈妈我吃西瓜了。他现在衣服都是自己搭配，都会自己放好，有时候我叠好了就给他放在房间。他平时很爱戴帽子，今天戴了一顶红色的帽子，他自己在美国买的，他给爸爸和爷爷也一人买了一顶。他帽子很多，有些是自己买的，有些是参加活动发的。平时穿什么衣服，他就自己搭配帽子戴戴。

问：他是上的普通幼儿园和普通小学吗？

曹母：对，就在家附近上的幼儿园，过去大概一刻钟左右。幼儿园放学回来之后，他一般就会玩积木和一些小汽车，还有麦当劳、肯德基套餐里的玩具。他小时候比较喜欢玩玩具，还有就是看动画片、玩玩轮滑鞋和滑板车。他幼儿园一共上了四年，从 2004 年到 2008 年，小班、中班各一年，大班上了两年。

2008年就开始上小学了。小学也是普通小学，我们属于学区房，小学离家不远，离得比较近。早上是爸爸送，回来是奶奶接。那时候语文还可以，数学差了一点，因为数学需要逻辑思维，而他思维断层了。他比较特殊，我们去开一个证明，他就可以不用成绩了。在这方面教育局是有规定的，这种孩子是随班就读，作业老师也不会看的。他喜欢画画，他回来我一般就是让他画画、写字之类的，别的地方也不怎么玩。

问：上幼儿园和小学时，与同学的相处情况怎么样？

曹母：第一次上幼儿园，他就说我不要去了，因为处于一种不合群的状态。可能人家要一个礼拜适应，他需要一个月才能适应，就是一直哭啊、闹啊，人家午睡的时候就他不午睡，他去上学几天就生病。

小学同学现在不怎么联系了，因为那时候都是电话，不像现在同学、老师之间都有微信，我们那时候和班主任联系都是需要打电话或者发短消息之类的，不是很方便。

奶奶：家里待惯了，一下子把他送到幼儿园，他就哭。他胆子比较小，比较会看人眼色。但是他记性很好，很小就知道自己的东西自己管好，不会掉东西，别人的东西掉了也不捡。这一点我觉得很好，不会叫人烦心。有一次陪他去幼儿园换被子，他和我说，奶奶我还有毛巾在那里，要把毛巾拿下来的，然后自己就去把毛巾拿下来，把被子拿上去。

问：在学校里他喜欢一个人待着吗？

曹母：他脾气应该还可以的，小学的时候都很幼稚，两（二）三年级的时候同学都跟他一起玩，毕竟也有音乐课、自然课、计算机课之类的轻松点的课，也会一起秋游。四五年级他跟不上了，因为人家都在发育发展，他老是没有什么进步，人家就觉得你有点奇怪。他不做作业也不参加考试，人家都在学习他就没事做。

到了初中，老师跟我说，九年义务教育是可以读普通初中的，你自己看着办。考虑到孩子上了初中又是一个大的飞跃，而且他会越来越差，跟别人格格不入的话会受人家歧视，老师也说这样对他自尊心的影响越来越大。我们和老师关系也蛮好的，他就说你自己看着办，让他上特殊学校可能还会有一个好的发展。我们回家商量了一下以后，觉得还是去上特殊学校吧。结果证明这是正确的一个选择，如果去上了普校的话，他可能这辈子就毁了。

我现在问他，你上天山一小和长宁辅读，哪个时候开心？他就说长宁辅

读。那么读长宁初职校和长宁辅读哪个开心？他就说是现在的学校开心。那就证明他现在越来越接受学校生活、也越来越自信了。

问：他现在学校里有什么不喜欢的课吗？

曹母：他比较中庸的，没有什么喜欢不喜欢。有些孩子说我不喜欢我就不去做，或者干脆拒绝；他不是。比如他对烹饪不是很喜欢，有时候老师要求在家里多操作烹饪，做点菜，像黄瓜炒蛋，但他点个煤气都很害怕，炒菜都躲得很远，可他也会去做。学校里面上烘焙课，有时候他在家里面也会稍微做点蛋糕，或者揉一揉面粉，虽然他都不大喜欢做。学校里面有这个课他也会去做，可是不喜欢，就算去做肯定也是做不好的，因为他没有积极性。

像画画，他可以每天不停地画，不会拖拉，不会说我今天不想画，或者到最后几天一起画。他不是的，因为他有这个兴趣，他能一下全部画好。所以感觉他还是认事情的，如果这些事情喜欢他就要做；不喜欢的话他完成就可以了，也没有要坚持下去。

问：他现在在学校里担任职务吗？

曹母：有的。学校里面大概有十个孩子担任职务，有些孩子在门口检查大家校牌有没有戴，有些孩子专门擦走廊的栏杆，有些专门保洁洗手间。这些孩子都要坐得住的，或者说能够自控的。有些严重的孩子不能控制自己，就不能担任这些岗位，乱走的孩子也不行。像现在他每天早上七点半就要到岗位，在这个岗位上要保持卫生，比如说擦窗子，他能够天天坚持做。这个岗位他已经坚持了三年，天冷了，人家可以八点钟到学校，我们七点半就要到了。我有时候故意跟他说，我去和老师说一下，你就不要参加了，我们也可以晚点送你过去。他说不要不要，我要去的，这样他就要早点起床，有时候天冷他也要赖床的。

还有，现在他班级里面，每到中午，一个班级就有一个锅子，锅子里面是从食堂领的汤，需要端进端出。他就负责帮每个同学打汤，汤舀完了，他就把这个锅子拿回去。他的行为能力和控制力还可以，所以做这个也有两三年了。他还是挺有责任心的，比如说戴团徽。现在都换 T 恤衫的，但他每天就非得要把这一枚东西别在衣服上，国庆节他也要戴个团徽。爷爷奶奶和他说，磊磊现在是团员，以后要做党员，要跟爷爷和外公一样做党员，他就说知道的。这等于是一种思想，毕竟他也不懂党的含义。他只知道学校里面团员都是比较优秀的小朋友，一般人都轮不上的。他也知道自己是团员，这是一件好事。

问：他现在是怎么去上学的？

曹母：我们有三到四年的时间是早上送他去上课的，去学校不是很顺路，地铁要换一次，我们怕他自己去会来不及，就让他爸爸送他去学校。下午放学是他自己回来，因为时间比较充裕，也可以让他独立一些。我们给他交通卡和手机，放学了他会打电话给我，说一声妈妈我下课了，然后他发一个乘公交车的位置的定位给我。他在公交车还没启动，或者刚刚启动大概一站路的时候，会发短消息跟我说他要回来了。有时候他手机没电不能够跟我联系，我很着急的，就和他说，妈妈不可能整天跟着你，手机没电的情况下，妈妈找不到你或者你又过站了，我就没法联系你了，你一定要注意，自己要记得充电、带充电宝。之前因为手机没电，我狠狠地说过他一顿，从那以后他就不会忘记充电了，手机经常要满格的状态才放心，如果到百分之六十五十，他就着急了。

如果是学校组织的外出活动，他也基本上不要家长陪。有活动的时候他会和我说，妈妈我接到通知了，告诉我是哪个老师发的，发了通知就是有活动，有活动就有可能要外出。他会简单地和我说一声，告诉我今天开会去了，或者报备一下开好会回宾馆休息了。他的衣服、行李箱，都是自己打包整理的。到了开会的地方他会自己把换下的衣服放在一个袋子里面整理好，一样都不落。他从来不会丢东西的。有一次他很兴奋地跟我说："妈妈你知道吗，上外的那个哥哥把充电宝都忘在宾馆里面了，他还问我借的。"还跟我说过另外有一个哥哥把苹果手机都掉了，回来被他妈妈说了。说起这些的时候他就感觉很自豪，他不乱丢东西，这一点蛮好的。

有时候我和他说，妈妈先到奶奶家那里，你下课了就直接到奶奶家。他听了这个指令，接下来的事自己就会做好的。他下课的时候会打一个电话给奶奶，和奶奶说那我现在过来了啊。如果他不回奶奶家，下课就不会给奶奶打电话，要到了家里，大概六七点钟的时候才会打电话和奶奶说，我要吃饭了，你们呢？稍微问候一下。有时候去奶奶家，他就直接给奶奶打电话，打给奶奶就不给我打了，他分得很清楚的，知道打这个电话是为了让那个人放心。

今天礼拜几明天礼拜几，他都搞得很清楚。今天要做什么事情就搞得非常清楚，上上个礼拜，8号还是几号，没有动漫课，放两周。他以为还要上课，他还提醒我有动漫课。我就说没有呀，要到下个礼拜了，他就说噢。

问：他在学校里获得过荣誉吗？

曹母：他今年和去年都得了金猴奖，画猴子；全国青少年摄影大赛也有获奖。他基本上摄影、绘画、跑步都有获奖，很多都是金奖、银奖。画画最高有9级，他每年考一级，也考到9级了。还有时候我们去参加公益展，画好以后

我们把画捐出，也有证书。学校发的荣誉证书也有很多。

问：这些比赛是他自己去报名参加的，还是老师组织的？

曹母：有些是学校统一帮他们组织、交作品的。有些我们家长都不知道，老师帮他组织的。有些老师说参加比赛需要提供作品，他就拿一张画过去，就是参加了。他参加比赛的时候都很淡定的，他们都叫他淡定哥。

问：最近参加过活动吗？

曹母：昨天参加了一个活动，是第一次允许家长参与的，上海市特奥领袖工作会，学校的老师让我也去参与一次。老师说，孩子们要发表特奥领袖们的感想。磊磊的组织能力其实挺差的，如果让他上台肯定需要家长配合。我和老师就一起商量着给他写了一点资料，这样让他上去讲话，他就能自信地上去，他读的时候口齿都很伶俐。这些活动还是要积极参与，像他这种特殊孩子的逻辑能力还是差的，运动类的模仿能力还是可以的。

问：平时你们让他去做一些事情，他会有反抗情绪吗？

曹母：还是要以多鼓励为主。有时候我说得多了，他也有反抗，觉得妈妈你很啰嗦。他潜意识里面是想做好的，但是就没做好。比如昨天一个活动的稿子，我给他手写了一份，我怕我的字潦草，他不一定明白，就让他重新在笔记本上又誊写了一遍。等老师说下面还有一个同学就要到他的时候，我就让他快举手，结果他读的时候把一个很重要的讲师的名字给漏了。我就说，哎呦，曹沈磊，你把蔡老师的名字给漏了。他就感觉妈妈没提醒好，自己也没注意到，就有一点生气，用手在桌子上面这样敲一下。我对他说没关系的，反正等会儿妈妈也要上台，我再把那个老师的名字读一下。他说嗯，情绪就会好一点。他其实也是一个很自尊很要强的孩子。

问：他平时听老师的话吗？

曹母：对，而且他也喜欢听老师的话。开家长会的时候，他的表现、进步，老师都会说的。老师说平时的回家作业，比如说今天英语抄几个单词，他就马上十分钟或者中午休息的时候写，基本上天天都完成，当然他们的作业没有什么难点，量也不大。

我感觉他也知道大人的话是可信的。他今年4月份去温州开会，是学校里面的活动，有老师带队，家长不陪同。我跟他说你自己整理好衣服，包括内裤、袜子，男孩子穿球鞋肯定很臭，就让他准备了三四双袜子。我说你袜子不能随便塞在箱子里面，要拿一个塑料袋，把换下的脏衣服和脏袜子都扎牢叠好，放在袋子里面扎紧。我说如果你不扎紧，和你一个屋的李老师，他要熏倒的，他会想这个曹沈磊袜子这么臭还不会洗，所以一定要扎紧。他说我知道了，我会收拾好的。回来换下的衣服真的是这么一包，干净的或者发的衣服就全部放在箱子里面。这次活动因为家长代表团也可以去一个人，我就去了，我们住一个房间。他就跟我说，妈妈，我把换下的衣服放在袋子里面。我说好的，你管你的，妈妈管妈妈的，你不要管我的。我这次也就真的看到了，他回来的时候已经整理得干干净净的。他自己的衣服都是自己整理的，顶多我就说一句这两天要冷的，你再带点厚的外套，这也等于是一个飞跃。

他平时到家要四五点钟了。四点钟下课，乘车、走路，到家就四五点钟不到。回家就吃点东西、喝点水，我再弄点水果给他吃。他就做作业，作业在学校里面做完了，他就把没完成的完成。还有，他特别喜欢写字帖、练钢笔字。学校的老师也说他特别喜欢写字，下面垫着纸，可以印着写。学校里中午十二点钟开始休息四十分钟，他空下来就写字。写字对他本身来说也是蛮好的，他的字也是蛮漂亮的。

问：他平常休息的时候会上网吗？或者看看电视？

曹母：他在家里会跟有几个要好的同学手机上聊聊天，有些同学可能毕业就在家里了，因为关系比较好，他们周末也会一起出去看看展览，或者一块唱唱歌。他休息的时候也会跟人家交流，但上课的时候他不会发消息的，不准的。他总得要有个小伙伴嘛，我也就让他去交流一下。

包括跟我的姐姐，也就是他的姨妈，她前一段时间在日本，和我打电话说可能要 11 月份或者 12 月份回来。他听到了，就偷偷地发一个信息给她，说大姨您什么时候回来。他跟所有的老师啊或者是长辈，都用您的。他问大姨您什么时候回来，姨妈说我还不知道呀，他就问你不是说 11 月份回来嘛，大姨说你想我了啊。他说，对呀我想大姨了。我姐姐开心地把和外甥之间的对话放在朋友圈里面。他主动跟大姨交流，也不是特意的，而是在无意间，我打电话他听到了，他就去确认一下，也没问我。逢年过节，我说你要和大姨、小姨聊一下，就说说你得了什么奖或者有什么开心的事情，发个照片告诉她们一下，他也会的。我们家里有个群嘛，他就直接跟大姨说了。

电视呢，我看电视他也会在旁边看一看，前一段时间我喜欢看沙溢演的《和平年代》，他也在旁边看。今年国庆节，我在看电视，我说曹沈磊你在干嘛，他说我在看电视，他自己有一个 iPad 嘛，专门给他的。这两天在看郑恺演的《国民大生活》，郑恺是跑男嘛，他很喜欢看跑男，所以他知道郑恺，我说我在看，你过来一起看吧，有时候他肯的，有时候他不愿意。

问：他有没有什么亲近的朋友？

曹母：有几个同龄的好朋友，平时也会和他们一起出去玩，会通过手机联系，在一起聊聊天、拍拍照、吃吃饭之类的。他们就带他出去走走，不过主要都是我陪同的。

问：他平常会单独和朋友一起出去玩吗？

曹母：这个基本上没有。单独的话，他只能够从学校到家里。如果要参与活动，基本上是我带他去的。比如和比较要好的同学和同学妈妈一起组织亲子活动。有时候我们会去拍照，拍好照中午一块吃个饭，然后各自回家或者去上课。还有呢晚上有时候去录个音，现在不是有个 Mini Box 录音的嘛，有一个同学的妈妈会录了，就我们四个人站在一个屋子里面，让两个小孩子录一下，然后大家听听，基本上就是这种活动。

问：你们平常吃饭的时候会聊聊天吗？

曹母：会讲的，会问他这个要不要吃，或者问他在学校里面吃什么，他都会回答。我和他爸爸有时候说一说话，也会问他你觉得呢，稍微让他参与一下。比如问他，我们明天去奶奶家，你是打好乒乓过去还是爸爸或者妈妈来接你。

特奥活动好健儿

问：磊磊在体育方面的涉猎也很广泛？

曹母：对的。篮球，这次 11 月 8 号，在东方明珠那里有一个 NBA，好像还有明星过去和特殊孩子一起活动，他也去的。他也会打篮球，像投投篮之类的。也有其它运动项目，比如高尔夫、轮滑、乒乓球等等。

问：他是自己对这些项目感兴趣，还是你们刻意让他去接触？

曹母：在长宁区辅读学校的时候，他大概十一二岁，就参加过上海市阳光融合跑。那时我全职工作，也不大管他，都是奶奶去接他，我早上送他。他表达能力很差，有时候回来会拿一件衣服，有一个奖品，有一块手表或者有一块什么糖，说，我这个二等，什么第二名。我再问他，再去跟班主任联系。那时信息没有像现在这么发达，只能通过短消息联系，说这是参加什么活动或者领了什么奖。

问：他是自己参加了这些活动，你们也没有事先跟他说要他去？

曹母：对的，他们那时比较小。在六年级、七年级的时候，基本上也就在学校里面训练，然后再去外面比赛。拿了奖回来，〔我们〕再去问老师，才知道原来是得了这个奖。有时候他也会跟我们说今天上什么课，比如体育老师给我上轮滑了，我现在是学校轮滑队的了。那我们想，多运动运动么也蛮好的。

问：照您这么说，他是从小开始自己主动接受这些运动了？

曹母：对的，包括学校里面的也是。但是这个呢，学校里面的老师上体育课、体锻课都会教的。有一次我去学校参加他们的运动会，他参加跳绳比赛。我就很意外，因为在大班、一年级、二年级就有跳绳课，那时候他不会。这次我看到他跳得这么好，可以连着跳，感觉一下就会了。

就是说他进了校队，可能也是在十五六岁，老师教教他，他就自动会了。小时候你再怎么教，只能够停着的，一个、两个很慢很慢地跳。他的思想啊运动细胞啊这些，可能慢慢在成长。

问：特奥是什么时候开始参加的？

曹母：2014 年，你说早的话，应该 2010 年也有，那时候也有参加特奥活动。

问：很早就接触了？

曹母：对的，这是 2016 年的大师杯，还有澳门的活动，以及高尔夫项目。融合跑在 2011 年还是 2012 年的时候就已经有了。

问：他正式参加比赛应该还挺小的吧？

曹母：对的。算起来他五年级、六年级的时候就开始参加。对了，那时候他拿回来一个手表的奖品，还有一个奖牌，奶奶说你把奖牌都放好，但是现在可能也找不到了。

问：他最开始训练的时候就有教练带着的吗？

曹母：一般学校会请老师，专门有老师带他们到指定的地方训练。像练高尔夫都到外高桥保税区的训练场去训练，训练了多长时间就要下场，下场再到嘉定啊这些地方。

问：他是自己去的吗？家长要陪同吗？

曹母：老师会统一的，我一次都没有去过高尔夫练习场，他都自己去的。因为他需要听从指令，一般培训，也是在上课时间，就半天时间。然后他回家会跟我说："妈妈，我们今天吃的是日本拉面，还有饮料。我们今天吃的是菜饭……"

问：如果要参加比赛，训练可能会稍微严格吗？他会有不大开心的情绪吗？

曹母：基本上他也不会告诉你。训练的时候确实很辛苦，他写字、画画的手，没有劳动过。高尔夫的球杆，好像是不锈钢的，铝合金的，刚开始的时候没有发手套，把手上磨得都是泡，一手的泡。我说："你训练比赛都是辛苦的，要得名次也是不容易的。"给他弄一点防水贴啊，后来老师给他发了手套，让他自己记得放在包里面，手套啊、护腕啊都带着。

问：他训练的时候，有没有想放弃？

曹母：去训练、去参加比赛的时候，老师说四个孩子里面他可能是能力、各方面的表达水平最差的。有些孩子很有主见，很会表达。他属于比较蔫的，你让他把这一筐球打掉，他就不停地打。无论高尔夫、乒乓球或者画画，都是一样的，需要把基础打好。他就一筐筐地打球，打到最后成了主力队员，那他也有感觉了嘛。他们很怪的，有感觉了打出去都可以中，就是一个神枪手。

后来老师发了一个视频给我，当然〔选的〕是姿势很好的或者打到球的姿势。平时我也不大愿意一天到晚去问老师怎么样了，他说蛮好就可以了。

有一次我觉得特别有意思，碰到和他一起训练的一个队友。小姑娘是游泳队的，经常在国际上拿奖，也算是学校里面资历最老的一位，而且和我们正常人也基本能够沟通。我问她："曹沈磊这次要去比赛，他水平怎么样啊？"她说："磊磊妈妈，你就放心吧，曹沈磊是一打一个准，就是百发百中的。"她是这么形容的，另外一个老师在旁边说："是嘛？这家伙好像看不出啊。"当然他们的话也有可能会夸张一点。

我觉得喜欢很重要，大概是他喜欢才做得好。我去机场的时候碰到教练，那是第一次碰到教练，飞机延误了嘛，就跟他稍微交流了一下。我说："曹沈磊就拜托你了。"他说："磊磊是有天赋的，蛮好的。"还说这四个里面他是最有希望的，因为是团体嘛，也要有一个比较好，做主力。有些孩子水平一会儿好一会儿不好的，发挥得好的时候特别好，发挥不好了，就会乱得一塌糊涂。磊磊属于比较淡定，无论哪种情况。

问：磊磊平时训练也算是比较刻苦的了？

曹母：他刚开始打基础时，就会一筐筐球练，所以他肯定是很扎实的，这样一点点上去。学校有一个女老师跟我说："曹沈磊是最认真刻苦的，因为他不大善于主动跟人家去交流，有些孩子呢会几个人窃窃私语的。"可能其他孩子去打游戏，他也不会打游戏，跟别人也没有什么交流，所以他就不停打球，结果就是他是打得最稳最狠的那个。

问：您刚刚说高尔夫也打得蛮好？

曹母：对的，高尔夫去年培训了，集训了大概有半年到一年的时间。然后在澳门一个青少年国际比赛中获得了团体的银奖。

问：您是特奥的家庭领袖，对吗？

曹母：上次我们参加了一个会议，是 2017 年上海特奥运动员领袖论坛活动，我们是特奥运动员领袖的家长。这次活动邀请了家长和老师，也是第一次让家长参加，像去年和前年都没有家长参加，也就是今年开始的一个活动。也不是所有家长都可以参加，是一个区一个，主要是需要参加过特奥运动并且在特奥运动中取得一定的成绩，也就是说比较优秀的运动员才可以参加。

问：家人知道您参加这个活动吗？

曹母：嗯，他们都知道，也很支持我多参加一些类似活动。

问：成为特奥领袖之后，平时需要做什么吗？

曹母：需要向身边的人宣传特奥以及参加这些活动的意义、特奥运动员如何积极参加特奥活动，让更多的人关注特奥。

问：之前有组织一些特奥的相关活动吗？

曹母：一般活动也蛮多的，像今年 7、8 月份，在上海的八万人体育场有一场英超的足球赛，就邀请了磊磊和学校的一些骨干孩子，我也陪同他们一起去观战。还比如像今年的 10 月 8 号在上海的东方明珠，也邀请了一些 NBA 正式的篮球运动员，和孩子们一起打篮球。也发了统一的服装，学校会安排汽车来回接送。我们就是让他积极参与各项活动。

问：参加这些活动的过程中有没有觉得有哪些困难呢？

曹母：暂时倒是没有什么困难，像上海交通也比较方便，如果没有统一的汽车过去，自己搭乘地铁也可以过去。男孩子都比较喜欢体育嘛，那就让他多出去看看，感受一下氛围。

问：除了平时特奥会组织的活动外，领袖家长们会不会私下组织一些活动？

曹母：也是有的，像我们这次去参加的崇明特奥领袖活动，总共有七个家长参与，像浦东新区、长宁区、静安区以及普陀区的几个家长在一起建一个群，就是想之后多联系，或者身边有一些实例互相分享，交流一下怎么样培养或者鼓励孩子、带动他的积极性呀。

其中有一个妈妈，是浦东新区的，孩子是唐氏，平时也会教孩子弹钢琴或者武术之类的。另外，她自己也开了一个日本料理店，说我们大家以后可以去她那里聚餐。其他人也有在学钢琴的，也有在学黑管的，学习的内容也不尽相

同。过了一段时间，大家再找一个聚餐点聚一下，互相交流一下孩子的进步与成长的情况。

问：参加这些活动对孩子有帮助吗？

曹母：这种活动，有一些是专门有机构组织的，力度较大，对孩子有挺大帮助的，他自己也觉得挺骄傲的。像他参加过一个活动，姚明做形象大使，他可以和姚明近距离接触，自己也挺开心挺骄傲的。他拍点照片，就会和人家说："我看见了姚明。"他还会说："发现了电视中的姚明和看见的姚明，身边的姚明变胖了。"在与人交流中，他也变得更加自信了；通过参加这些活动，他也更开心、高兴了，他也会表达一些自己的想法。每年他们都会举办一次慈善义卖活动，他们就会背一个捐款袋，动员像姚明啊这些大咖去募捐。他还参加过上外附中组织的志愿者活动。

问：你们是通过什么渠道知道特奥并参加特奥的活动呢？

曹母：基本上还是以学校为主，一般有什么特奥活动，首先会通知学校，把时间、地点、人物告诉我们，学校一般会推荐两个孩子过去。在辅读学校的时候就有参加特奥活动，还拿了金牌，回来之后我们才知道的。他得过很多奖，有参加摄影比赛获奖的。在 2013 年的时候就算正式加入了，那时候还参加了学校的阳光融合跑。

问：您觉得参加特奥活动，对他有什么样的意义？

曹母：那肯定是很有意义的。能够参加特奥活动的，毕竟也都是一些比较优秀的孩子。他自己也觉得和学校里优秀的孩子一起去参加活动是值得骄傲的事情，而且他看到的人、接触到的环境对他的成长也是有帮助的。

比如在安达仕酒店、在金茂大厦，这些地方也都是很高大上，他能见到自己想见的。他也觉得自己比较优秀，也更积极向上，连精神气质都不一样，更加积极参与其中。

摄影书画均涉猎

问：他平时有一些爱好或者特长吗？

曹母：他爱好很广泛，我们也乐于去培养他的一些兴趣爱好。像画画、摄影、书法，包括一些体育运动等等。尤其是画画，他自己也比较喜欢，我们为他报了一些学习班，让他学习国画、素描和漫画等。

问：为什么培养他的兴趣爱好？

曹母：小时候孩子的能力很差，需要有一个兴趣爱好，他的精神生活才会丰富，才能提高他的自尊、自信。若没有这些兴趣支持，他们就是一个空落落的人，只能够在家看看电视。他如果不喜欢运动，身材就会越来越胖。但是如果能保持运动，不仅身材好，人的心态也会变好，会很阳光的。像磊磊的身材，大家都很羡慕他。

我们也不逼迫他，他学东西主要还是以兴趣为主。比如说他有一个朋友现在学拉二胡，考了两三级，我就跟他开玩笑说妈妈也给你去报名一个二胡好吗，他说我不要，我不喜欢。这个他分得很清楚，喜欢就喜欢，不喜欢就不喜欢。

像运动项目里面，他不会游泳。小学规定四年级要有一个游泳证，那时他年纪小，学的时候也没有人好好引导他，就留下阴影了。人家小朋友可能经过两三次课就下水了，但他害怕，他觉得在普通小学里面他什么都不行。有一次上课，他是被老师推下水的，这之后就留下阴影了。那次他回来告诉我，妈妈我不要去游泳了。其实他上第一节课时对游泳充满了好奇，但接下来他就说我不想游泳了。我问他为什么，他说因为教练老师把我推到水里面了。我们当初也没有怎么跟教练或者班主任沟通，那时觉得像我们这样的特殊孩子，普校里面给他机会，春游、课外活动都有他，也不好意思再去要求老师对他特殊照顾了。

后来到了十六七岁，他同学的妈妈说其实孩子学习游泳蛮好的，她准备给她孩子请一个教练，要是曹沈磊愿意的话，就两个孩子一起学。我说你要跟老师说清楚我们是特殊孩子，她说她知道的，老师说他可以带两个特殊孩子一起学，因为一对一的话他们不一定学得进。应该说她其实是把希望全放在曹沈磊身上，因为曹沈磊比她儿子的程度稍微好一点。我说磊磊小时候在学校里上过游泳大课，以失败告终，他可能不会喜欢，因为他每次去海南、巴厘岛的五星级酒店都不下水，我说这件事我去跟他说一下。我就去跟磊磊说，某某同学的妈妈让你和她的孩子一起去学游泳，他说我不要学。

我后来也在想，小时候他比较弱，各方面接受能力都没有像现在这么强大。也许没有四年级的游泳课，十五岁或者二十岁让他去学，说不定就会成功。但现在他已经有很多爱好了，也就算了。唉，有时候反过来想一想，他的内心世界就是这样一点一点武装起来，逼迫他做勉为其难的事也许会给他造成阴影。

问：国画是从什么时候开始学习的呢？

曹母：国画就是在 2015 年的时候，学校里面专门有一个书法班，教隶书。书法老师说他还可以，我们就着手给他请了教国画的老师。

当然，在选老师这一方面也是要看的，有些老师不愿意教反应慢或者特殊的孩子，可能他要以成绩为准，希望教的学生都是得意门生，如果做得不好，老师也会和对待普通孩子一样说你不好。

问：遇到过比较严厉的老师吗？

曹母：刚开始学国画的时候，请的老师和现在教的老师不是同一个。磊磊对原先的国画老师和现在的是完全不一样，之前比较排斥，总是告状。所以我就说："算了，那我们就不去学了。"可能越学越把他的学习积极性给打压了。

当然了，我们也不能够去责怪老师，老师有自己的教学方法。他可能就是比较严格，要求十个学生里面十个都要通过考级。也有可能是磊磊听不进去，心里不接受这个老师，所以就在课上捣乱，那老师肯定也会很气愤。所以那时候我就说："那我们就不去上了，也不是非学不可。"

像这种孩子，心理承受能力很差的，你把他的心理慢慢抚平也是需要时间。那时他上这个课还是挺有压力，跟我说不想去上。我说："你去坚持一下，我钱都付了。"但他实在不行，最后只能算了。

问：后面就没有继续再学习国画了吗？

曹母：过了一年左右，我再去慢慢跟他说："我们换一个老师，你先去上上课怎么样。"他说："好的。"国画课断了大概有一两年的时间后，我们重新给他找了一个适合他的老师。现在，他也是越来越积极了，他自己想要去画画。

问：现在教磊磊的国画老师怎么样呢，还排斥吗？

曹母：这个老师是比较有爱心的，磊磊也很喜欢跟她交流、沟通，所以就学得进去。老师平时对他也蛮照顾，很有耐心，他很喜欢这个老师。

老师经常会远程指导磊磊画画。因为离得远，我们就通过视频，把画画的步骤发给她，她就会告诉你扇子应该怎么画。其实，你怎么选画也是很有讲究，比如，扇面画老虎就不好看，画一些简单的图案就会比较好看。虽然他米老鼠、孙悟空画得比较好，但是画在折叠的扇子上就不好看，太闷了；在扇面上画一些鱼之类的小动物就会比较好。所以说关键的时候还是得请老师。

问：现在磊磊的国画学得怎么样？有进步吗？

曹母：目前为止，他学国画大概也已经有一年半的时间，完全可以自己动手画画了，也算是一个飞跃。老师给他设计过一个国画的动漫，比较卡通，磊磊画这个就画得很快。老师教他怎么用几笔把羊画出来，他就跟着老师学习，时间长了自己也就有感觉了。

比如，前段时间老师给了一把空白的扇子，想让磊磊画一些稍微简单点的。我就在想，"简单点"要怎么画呢？因为在扇子上画，纸是不平的嘛。我把扇子带给老师，老师说："首先要把扇子放平，然后买一个夹子，把扇子固定在一本书上。"书比较硬嘛，可以把扇子固定在上面。磊磊想在上面画一个老虎或者一个羊，但是老师建议在扇子上面画一些具有空间性的东西，像金鱼、虾、蟹之类的，再画点水草，有点灵动性，老师也给磊磊演示了几次。回来之后，我也去买了一盒钉子把扇子固定住。最后也画成功了，因为磊磊已经把基础打好了。

问：他画国画主要是临摹，还是也有自己创造的部分？

曹母：我平日里会买一些国画的相关书籍，有花、动物这些图册，他会照着模仿。老师也会让他画一些小东西，比如小虾、小鱼，旁边再画一些水草，水草就用绿颜色的颜料画几条就可以了。

目前，磊磊画好一个扇子大概需要十分钟左右。这是属于画得比较简单，他也是听老师说，一定要画具有灵动性的东西，不要画那种大幅的。我们也试验了一下，大幅的东西画上去确实就不太好看。我们也就知道了，要在扇子上画一些小的东西，不能画太大的东西。磊磊把画好的作品送给老师，老师也很开心。老师说："我还收到了特奥孩子的一份！"老师也送给他一幅荷花。因为是自己亲手画出来的扇子，磊磊也感觉很开心。

不过，可能他比较刻板，他看样板上画了三条小鱼，他也就画三条鱼，其实这里是可以少画一条的。但是他觉得案例上面有三条，他也非要把第三条也画上去，最后鱼的尾巴都没地方游了。从那之后他便知道了，每次画金鱼的时候，画一条或者两条也是可以的。

就像刚开始学习国画一样，他是需要慢慢地一步一步来。现在是临摹，如果一直坚持上课，我觉得他肯定能够自己创作的。他在成长，我们也在成长，我也跟着他学到了很多东西，陪伴着他一起成长学习。

问：国画是在哪里学习的呢？

曹母：现在教国画的老师是苏州的，我们一个月去学一次。11月1号就去上过两次课，如果是长假的话，待的时间稍微长一些。这个国画老师自己开一个工作室，约时间还比较方便。

问：每个月去一次苏州方便吗？来回奔波是不是很辛苦？

曹母：每次去苏州都是我陪着，我们在那边有房子，所以还是挺方便的。如果是寒暑假，可能待的时间就长一些，一个礼拜左右，也是为了多学一点。

问：在学国画的过程中，有没有遇到过什么困难的事？

曹母：有一点，因为彩色铅笔的动漫画和国画完全是两种风格。一种很细腻，需要把它全部涂满。但是国画，它需要手腕的力量，比如泼墨是需要收放自如的。他刚开始画的时候，手拿得很紧，只能一步一步让他自己去感受力度，同时也需要老师无数次地跟他去解释，他才能够改过来。

可能别人一个学期就能把猫、狗或者像齐白石的虾、竹等掌握，对他来说，就需要一年或者两年，会慢一点。一旦他真的掌握了，他也是能够随大流的。现在，他已经有了一些进步，这让我觉得很欣慰。

问：除了国画，刚刚讲到他还学了漫画，是吗？

曹母：对的，我们在上海这边也请了教漫画的老师。每个礼拜去一次，一节课两个半小时，就在华山业余美校。现在这个老师已经跟了四五年了，原先的一个老师，算是他的启蒙老师，现在不教了，介绍这个老师给我们，也是他的同事，所以也蛮好的。老师对磊磊也很熟悉，知道怎么指导他，他也能够听。老师在辅导别的学生时，他也可以在旁边多听听，多看看。每一个人的状况都不一样，让他在这个二、三十人的班级里面去多听听、多交流，可以参与到学习的氛围中，对他也蛮好的。

问：磊磊现在的漫画学到了什么程度？参加过一些考试吗？

曹母：他基本上都能一比一地把动漫画出来，但是你要让他自己去设计一个动漫，想象力方面，他是不行的。他也只能够是临摹，但我觉得也已经蛮好了。动漫，如果你想要向外人展示，就需要很多时间，因为最短也要二十分钟才能画出一幅。

考试，他已经考到九级了。像之前的一到八级，他基本上是每次都过。但是就和钢琴一样，钢琴十级肯定是很难通过。漫画最高的就是九级，所以他九级也考了两次。

其实这是一个社会等级。专业的也有专门的动漫专业考级，这跟社会考级是不一样的。我们对他，主要还是以兴趣爱好为主，所以还是让他继续学画。包括现在学校里面也会让他画点明信片，今年马上就是狗年了，就会让他画一些狗。去年是鸡年，就画了各种各样的鸡。

问：磊磊为漫画考级做了哪些准备？每天训练到很晚吗？

曹母：这是考级的时候，考九级的时候就是要练习，花了一两个月准备。

因为白天要上课，晚上吃好饭就已经七八点了。一幅画从开始打底稿到最后完稿就需要两个半小时，画好之后还要洗脸、洗澡，就很晚了。所以就是在那一两个月里，会每天让他画一幅练练手。

好好练习之后，大概就没问题了，可以通过，但如果不练习，那肯定是过不了。考级需要速度、方法，也要画出层次感和内容，要有文字体现出情景。它会给你好几个主题，比如欢度春节等，需要以动漫的形式去展现。

问：考级的通过率高吗？

曹母：考的肯定是有难度，你画得不好或者来不及画，肯定会不及格。如果你没有准备充分，也肯定很难通过，就像他九级就没有通过。

问：他最开始学画的时候就表现出兴趣了吗？还是后来慢慢培养的？

曹母：之前我也给他报过素描课，但是对于素描，他的理解能力不行。因为素描都是一些空间概念，比如穿透等。

华山美术的素描课家长是不能够陪同的，所以可能你送他进去，他就瞎画，老师也管不了那么多人，不可能面面俱到。他感觉自己学不好，人家都得A或者B，他永远得一个D，这也很打击他积极性。

也就是暑假的时候给他报的，去了一个学期，最后也就算了，就当去体验体验。毕竟也不是每一样都能适合他，我们也是在慢慢地摸索，让他不断去尝试新的，看他比较适合、喜欢哪一个。

后来就是先学书法，书法练到一定程度之后，他手腕的力量或者其他基础也都差不多了，让他学小楷。现在网上有很多心经，就会让他先写一些小的字，小的写好了就可以画扇子了，有这个过程。老师也会和我们说的，然后我们配合。

问：他参加过比赛吗？

曹母：有，他参加过上海市儿童生肖画比赛，得了金猴奖。

问：他每次得奖回来是一个什么状态呢？会和你们分享吗？

曹母：他每次颁奖的时候是很激动，回来倒是蛮淡定的。他现在大大小小的奖项，像学校的校级奖，拿得都很寻常了，一个学年有两个学期，每个学期基本上都有。

像摄影奖、绘画奖等也都有。比较大的奖是2011年得的上海教育的一个提名奖，主要是给教育工作者包括德高望重的老师还有一些学生，它是一个集体的奖项。长宁区还有一个特殊孩子的摄影提名奖，他还到上海电视台去参加颁奖。

问：他第一次得奖回来，家人都是什么反应与感受？

曹母：我很高兴啊。上海教育年度新闻人物奖是第一次得的提名奖，这还没有入围。这个奖是各个区里的二十个人中有十个人入围，包括华东师范大学和华东政法大学的一些教授，是教育系统里面的一个奖项。

问：感觉您为了培养他的兴趣爱好付出了很多，有觉得辛苦的时候吗？

曹母：我也是帮他朝这个方向发展。可能别人会说："他已经可以画画了，几十分钟就可以完成，就没必要再继续学了，你何必再去陪。"确实，陪读一次两个小时，而我路上来回也要一两个小时。他这种是社会上业余的培训课，家长是不能进的，我也只能够在外面等着或者喝点茶，或者就是到当地的图书馆去看看书之类的。这相当于我一天中半天的时间都花在他的这两个小时上面。并且上午也不能安排别的事情，因为午饭要帮他做，等于我这大半天也是没什么用处。别人就会想何必呢，包括奶奶现在也觉得已经画到九级了，不用再继续画动漫了。

普通的孩子九级考好了，他以学业为主，将来可以考一个艺术学校，以这个为专业，就等于是加分。但是我们的孩子跟普通的孩子不一样，我们〔学画〕其实是没什么用的，同时我也花钱、时间和精力。但是没办法，这个孩子总得要接触社会，和普通的孩子也是要接触的。他们〔绘画〕班上二十个人，有三年级、四年级，还有初一的。这个老师也跟着他有五六年，我觉得不应该放弃这个机会，这也是让他跟外界接触的一个渠道。

问：您在他学习画画的过程中，会为他做些什么呢？

曹母：每次去上课的时候，我都会陪他。就比如隶书，它是蚕头燕尾，有练习的方法。老师会在课上写几个样子，回来之后我看着他练习，基本上我也能够写，但是我写得不好，因为没训练过。不过我们是成年人，理解力也可以，基本上也知道，就会让他多练习。

你练和不练是不一样的，无论你有多大的才华或者天性，无论是天才的孩子还是愚钝的孩子都是需要训练。练了以后就会有提高，画画很重要的就是熟能生巧。想要取得进步，包括成绩，其实都是需要时间、金钱、精力去支持的，当然也需要他自己刻苦训练，训练也是蛮苦的。

像他漫画考九级的时候，会有一个四联画的巨幅，要有一个远景、近景，还要有一个环境，要画出来需要的内容，还有文字说明。这些都要在两个半小时内完成，从空白到最后完成。这都需要不断训练，每天训练到十一二点。基本上，他的教育、学习方面都是我照料。爸爸因为工作，人到中年压力也比较大，基本上也不管。是我给磊磊制定计划，陪伴他还是以我为主。

问：您一般是怎么为他制定计划的？

曹母：我的计划也得随着学校的安排，跟学校配合。比如学校这次开了一个以动漫为主的画展，我就要帮他选一个合适的动漫作品，提供给老师，或者就是如果有缺的，再帮他按照指导老师的要求补画一下。

另外，如果他有比赛，我就要回去给他准备一些素材。比如以国画为主题的比赛或者是特教中心需要开一个生创展。明年狗年，那么我就要在规定的时间内，按照统一标画的尺寸，将作品提交上去。在这个时间段里，我要去帮忙联系指导老师，指导老师会根据他的特性，以动漫或者国画为主，帮他设计一个题材，老师和家长大家在一块商量。

还有学校校庆，会需要一些学生的作品。包括刚刚提到的明信片，背面都有学校的LOGO。到时候再弄两个简易的框，把作品装进去，外面要有一个包装。我们家里会准备得精致一点，不能够涂涂改改，都要给他说清楚。他还是比较听指令的，天气热的时候，学校有活动，我让他去领二十把扇子，在规定的时间里画好，交给老师选，他都会按指令做的。

问：刚刚提到的包装，这些也都需要家长自己做吗？

曹母：学校做一部分家长也做一部分。在学校里，老师自己不仅要备课、上课，还有科研项目，也比较忙，所以回家之后家长在后面帮忙操作。

学校里面会有工作室，如果外面有人来视察或者有领导来了，会看到孩子在里面画画，那么就需要磊磊画得多一些，因为其他的孩子平时动作也没这么快。

问：您把他画的作品有意识地保存起来吗？比如做一个图集？

曹母：对的，我为他专门准备了一个笔记本，是比较厚的牛皮纸，是我在猫的天空之城里面买的，现在那一本都已经画好了。有专门画盆景的，比如多肉集。他会先用钢笔把它画出来，然后再用颜料按照范例涂。还有动物的一页，有猫、狗，各种各样，也很可爱。

问：这些完成的作品全部都是自己保存留作纪念的吗？

曹母：也会送人或者义卖，也有的是放在展示框里展示，全部都是有用的。平时这些作品，他自己会整理。我们给他两个整理柜，他把铅笔和所有的画笔放在一起；所有的范例，买的书放在一起；所有的奖状放在一起，这都是他平时自己整理。

他也会自己准备一个袋子，把明信片画好后塞进去。老师也不大跟我说，

都是直接和孩子交流。比如老师会说："磊磊，这些空白的明信片拿回去画一点哦！"或者："你什么时候把画好的作品交上来？"他会自己整理在一个袋子里，然后拿去给老师，也是蛮有规律。比如学校里有一个通知，需要把扇子领回去。他会自己到老师那里说："老师我画好了。"老师也会跟我说："今天我拿到了磊磊的扇子，挺好的！"如果有不足，老师也会让画一些别的，没有问题的话就是这样。

问：需要画哪些内容，也都是学校安排的吗？还是说可以自主一些？

曹母：基本上都是他自己在百度里面找素材，自己画。在学校里，就会让他画一些鸡、狗，根据生肖来画，接下来狗年，就知道要画这些。

问：目前，磊磊还是会坚持每天画画吗？

曹母：他还是会每天画的。有时候规定的内容画好之后还会画一些 Q 版，模仿我给他在诚品书店买的 Q 版，很可爱的那种图册。从今年寒假开始，他每天画一页。还会标上时间，比如 2017 年 6 月 1 号画一版，2017 年 6 月 2 号画一版。总共有两本共两千张，就是有两千个图案，他每天可以画十张左右。

问：磊磊在这方面的主动性算是比较强的？

曹母：对的。包括在华山美校，每一次上课，他都需要画画。老师会给他布置两张作业，他每次都会把来不及画的带回来，然后继续完成。

老师每次上课，会拍一张原稿，然后就让他们画。如果画的比例不对，老师再给他们指点一下。一张是在学校里面完成，一张是带回家完成。有时候学校里面可能要搞活动，就需要拿去装裱一下。所以我跟他说画两张，老师也觉得蛮好的，基本上都是两份。

问：他双休日就上一个动漫课吗，乒乓球打吗？

曹母：乒乓球不打，他学校有一个融合活动，两周一次。融合活动是指让学校一些有兴趣的孩子，合唱团、绘画团之类的，和来做公益做志愿者的美国高中、重点高中的孩子一起互动，一起出去拍拍照。每个双休日去半天。他的生活排得比较满，这样的小孩一定要让他充实，他就会觉得每天都有很多事情。如果我和他说不要去了，他也会说我要去的。

问：在日常生活中，您也是会有意识地锻炼、引导他吗？

曹母：他们这种小孩，有的时候还是在自己的世界里面，他不会和你长时间互动，他会一个人自言自语。所以就需要我们不停地提提他，或者在我的可控范围内轻声提醒他，让他多注意一些，多和我们交流。

问：既然画了这么多漫画，他平时也会喜欢看一些动漫吗？

曹母：对的，他小时候就很喜欢看，最喜欢《西游记》之类的视频。

曹：我还开了动漫工作室，学校里面的老师给我一个人开的。我一般会在工作室里教一年级、二年级的小朋友画画，还要完成任务，需要画一些明信片、扇子、水墨画等。

曹母：动漫工作室里，现在主要是画一些纸扇或者团扇。学校会通过公益组织去义卖，20块钱或者10块钱一把，专门有爱心企业来买，最后会把款项用于教育事业。因为在他们的学习中也是需要原料的，比如空白的扇子、水墨、国画原料、毛笔等，还需要买一些器具器材。这些比较有意义，家长也会配合。他每个月都会拿几十把扇子回来，今年暑假，我们大概画了有一百把左右。

问：每次义卖，大概可以卖出多少呢？

曹母：刚开始的时候我们是都捐献出去了。现在义卖有500块、600块、1 000块，这些算比较多的。也要根据情况，像今年的天气比较热，就比较好卖。今年5、6月份我们开始画扇子，可能两个礼拜一次，组织专门的义卖日。

学校义卖的东西也很多，有精油皂，还有孩子手工做的陶艺也都会拿出来卖。他们当初办过一次活动，是在浦东进才小学，当场制作，有些小朋友喜欢金鱼就让他画金鱼，有些小朋友喜欢兔子就让他画兔子。最后大家排队画，结果就来不及了，所以后来家里就会把东西准备好再拿去义卖。

这是曹沈磊在2012年4月份地球日的时候在上海动物园画的，有一些外国人。用油彩颜料画在包上、环保袋上，当时也有一个空白的扇子就让他画了。今年6月份的时候，老外街有一个活动，也是一些幼儿园的孩子把家里多余的学习用品或者衣物拿去义卖。学校老师也报名参加，我们大概有十把至二十把的扇子也全部卖完。那时天气还不是很热，才10块钱一把，后来到7月份的时候就是20块钱一把，在浦东卖，结果也是当场来不及制作。现在就知道了，我们会在家里画好，然后再拿过去当场卖。

问：这个项目开始多久了呢？之后会一直做下去吗？

曹母：这是今年5月份开始的。天热的时候，扇子会卖得比较好。其实画这些扇子，适合在家里或者一个固定的场所，因为扇面不平，各方面要求也很高。后来，老师新推出了可折叠的纸扇，我们就到国画老师那边学习，把所有的东西都用夹子固定在本子上，画一点鱼、昆虫和水草。最后感觉也不错，很有灵动性。反正我们也是一点点地去尝试，老师说不错，我们再根据这个训练。

问：除了提到的绘画课，磊磊还有其它的课吗？

曹母：苏州的课程是学国画和书法，上海这里的华山业余美校以画动漫为主。除此之外，我会让他一个礼拜学一次乒乓。每周二下午三点半到四点半在学校里，他也有一个兴趣课，是画瓷盘画，就是在白色的瓷盘上面画一些老师教的图案。这个活动也是学校从外面请来的公益者、志愿者来上课。因为他喜欢画画，所以就让他参加这个校园活动。

周一到周五是每天上课，每周四要去长宁区的特教中心学一次摄影，这是学校推荐。专门会有东华大学的摄影老师，这个老师也是国家地理杂志社的，来给他们上两个小时的摄影课，包括怎么拍摄照片、分析照片。上课内容是一周上理论课，一周上分析课。磊磊也要在一周里面利用周末的时间到附近拍一些照片，然后把照片整理出来，拷成优盘带给老师看，在看的过程中需要向老师讲解照片的时间、地点、人物，或者是和谁去拍，在哪里拍的，拍的是什么，你想表达的是什么。

问：磊磊拍了那么多照片，他记得请吗？能够描述好吗？

曹母：他会自己带着专门的单反或者微单去公园或者各个景点拍照片，拍下来以后自己再整理照片，拿去特教中心。

老师也会训练提高他们的能力，要求他们把时间、地点、人物以及和谁去都要阐述清楚。但其实，这不是一两个月就能学会的。因为寒暑假都放假，所以有可能 4 月份拍的照片到 10 月份才能给老师，从几百张照片里面选个十来张。但是他全部都记得很清楚，"这是我在乌镇拍的"。有时候半年以前的照片，我帮他整理了，我自己都不知道。

有时候他会拍细节，比如一个鼎的照片，他知道这个鼎是在浦东的哪个景点拍的。

有一次我真的很惊讶，9 月份里有一张照片是我们去崇明的一个亲戚家，亲戚准备买别墅。别墅里面的样板房里有一只鸟，像装饰一样，在墙上，他就是拍的这个照片。回去之后把照片给老师看，老师说："哎，这个蛮有意境，是在哪里拍的？"我说："在苏州的一个博物馆里。"因为带他去过苏州的博物馆。然后他说："不对，妈妈，这是在伟伟舅舅家，高尔夫旁边的房子里面拍到的。"

问：他真的是很多小的细节都可以记得清楚。

曹母：对的，因为是他拍的，一般照片他会狂拍很多张。但是几百张照片，老师不可能全看，只会把还可以的挑选出来。我当初选了这张，还在想是不是在苏州博物馆，因为苏州的丝绸以及双面绣很多，我也一直不确定。但是他都记得住，其实他只是去参观一个新居，况且新居也不是亲戚家的，只是样板房而已。

问：是的，一般人不太会去注意这些。

曹母：对的。都是他自己去拍，我也没什么印象。他跟我说："不对妈妈，这个是在那里。"然后我才记起来。因为那时是 7 月 8 号，后来整理的时候已经开学或者已经是 9 月中旬了。

对了，还有白天鹅和黑天鹅的照片。我以为这两个水鸟是在苏州的某个公园拍的，但是他说不是，这也是在伟伟舅舅家前面的一个池子里。因为那个环境很漂亮，他就把它拍下来了，他拍的都能记住。

暑假里面去了很多地方，比如常熟、虞山公园、石公山、苏州的东山西山、还有江西的三清山和福建的武夷山等。这些照片都在这里面，我帮他挑出来，挑了大概有二三十张。

问：他是每张照片都能一一对应上地点吗？

曹母：对的。南翔的古漪园里有很多荷花和睡莲，他去那里从 6 月份拍到 7、8 月份。在那么多照片中，他都知道这个是在南翔拍的，这个是在苏州的某个动物园、某个公园拍的。

对于这点，我也是很服他，到了哪里，去过什么地方，他都能够记得。其实他也没有 1995 年、1996 年、2000 年的这种概念，他的记忆都是以几年级，在什么学校或者去过哪里、做过什么事情为节点。

我有时候问他，"你第一次去北京的时候是几年级？"他说是小学四年级还是五年级，那是 2010 年去的北京。是上海开世博会的时候，5 月 1 号我们到的北京，我们去的时候是乘飞机，回来的时候坐高铁。他还记得乘高铁的时候只有他在车上睡觉，高铁上有灯，他一个人睡一张床等等，他就全部能够记得起来。

问：细节都很清楚。

曹母：对的，我们也去过黄山。他知道他去黄山的时候是小学三年级还是四年级，黄山爬得很累。

问：他说话的时候，语言表述也是像您这样？就是我什么时候去了哪里？

曹母：因为他前面已经留下印象了。我们问他："你去过北京吗？""我去过的，我在几年级去过北京。""我和谁一起去过青岛，有一次是我和爸爸妈妈，还有一次是我和姨妈。在那里和另一个阿姨一起见面，还和阿姨带的小弟

弟一起去唱歌。"包括谁来接我们，有哪些叔叔阿姨。

去过老家河北沧州，和哪个姑姑一起去了白洋淀。"妈妈，白洋淀是小兵张嘎在的地方，我看到了小兵张嘎的铜像。"他很喜欢看抗日战争的小兵张嘎。他不能很连贯地表述出来，但是他都能够零碎地记住。这样也蛮有意思，也是陪着他一起成长认识。

问：对于拍照，他是自己主动去拍的吗？是他喜欢的吗？

曹母：对的，他自己很感兴趣。上摄影课时，老师有规定，你一定要有作品拿出来，要出去采风，否则你去上什么课呢？他就知道，不管天再热，他出去都要带个照相机。有时候我说不要带了，比如爬山这种就让他不要带了，但是他还是坚持要带。

有时候下雨了，我说不要带了，相机会淋湿。这时候他也会听你的，你合情合理的理由告诉他，他其实也会接受。有时候他觉得天气好，也没下雨，他背着相机要出去拍，那我也随他了。

有一次，他去外面拍完照回来没有充电。第二天有活动，大家都在拍，但是他相机没电了，就不能拍了。我说："你看人家都带了备用的电池，或者电都是充足的。你知道今天要拍照，你还不准备好。"我就成心激他一下。从那以后，他每次拍完照回来，都会自己去充足电。

问：每次摄影课也都是您陪着的吗？

曹母：对的！不过那时候我工作没有空，是奶奶带着一起去的。那时候就一周一次或者一周两次，老师如果有事就两周一次。下课了到学校去等他，然后再带他过去，学好了就带回来。现在是每周四的下午一点半到三点半，基本上十二点钟的时候，就要从家里到学校去接他，然后再赶到摄影的地方，不过过得也很充实。

问：磊磊参加了这么多课外辅导课，这些课程的收费情况怎么样呢？

曹母：他每次上一次课时间是两个小时，200块钱一次。苏州国画老师那边是一对一的，也是200块钱，这还是比较便宜的，像上海的话，我去打听过，要380块钱一节课。乒乓球是130块钱一节课。

问：这对于家里的经济情况而言会不会有些压力呢？

曹母：还好。奶奶也全力支持，以前也有点积蓄，爸爸也在赚一点，应该没问题。况且教育是一个重要的事，需要投入的。我想，就算我们以后给他留个10万、8万、100万的，其实他也没有什么概念。到时候，他可能就只能天天在家看电视，那会越来越颓废的。让他现在运动运动，身材保持好一点，让他更有自信了。他各方面的综合素质如果都可以的话，还是在这个该花的时段上面花，等到了三十岁、四十岁就来不及了。他现在二十岁还正是一个学习的时候。他毕竟动漫已经画了十年，现在画国画，上手也是很快的。老师说他这一年进步非常快。

我们觉得这个钱省着也没必要，将来留给他或许也不值钱，不如现在让他更加充实地打些基础。现在要多投资，你不投资学校里面的这种活动，你拿不出作品，你也不可能去成为领袖的，你要拿得出作品才可以参与。

虽然说对这种特殊孩子，应该要呼吁大家参与活动，但是毕竟上海有六万个特殊孩子。就像这次去参加的特奥领袖班，一共才十八个孩子，上海各个区的也就九个区参加，一个区两个孩子，就只有十八个人，名额也是有限的。

经费都是国家的经费，也是有限，不可能把经费拨到六万个人身上，只能够拨给极少部分人。如果你没有这些实力展示，你也是不行的呀。所以说，"我运动我快乐"，但是，快乐的根本就是把他后面的路铺好。

问：在日常生活中，为了充实他的精神世界还做了哪些事？

曹母：平时像节假日、寒暑假、双休的时候，我们都会一起去旅游，多去外面走走，我们每年都会自驾去江浙一带。曹沈磊自己也去过很多国家，日本、泰国、新加坡都去过，欧洲的希腊、意大利、法国我们也一起出去玩过。还有美国和中国澳门也都去过。

去新加坡是磊磊十岁的时候，我带他，还有一个朋友带着孩子一起去的。在那边待了十天，就是自己旅行。

问：你最喜欢哪个国家呢？

曹：我最喜欢美国，去年和上外附中、北京、温州一帮学生老师和运动员们去的美国，那边学校还有欢迎的队伍来机场接呢。

曹母：他参加的是一个中美青少年交流融合活动。

奶奶：他南到海南岛，北到漠河，东到青岛，跑的地方还是蛮多的，见识很广的，记忆力也很好的。

问：在那么多次旅游中，有没有发生一些比较有意思的事呢？

曹母：如果带他出去玩，一般他都是没有什么困难的。因为他正处于成长期嘛，爬山之类的都可以的。像我们就是衰退期了，有的时候会爬不动，就觉得很累。一般我们选择旅行的地点也是希望可以动起来的地方，我也想运动一下，像爬山、漂流之类的我们都有做过。他自己也可以独立玩的，这些项目他也挺喜欢的。有时候我们会选择海边，像青岛啊之类的，或者去爬爬山，像三

清山。如果去年去过了，我们就会选择另一个地方，总之就是多去不一样的地方，开拓他的眼界。

我们去年暑假去了成都，看了九寨沟，风景也挺美的。他每次玩的时候热情都挺高的，很听话。暑假主要是我陪他比较多，爸爸因为要上班就陪得比较少。

我们一家人一起去过香港、巴厘岛以及老家那边的沧州、天津。还有就是江浙一带离得比较近嘛，一般都是全家自驾出去，这次去了浙江长兴的农家乐。对于现在的生活，我们其实还是蛮知足的，因为磊磊也是在往好的方面发展，他也是很听话的。

憧憬未来盼政策

问：磊磊现在的学习接受能力怎么样？

曹母：老师觉得他接受能力还是可以的。现在同龄的这种孩子比较少，是和正常的三四年级的学生一起上课，学乒乓基本上和他们同步。一节课学几个动作，下一节课复习，复习了以后再有新的动作，然后把几套动作编排起来，基本上跟一个正常的孩子差不多，可能他的水平也就十岁孩子的接受能力。

你知道特殊孩子，智商在三至六岁之间的是很多的。像注意力、集中力，要保持好，才能够接受新东西。基本上教练老师也挺喜欢他的，以鼓励为主。老师喜欢他、鼓励他，他也感受得到。

问：他在不断地进步吗？

曹母：经过这么多年，他确实是在进步，以前都是比较退缩的。我参加过他们以前学校的一些活动，6月1号，开放日、活动日的时候，他就比较退缩。现在学校里老师说，哪个同学愿意上来讲一讲题目，他都举手，就是说他很向往，也很主动的。

他自己已经走出来了。辅读学校的一个老师跟我说，去年6月份的时候，辅读学校的学生到他们初职校区去参加学校运动会，老师带了一支舞蹈队过去。她说："已经好久，三四年没看到磊磊了。"他毕业了大概有三四年嘛，今天第一次看到，觉得磊磊精神面貌怎么这么好，磊磊穿了打高尔夫的衣服拿着展示球在里面展示嘛。他看到老师也会打招呼的，意思是老师你也到我们学校来了。老师说："我记得他原先从普校到辅读学校，看人都是用眼睛余光看的，都低着的，现在就抬头挺胸。"

问：目前您全职照顾他，有没有想过等他好一点再重新步入工作？

曹母：现在我已经四十五岁了，还有五年也就退休了。他再读个两三年的书也就差不多了，能够连接上了，也就没有打算再回去工作。

问：您是什么时候开始全职在家照顾他的呢？

曹母：我是2014年的时候开始不工作了，基本上以他的学习为主，和他一起参加活动。他每周有半天去长宁区一个特教中心学习摄影，除此之外还要学习书法和画画，都是我带他去的，都需要时间。最近两三年一些周边的老师和朋友感觉他进步蛮大的。大家都说有可能他的青春期也是一个飞速发展的时期，需要多一点陪伴，在他身上要花更多的精力。如果这个阶段我忙于事业或者要在工作上取得些成就，等过十年退休之后再去帮助他的话，他已经三十几岁了，等于已经定型了，不能够逆转了，这也是让人感觉很害怕的一件事情。

当初他有一个班主任，人很好的，就对我说，"磊磊妈妈，其实这孩子还可以飞跃，还可以有向上的空间。你看他画画的流线型、动作，这方面应该还可以花点时间提升。"这个老师也是一个妈妈，她是专门做特殊儿童心理的老师。老师这么说，也不是说让我去全职陪伴孩子，意思就是说要多带他出去，让他运动踢一踢足球之类的，这种释放对他的思想提升都是有帮助的。有一次开毕业典礼，老师对我说，希望曹沈磊有一个更大更好的空间，毕竟就一个孩子，以后可以少一点遗憾。

以前因为工作忙，天天有加班、应酬，没有过多的精力和时间照顾孩子。所以，我就在2013年听了老师的话，感觉确实是这么回事。回来跟他爸爸商量了一下，爸爸也说还是需要多陪伴他，家里环境、条件可以的话，我们也没有什么必要非得要现在赚那么多钱。因此我从2013年、2014年开始放慢脚步，或者自己搞点事情做做，基本上做兼职，这样就有更多的时间陪伴他，如果周一到周五我是全职的话，就没有精力去陪他了。有些特殊孩子的家长认为，要现在多挣点钱以后给他用。我的观念是要多陪伴他，因为他也不可能像普通人那么优秀。普通人的优秀就是上名校或者找一个500强公司，像磊磊我们是希望他的思想、精神世界丰富起来，以后老了能够有一个丰富的精神武装，否则他什么都不会，就只能天天对一个电视机，这样他会越来越傻的。他现在每天都很充实，也有个一技之能，以后社会越来越发展，也许之后他也可以从事他自己想做的事，或者依附在一个有能力的人后面做他喜欢做的事情，对吧？那我也不会遗憾。反而就算我现在多给他个几十万、几百万，但将来他的精神空虚的话，对他而言还是没有什么用的。

现在他的行为能力和大脑的反应能力都在不断进步，我们也感觉挺宽慰的。一些比较熟悉的家长也说，孩子的进步和我进入全职妈妈的这个角色是分不开的。

问：关于磊磊未来的就业情况您有过考虑吗？您是否了解政府为特殊孩子而设立的阳光之家呢？

曹母：我知道，不过现在我们还没有参与，因为到目前为止我们主要都是以去学校为主，先让他学习。就业方面，将来我们也是要考虑的，还是会积极参与的。我们也不能够管他到老，还是会看看他将来能够胜任哪些工作，做一些力所能及的事情。现在还是想让他和社会多接触，不能在家里长时间待着。

问：你们希望他未来过着怎样的生活呢？

曹母：我们希望他以后能够做他喜欢的事，可以快乐地生活。不过这都是我们自己想的，也不知道以后会怎么样，还是走一步看一步吧。

问：关于他的婚姻有没有考虑呢？

曹母：最起码他要自食其力之后才能考虑，如果过个几年他有所进步了，慢慢恢复，和正常人的生活、工作差不多了，那也是可以考虑的，希望他最后也可以有一个完美的人生。如果他自己工作都不稳定，那找的肯定也是不如他或者和他差不多的，水平一样的也是不行的，等于我不仅需要照顾他还得照顾他妻子，将来还可能要去照顾三个人。虽然我们都没有这方面的病，但也可能是基因突变，也比较冒险，风险比较大。就让他一个人质量高一点生活，也不一定非要走我们的路，毕竟太冒险。

问：希望国家在这方面能做些什么呢？

奶奶：最好是有相关的政策照顾他们，让他们可以自力更生去吃饭，因为爸爸妈妈毕竟会年纪大，爷爷奶奶也会老。希望国家或者政府可以根据他的能力与特长去给他一个工作，让他自食其力。我们也没有什么别的希望，就是希望他以后可以有一个保障，有生活费方面的补助。他是可以培养的，不像其他小孩是一点不能好的。我小孙子，你叫他干什么事，他都可以记牢的。最终就是希望等我们老了，我小孙子也可以自力更生，不管他有多少钞票，最后可以吃饭，够保障自己的生活就可以了。我们现在培养他也是为了这一点，希望他好，希望国家在退休金、减税方面有一定的补助。

曹母：据我了解现在可能会在单位里面给你加一个名额，给你一个编制，但是不一定让你工作，每个月拿一个基本的工资，或者有养老保险之类的。因为像他们这种情况，有一个人去上班，旁边可能需要好几个人去扶植他、帮助他。但我们还是希望他可以像常人一样去工作生活，这样他白天的时间就可以打发掉。他一天二十四个小时，睡觉也就是八到十个小时，接下来没有太多事情，业余时间还是需要自己去打发的，像我们家庭也安排不了呀，也不是家族企业。一步看一步吧，过好现在，因为就算现在考虑得再多，把脑壳考虑坏了，也是没有什么用的。

曹沈磊的教练徐梅君口述

徐梅君，乒乓球教练，曹沈磊的补课老师。

口述者：徐梅君，女
访谈者、撰稿者：王梦雅、裘潇潇
访谈时间：2017 年 11 月 14 日
访谈地点：上海市长宁区中山公园地铁站附近

问：曹沈磊是什么时候开始打乒乓球的呢？

徐：去年 9 月 1 号开始，现在基本上能够和我们对打了，等会儿你可以去看看。

他现在的思维越来越集中了，小时候可能就是一刻不停，这里动动那里动动，现在已经可以集中注意力打球，进步蛮快的。

问：有时候是不是也需要你们的一些推动？

徐：对的，也需要我们在旁边点拨扶持的。特殊孩子在逻辑能力方面比较差，他大多数只能够模仿运动的动作与姿势。技巧方面，他可能就是说，还是欠缺了一些。

问：他平时练习都是这样很有激情很开心的吗？

徐：是的，他很开心的。刚开始的时候他不会，我喂球给他，现在我们都是对打。他学得挺快的，不比正常孩子差。这里在学的几个孩子都挺好的，当然也有几个智障程度比较重的，但是通过打球都灵活了很多，所以家长也都很开心。智障程度轻的呢，我可以教得很快；程度重的呢，我呢，最起码作为教练，家长信任你，我觉得最重要的是第一要有爱心，第二要耐心。一般的正常学生，我跟他讲了十遍或是十几遍，他应该懂了的。但像有些程度重的孩子，我和他们讲了几百遍甚至几千遍，有几个孩子我就能教会了，可以和我单独对打，家长也很开心，否则他们就是坐着，有的和我打了已经两年多了。

问：他跟着你学了也快一年了吗？

徐：对，一年不到，他属于进步很快的，还是比较聪明的。带这些孩子一定要耐心，要以鼓励为主，那他们也学得很开心，也很愿意来学。学乒乓球对他们很好，一个呢是锻炼眼睛的灵活性，另一个对于这些孩子的反应还有动脑、心理素质都是很有帮助的。

曹沈磊生活观察日记

观察时间：2017 年 11 月 14 日

观察地点：家中、地铁站、星巴克、麦当劳、乒乓球训练场

观察者、撰稿者：裘潇潇

时　　间	工作内容	备　　注
14：50	曹母准备晚餐食材。	要出门陪曹沈磊打乒乓球，避免回来准备晚餐时过于匆忙，所以出门前提前准备晚餐。
14：52	从冰箱中拿出食材。	食材放在保鲜盒中。
14：53	料理盒子中的肉。	
15：05	准备出门。	出门前注意到外面天气较冷，为曹沈磊拿了一件外套。
15：07	乘坐电梯到达楼下。	
15：10	步行至小区门口，离开小区。	
15：13	步行到达地铁站。	
15：17	通过地铁安检，等待 11 号线。	
15：18	乘坐上 11 号线。	
15：20	到达江苏路，下地铁换乘 2 号线。	曹沈磊打电话过来问曹母到哪了，曹母让他到碰面的星巴克等候。
15：22—15：27	乘坐 2 号线到中山公园站，到星巴克。	曹沈磊还没有到，等待曹沈磊。
15：33	曹沈磊到达星巴克附近。	曹沈磊在星巴克外面隔着玻璃看到了曹母，主动挥手打招呼。
15：34	曹沈磊进入星巴克。	曹母询问曹沈磊是要喝 CoCo 奶茶还是吃麦当劳，曹沈磊选择麦当劳。同时曹母把外套递给曹沈磊，询问其是否感到寒冷。
15：36—15：39	离开星巴克，前往麦当劳。	曹母让曹沈磊先找位子坐下来，曹母排队购买食物。

（续表）

时　间	工作内容	备　注
15：45	曹母拿着购买的食物到位子上坐下。	
15：46—16：00	与曹沈磊聊天。	询问了曹沈磊在学校的事情，拿出了曹沈磊今天在学校烹饪课上的菜和曹沈磊的日记本。
16：01—16：12	步行前往乒乓球训练教室。	曹沈磊在前面带路，曹母跟在其后。
16：13—16：50	曹母在教室内与上节课学员的家长聊天。	曹沈磊开始训练乒乓球，曹母在其训练时会替其捡球。

我是家中的色彩

——罗亮家庭口述

罗亮，男，1997 年出生。三峡移民，现为上海松江人。轻度智力障碍。毕业于上海市松江区辅读学校。2015 年 1 月至 2017 年 4 月为松江天马山阳光之家学员。2017 年 4 月入职松江佘山工业区上海某金属科技有限公司。

口述者：罗亮及父母、亲戚
访谈者、撰稿者：朱雅文、赵婧怡
访谈时间：2017 年 10 月 3 日
访谈地点：上海市松江区罗家

三峡移民到江南

问：我们首先了解一下父母的情况，请问叔叔和阿姨是如何相识的？

罗母：我的家庭情况和他爸爸的家庭情况差不多，都是属于非常贫困的类型。别人介绍我们认识的。他老家是云南，我是重庆人，两个人年龄相差特别大，你看得出来吧？他爸爸比我大十八岁，我们俩结婚比较晚，那时候他爸爸已经快四十岁了。他家很贫困，一直没谈朋友，他弟弟说长子为大，所以哥哥要先结婚。我们俩都是因为姻缘才走到了一起（不好意思笑）。

我和他爸爸具体的结婚时间我也记不清，已经结婚二十一年了，是 1996 年结婚的。罗亮现在还没有满二十岁，10 月 18 日满二十岁。我们不是在上海结婚的，是在老家重庆结婚的。老家在湖边，因为重庆要建三峡水库嘛，所以我们就搬来上海了，当时说湖边所有居民都要一起搬走，我们很多亲戚都从老家搬来这个村子里。

我们搬过来有十五年了，是 2002 年 8 月 30 日来的上海，这个时间我记得非常清楚，不会错的。一搬过来就住在松江，住了十五年，这里就是我们的房子。当时要搬离重庆，是让我们每个家庭自由选择以后想居住在哪里的，范围是江浙沪，我们就选在了上海。

问：叔叔阿姨现在在做什么工作？

罗母：现在我们两个都没有工作，都在家，我要照顾他的爸爸。他的爸爸是脑梗，小脑萎缩了，2015 年得的病，到现在已经有两年了。一开始是他在家干活不行，家里干体力活，让他举很重的东西，但是他都举不动。我们就去医院查，查了好几次没查出来，到后面越来越严重，就干脆回老家查，在老家查出来的。

等到查出来也太晚了，他原先还不信，他到家里面偷偷哭狠①了。家里那边给他说这时候不能开刀了，晚啦！人生病了有再多钱也找不回来。具体原因我们也不知道，大概就是在老家干农活，下犁要抬棒子，抬到肩上，干重活留下了后遗症。命苦，干活干得苦呗。刚查出来用拐杖扶着也能走，现在不行啦，要来个人在后面跟着他，或者抬到轮椅上，再让我妈或者我，把轮椅撑住②，推着他慢慢往前走。

我们两个都不工作，家里收入就只能靠收房租。但是房子现在都被政府给拆了，说是违建房，都拆了，只给我们留了三间。除了房租之外的经济来源就是低保和养老金。我们家现在三口人，儿子每天去上班，就我和他爸爸在家。儿子的工资也很低，在佘山工业区上班，骑电瓶车过去要半个小时左右，每天是八点到四点，双休日休息。他的那个厂有一部分是做电梯的，另一部分是做汽车配件、冰箱配件这种小的零件。

从小记性不太好

问：小孩出生后是怎么发现他身体不太好的？

罗母：我和他爸爸结婚后多久有的小孩，这个我记不太清了，好像就两个多月左右吧，他是 1997 年 10 月 18 日出生的。他就是脑子反应得比一般孩子慢，从一岁开始就常常发高烧，体质和抵抗力都很差，小时候因为条件不好，营养也跟不上。当时去医院检查，医生说他记忆力比平常小孩子差一点，反应慢。他就是读书不行，别的都行。一直都是我在带孩子，他爸爸不管他的。

---

① 意为哭得很厉害。

② 意为扶住、控制住。

他差不多十岁才学会生活自理的，他从小和人家不一样，看得出来的。我当时心里难过也没有办法，又不能不过日子。得知孩子生病之后，我就日夜不停地照顾他。

罗父：小孩子记忆力不好都是遗传他妈妈的。

罗母：他三岁时才开始会说话和走路，那时候都没什么问题。读书的时候，大概是幼儿园吧，我们才发现他记忆力不好。幼儿园是在松江这里的天华幼儿园读的。〔小学〕读到第二年孩子都还算跟得上，到了第三年明显发现不行了，跟不上了，当时就转学了。转到专门收成绩跟不上、脾气不好的学生的学校——就是叫辅读学校。正常的学校不想要这个学生的，只可以去那个学校，这是学校把他转过去的。

问：罗亮小时候是什么样的性格？

罗亮婶婶：这边的亲戚也算是看着他长大的，他是最小的一个。他们一辈的都出嫁了，姐姐比较多。我的女儿，就是罗亮的堂姐，小时候他们俩会在一起玩，关系还蛮好的，长大就不经常玩在一起了。他小的时候胆子很小，也不和外面的孩子一起玩，就待在家里，看到亲戚都不敢说话，也不像别的孩子一样皮，到现在都还是蛮听话的，让大人省心。

问：在他成长过程中有没有觉得有什么明显的变化？

罗母：小的时候胆子小，闷着不说，现在问他问题还会回答，开朗一点。出去比赛之后，胆子大了点。大概是七八岁的时候，叔叔和他开玩笑，说警察来抓你，他就马上转身往屋子里跑，跑得特别快，然后把门一关（笑）。平时小孩在家里也不做家务的，叫他才洗。衣服都是我洗的，每天还要给老公洗澡。

最爱绘画和体育

罗亮：我的小学是在松江区天马山小学读的，小学离家里很远，当时是妈妈陪着我一起读书，在外面租了一个房子和我住在一起，照顾我，帮我烧饭、洗衣服什么的。我在读小学的时候和班里同学基本没什么来往，对那些学生也没什么印象。

小学读到二年级后明显感觉跟不上，所以老师就让我转到松江区辅读学校读书，到那里读的是三年级。那边的三年级就是重新读小学一年级的课程，相当于我多读了两年的书。那里的课程和小学的课程差不多，很简单的，读书的话我跟得上，没什么问题。

那个时候父亲还是可以上班的，他是做绿化的，是辰山植物园的环卫工人，不过做了两年后就生病了，身体就不对头了。在做绿化之前是在空调厂里做的。这些工作都是村里面帮忙找的。

我在读松江辅读学校时，学校提供住宿，于是妈妈就不陪我住在外面照顾我了，她就回家照顾父亲和顾家。我在辅读学校的学生宿舍住到初三，那时候一个寝室有七八个人和我一起住，大概一个班有四个宿舍。一个班人也不多，不过每个班都有那么几个人是住宿的。寝室生活还是很开心的，我会和室友一起分享吃的零食，我们宿舍管得也不严，可以带零食，晚上睡不着也可以玩手机什么的。

问：小学有喜欢的课程吗？

罗亮：小学时候我没有最喜欢的一门课程，觉得都差不多吧，反正读就读了呗。我那时候画画蛮好的。在学校除了体育比赛之外，还参加过绘画比赛，美术老师会把我画的画挂在楼梯间，展示给大家看。那些画是用水彩笔画的，先用黑笔了以后用水彩笔上色，你想画什么就画什么，很自由的。我当时画的是天鹅，一开始老师一直把我画的画撕掉，因为老师说画天鹅屁股不能露出来，但是我画的天鹅屁股一直露出来，老师就说："气死我了，我要吐血了！"最后是老师帮我画了天鹅，画好我涂颜色。我在松江区辅读学校读到初三结束，这个学校是九年义务教育的。

辅读学校也有回家作业，我都是在学校里做完的，不需要爸爸妈妈辅导我作业，都可以自己完成。我在班里成绩很好，还有一个女生，我们是班级成绩最好的，我是小班长。

问：什么时候开始喜欢上体育的？

罗亮：在我读书期间，我参加过夏季运动会，参加的是跑步和跳绳项目。一般是和别的班一起比赛，一个班一个人，我当时排名第四。毕业之后，那时候就不读书了，参加的羽毛球比赛。那个时候我还喜欢踢球，反正就是什么运动都喜欢一点。

在读书期间所有的课里，我觉得上体育课最轻松，初二初三的时候，体育课老师一上课就让我打羽毛球，我自己也喜欢打羽毛球。读书的时候我还获得过蛮多奖状的，什么三好学生、学雷锋什么的。奖状以前家里都有，现在都扔了，不过读书时候的书倒是都留着。

问：和同学的交往密切吗？

罗亮：我对班级生活没什么印象，我很少和他们说话，基本就和关系好一点的在一起玩，初二初三在一起玩玩手机啊，放学就待在一起玩一会儿，玩电脑，看电视。我也很少和我们班接触，他们太皮了，皮得不得了，我说话他们都不听，女孩子比男孩子稍微好一点。但是有几个同学给我留下的印象还蛮深刻的。其中有一个同学的性格很暴躁，脾气非常不好，他的家长经常和他说："你要向他〔指罗亮〕多学习，他也要向你多学习，你们两个要互相学习，共同进步。"

那时候的同学，我现在基本上都不联系了，很少联系了。只有一个，还稍微有点联系。他也不工作，就在家里待着。

辅读学校是政府办的学校，是免费的，特殊的学校，学校伙食蛮好的。初三读完之后，2014 年 6 月就毕业了，当年我十八岁。有人继续读书，有人去阳光之家，还有人上班，还有人在家。他们继续读业余的学校，专门挑一个方向读下去。

问：读书期间是否有你印象特别深刻的老师？

罗亮：有的，我的班主任，她三十多岁，教我们数学。她上课除了讲书上的内容以外，还给我们讲其他书本以外的内容。比如说书上以外的两位数乘除，会多教给我们一点知识。生活上也很关心我们，我记得有一件事，就是我和老师说我交通卡没有钱了，被她听到了，她说你把交通卡给我，我给你去充钱好了。我那时不知道在哪里充交通卡，她说没关系，等我有空给你充。

问：你和爸爸的关系比较好还是妈妈的关系比较好？

罗亮：平时和妈妈关系比较好吧，因为从小妈妈就陪我读书，我爸爸喜欢讲道理，我不听话要被爸爸打的。不过爸爸现在身体也是靠药物维持，他也不去医院复查，这个医不好的，原先还好一点，现在连走路也走不稳。现在只能靠药物维持，药吃完了之后我就拿着病历卡去给他配。以前小时候爸爸妈妈不上班，一家人也不会一起出去玩，我们很少出去玩。

比赛得牌很自豪

问：你是怎么接触到全国特奥乒乓球赛的？

罗亮：我和全国特奥有两次接触，第一次参加了比赛前的集训，但是没有选我去比赛，第二次才选我去比赛的。第一次比赛办在四川成都，我参加了集训，但是那时候我刚开始，不太会打，没让我去比赛。这是 2015 年。

2016 年南京的比赛我去了，教练选了我。阳光之家推荐我去打乒乓球的，因为这是乒乓球专项比赛，所以我也不能选别的项目。其实我一开始是不会打乒乓球的，2015 年开始训练的，主要就是不停地练和打。训练的时候是一个星期打一次，打半天，打了一个月左右，阳光之家安排了教练教我们，教练不是阳光之家的教练，是专门请了教练教我们的。阳光之家带我去了华阳桥学校，靠近车墩影视基地那里。阳光之家和这个学校相当于有对口合作，松江区其他特奥项目的选手们也会去那里训练。一开始我觉得乒乓球蛮难的，不过打到后面就觉得还好，不是很难。

老师带我训练的时候要求很严格的，很凶，我们练不好，老师会直接拿乒乓球打过来，我也不知道哪里打得不好，后来老师就和我讲哪里有问题。有时候不想练的情绪也是有的，但还是坚持下来了。一开始训练感觉腰会不太舒服，因为一直弯着打乒乓，不过习惯了也还好。比赛的时候有点紧张，比赛前也没有想过自己一定要拿个名次。

罗母：我儿子拿了奖牌回来后，他也不怎么吭声，不过家里也没什么大的变化。拿了这个奖之后，国家或政府也没有给什么奖金。南京比赛也是阳光之家推荐他去的，区里面的残联协会让他去的。

问：南京的比赛成绩怎么样呢？

罗亮：最后我得到的名次是个人第一名和混合双打的第二名，混合双打就是一个会打乒乓球的人带着一个不太会打乒乓球的人打，这种比赛基本都是这样，那个人打是会打，就是打得有点烂的。打完乒乓就觉得，好累啊。在比赛期间，需要打比赛的时候，会有志愿者来叫我，不需要的时候我就休息。

所有的体育项目中我最喜欢的是羽毛球，第二就是跑步。当时训练的老师也跟着我们去南京，他就比较关注我们打乒乓的细节，会在旁边做一定的指导。教练给我们训练的时候也蛮凶的，也没太表扬过我表现好，他就是怕一表扬我们，我们就骨头轻①，不好好训练。

问：还记得和你一起训练的同伴吗？

罗亮：一起训练的时候也有接触到其他的同伴，有几个也是阳光之家认识的人，不过现在我们都没有联系了。有一个辅读学校的同学关系蛮好的，从我刚转到辅读学校我们就是同班同学，现在一直在聊天，以前他也来过我们家玩。不过他毕业之后就在家待业了，一直待在家里，也不上班了，他家住在叶

---

① 意为骄傲自满。

榭镇上。偶尔会来找我一起玩。

问：拿了金牌特别开心吧？

罗亮：拿了金牌、银牌之后我真的很兴奋，心里也觉得自己和之前不太一样，觉得自己还挺厉害，我爸妈也觉得很开心，也蛮为我自豪的。

问：比赛前会不会非常紧张？

罗亮：有点紧张的，训练时晚上会想白天训练出错的地方。

问：拿了金牌之后家里人有什么反应？

罗亮：拿了金牌后家里人也没有庆祝一下，没什么特别的表示，就很平常。

罗母：他参加比赛的时候我们都没去，单位都不让我们去，只让小孩子一个人去，所以也没看到他拿金牌时候的样子。

领袖集训开眼界

罗亮：集训都是在松江集训的，内容就是画画、语言、自我介绍、跳舞等，也会教我们打乒乓，就教了半天。乒乓球和轮滑都是教练给我们训练的，其他的是在外面找的老师给我们上课。乒乓球教练就是华阳桥学校的教练，轮滑的教练是松江区的一个教练。在松江我们是集中住在佘山的一个酒店，两个人一个房间，一起集训的伙伴都是从每个阳光之家里选出来的，阳光之家是每个镇有一个。

问：还参加过运动员领袖培训吗？

罗亮：2016年我在参加全国特奥乒乓球赛之前，先参加了在济南举办的运动员领袖培训营，一共是五天，这个活动是阳光之家叫我去参加的。这活动的性质我也不知道是什么，具体的当时阳光之家的老师也没和我说，反正我就去了。

问：记得培训运动员领袖的内容吗？

罗亮：当时是阳光之家的车先把我们送到松江区残疾人服务中心总部，我和其他被选拔出来的人一起坐高铁去济南，当时是有松江区领导把我们送上车的。其中一起去的还有在浦东的一个人，松江区去的就我一个。阳光之家当时叫我去的时候，我也不知道特奥是什么，没有这个概念，老师说要我去我就去了，我也不知道是什么，一开始我还以为是出去玩玩。

到了济南之后，运动员领袖营主要就是上课，男女分组进行一些简单的体育运动。我当时参加的课程有特奥会使命、分组实践等课程，分组实践就是分年龄来上课。在济南的五天，前三天主要是上课，而且课程安排得非常紧凑，基本就是半小时一节课。后两天我们就出去玩，最后一天的中午开了一个联谊会，就是会唱歌的就唱，会跳舞的就跳，联欢会是提前到中午搞的。我在联欢会上背诗，都是比较简单的，我记得我背的是《三字经》。然后我们下午就在周边玩，我记得很清楚我们在还珠格格拍戏的湖边走了一圈，玩了一会儿，走到吃饭的地方就吃饭。参加这个领袖营的人一起走，一个人带队一起走，走走玩玩。这次是我第一次去外地，很兴奋很紧张，出发前一天都没睡着。参加这个活动家里是不需要承担费用的，不过也没有补贴。

罗母：孩子去济南这件事，我和他爸爸是知道的，当时就想，他想去就让他去吧，放手让他去创造吧，也可以胆子大一点。他胆子太小了，让他多出去看看世界，反正只要不出生命危险就好了。现在他胆子已经比以前大很多了，他小的时候胆子很小，不太爱说话，和他老爸一样。

罗亮：在这之前，2015 年 11 月我还在崇明参加了另一个运动员领袖训练营。崇明的运动员领袖营主要也是培训，和济南的差不多。

问：你作为一名特奥运动员，希望政府再为特奥运动员群体做些什么吗？

罗亮：多点补贴吧，像我们这样很困难的。我拿了金牌后，松江区残疾人服务中心也没有给我奖金。2015 年也是特奥会，很多人都去四川成都参加轮滑项目，回来后就有奖金。2015 年我没去，2016 年才去的，也是从阳光之家选的人，就没有奖金。因为考虑家里的实际情况，我去参加比赛后家里就少一笔收入了，政府相应给一点补贴，来抚养爸妈。

问：以后还会参加和特奥相关的其他项目吗？

罗亮：我自己不想再参加特奥会这种比赛了，因为我如果参赛的话就只有父母两个人在家，我很不放心的，而且家里也没有我的一大笔经济来源了。妈妈是尊重我的意见，我如果想去的话她是支持我去的，但是不管怎么样家里还是要开销和吃饭的，总是要以上班为主。

罗母：现在他一个人上班，我们三个人吃饭。他老爸也不太能走路，只能用轮椅推出去走走。

我是父母的支柱

问：学业完成之后，你工作了吗？

罗亮：我读书读到2014年6月份，在家待了六个月左右，等到2015年1月4日，我就去松江天马山的阳光之家上班了，这是村里推荐我去的。来阳光之家这里的残障人士基本都是上午上半天课，下午劳动，简单地干点活儿，很轻松的，我的工作内容也很轻松，在阳光之家上班有补贴。来阳光之家的很多人都是身体有些残疾的，每天有班车接送他们来回。我一周上五天班，周末休息，从早上八点上到下午四点。

问：特奥乒乓球赛结束后，你继续工作吗？

罗亮：我在2016年参加完特奥之后就回到阳光之家继续工作了，在阳光之家我从2015年1月份工作到2017年4月底，我就不做了，因为我觉得那里工作非常无聊。

问：你在阳光之家待了两年三个月，觉得阳光之家有需要改进的地方吗？

罗亮：我觉得阳光之家的人员管理方面需要改进，比如说上课时老师都不怎么管学生，没有纪律性。学生自律性非常差，在课堂上表现得太随意。

之后阳光之家的领导就给我介绍别的工作。我现在在松江佘山工业区的一个工厂工作，这个工厂叫上海某金属科技有限公司，招收残疾人的。在阳光之家每个季度，也就是三个月的工资才2 000多一点，我现在在工厂一个月的工资就有2 000多。未来的打算是好好上班，到明年看一下有没有工资高一点的工作，换一个单位，改善家里的情况。

问：拿到工资之后感觉怎么样？

罗亮：从学校毕业后拿到第一笔工资的时候还是很开心的。我的工资不给爸爸妈妈的，妈妈说我以后还要养家，还要结婚，让我把钱留着当老婆本。家里的开销都是靠房租，吃饭一个月也就两三百块钱，有时候家里还要吃酒①，送礼，钱一直是不够的。但是假设家里爸爸妈妈的钱不够家用了，我是愿意拿出来做家用补贴的，再怎么也都愿意，这属于现实意义。

我自己存钱的话以后也有打算，我想存钱以后买一部车，但是车又养不起，工资太少了，所以我才想换一个工资高一点的工作。现在的工作内容就是拍照，别人如果想举报这个公司，可以把我拍的东西查出来给他们看的，可以证明他们说谎。我也有自己特别想从事的职业，我想开车，做司机。感觉不累，很轻松。

问：平时和同事关系还好吗？

_____

① 意为参加别人家的筵席。

罗亮：我和同事之间也没有关系比较好的，我的很多同事都不如我，我还算是比较优秀的。只有一个男孩子关系还可以，我们一起在佘山的工厂工作，他也是残疾，脚不太好。大概是今年5、6月份吧，有一个星期我一直送他回家，他中午也会带很多菜来叫我和他一起吃。现在我们已经不在一起工作了，不在一个区域工作，不在一个部门工作。我们工作的工厂是私人老板的工厂，不是大企业。

问：平时不上班的时候有什么兴趣爱好吗？

罗亮：平时不上班的时候就看电视、玩手机什么的，村子里都没有人和我玩。平时玩手机就是玩QQ，上微信。最喜欢看足球比赛和篮球比赛，我喜欢上海上港，踢得十分精彩好看。要不就是看新闻，要不就是看足球。

罗母：他从小就是这样的。他是家里最小的，没有人陪他玩。其他小孩都到外面去读书或者工作了，他的兄弟姐妹都住在这边，我们都是一块搬来的，他们就住在我们的隔壁，平时也有走动，互相有个照应。老爸有个姐姐在湖北，嫁到湖北的，今年清明之前回来过，现在也六十几了，老了都走不动。

问：家里有没有考虑过孩子的婚姻问题？

罗母：他现在还小，我也没怎么考虑这个问题。

罗亮：小也不小咯，现在可以谈了。我想找个女朋友，不过还是看缘分。对另一半的要求就是，身高一米六几，性格好一点，要孝顺，会照顾人，性格内向点。真的有了自己家庭后我要更努力工作。

问：我们到这里就结束了，谢谢你们接受采访。

飞舞的篮球带起美丽的梦想

——W女士母亲口述

W，女，1997年出生。独生子女。智力障碍三级。2017年6月毕业于云南省昆明市五华区新萌学校。

口述者：W母亲
访谈者、撰稿者：罗雨
访谈时间：2017年10月14日、12月11日
访谈地点：W家

漂亮的小公主

问：您好！请谈谈您是怎样和孩子爸爸认识并组成家庭的？

W母：我们俩是同学，他在一家建筑公司工作。我们是1994年结婚。

问：W是在哪一年出生的？

W母：1997年，在昆明的妇幼保健院。

问：您还记得生孩子时的情形吗？

W母：W是顺产。生出来可漂亮了，小护士一直抱着她。（笑）生出来就拿给我自己抱着了，哇哇地哭。（笑）

问：小时候和正常小孩有区别吗？

W母：婴儿时期很正常，我们像一般家庭一样带小朋友，逗她，跟她说话。她说话说得很早，识字也识得很早，她两岁就开始识字了，就可以看报纸，所以也不觉得她有什么。我只是觉得她和其他孩子有两点不一样的情况，第一点是我女儿不会跳。一般小孩子会站立的时候，把她抱在腿上，她会很开心地跳，但她不会跳。第二点是她从来不玩藏猫猫的游戏，我们喜欢"嘚"这样逗小孩，但她不喜欢她害怕。我也觉得奇怪，一般小孩子很喜欢大人这样逗

着玩，她不喜欢，那种表情一看就是怕得不得了，所以我也就不再逗她。另外，她两岁左右的时候还特别害怕海洋球，上幼儿园时特别害怕竞技类游戏，比如赛跑。

后来我买了书，书上就说这种孩子的特征就是从小不玩藏猫猫游戏，我就对上了这一条，其他的都还好。她小时候特别好动，大家都说好动的孩子才聪明，她也确实聪明，她不属于特别严重的情况，她属于一个临界状态，IQ 有一个 70 分的线，70 分以上是好的，70 分以下是差的，她就刚好在线上，属于临界点，所以她其他方面都还好。

问：最后认定成哪个等级？

W 母：她是三级。

问：认定后，医生有没有对你们提出什么建议？

W 母：再生一个。（笑）

问：你们没有采纳？

W 母：没有，当然医生的说法也是有道理的。那时我们也没遇到过这类型孩子，也没可借鉴的治疗方法。后来到处寻医问药，总结是脑子出了问题，没药可医的，不过通过康复锻炼进行干预和治疗，对孩子各方面是有改善和帮助的，这类孩子是需要终身康复的。

当时针对这类孩子的康复训练机构也不知有没有，我们是没有找到，我就自己看书找训练方法。后来我嫂子说有一个地方很适合 W，我就把她送到一个叫"梦想园"的机构里去做感统训练，这个训练非常好，适合所有孩子，不仅仅是他们这一类孩子。她做了感统训练后，就比较好了，她学会了跳绳和拍球，慢慢地她就不会大吼大叫。我家楼梯灯是声控灯，一吼就全部亮，她小时候每天走到家就"啊"大叫一声，一栋楼的灯都亮了。（W 和母亲皆笑）去到地下车库，一进去她可能是害怕或是其他什么原因，她就大叫。做了感统训练后，这些行为全都没有了。然后很自然地开始数数，之前她数数也是怕，她没有数学的概念。做了感统训练后，她有很明显的进步。我觉得只是做晚了一点，我们去做感统训练的时候，她都十岁了。她四岁的时候去过一个月，之后就没有去了，直到十岁才又去做的。

问：四岁的时候没有做下去是因为什么？

W 母：经济条件不允许，费用还是高的。还有，当时觉得她也没有很明显的问题。我是自己看了很多书，书上说像这种孩子十二岁之前是最佳的康复时间，所以到了她十岁的时候，无论如何我都一定要送她去做康复训练。

那时她的小手是没有力气的，比如她扣纽扣，系红领巾，系鞋带，特别是最开始学扣纽扣，她的手就像冬天冻僵了一样，不听使唤。但是她有一点好，就是一旦大人教她了，她就要自己做。有的时候我嫌她太慢了，我就想去帮她弄，她不要我给她弄，我一去给她扣，她就把我弄开，她一定要自己扣。学这些不是教一次两次，要十遍百遍地训练。W还比较好一点，还算学得比较快。

问：你们教她后，她是从什么时候开始能够生活自理了？

W母：像穿衣服这些，倒是跟同龄的小朋友也差不多，但是要说独立的生活还是不放心的。

问：您平时会让她做家务吗？

W母：会，让她学买菜、炒菜、拖地、抹屋、淘米和煮饭等。

问：认定三级后，家里其他人是什么反应？

W母：没跟家里人专门说残疾鉴定这件事，我姑娘做残疾鉴定是在后来。之前说她精神发育迟滞，是五岁多。当时刚好去检查她的癫痫，精神科的医生看了我姑娘以后，就在病历本上写了一个精神发育迟滞。我说："什么叫精神发育迟滞？"年轻小医生可能也有点不忍心跟我直说。我说："你告诉我，这到底是什么呀？"他说："哎呀……"（W母对W说："宝贝，你去给妈妈拿一下水杯。"）他就说："大姐，就是弱智。"（W母很小声）哎呀！我一下就觉得怎么这种啊，五雷轰顶，不可能吧，我姑娘怎么她也不是……（W母对W说："好，谢谢。谢谢给妈妈倒水啊。"）不可能是这种事情，我就有点不太相信。所以我才跑到书店去买的书，她有很多情况〔和书中写的症状是一样的〕，比如藏猫猫游戏她从来不做，就是其中之一，还有之前说的那些异于其他小朋友的特点，所以脑子还是差着点。鉴定是因为办残疾证需要做，还有上学成绩不参与学校的考核需要做。我姑娘的情况家里人都了解，她简单单纯，情商很高的，很会说话，家里人都很喜欢她，很爱她，其实她很幸福。

问：认识到她有问题后，您对她未来的生活有没有什么想法？

W母：表面上看我是接受了，但是内心还是没有接受。当时为了进一步确认她癫痫，又到医院去做磁共振看大脑，大脑神经内科的医生说："这个孩子在数学、逻辑思维方面，你们就不要要求她了。"可能从大脑来看，她那一块发育是不太好的，其他都没有问题，就是数学、逻辑思维方面不要做太多的要求。所以后来我就不再要求她做数学了，只是做语文，她就写日记，写作文。

从普小到特校

问：她是几岁上的幼儿园？

W母：幼儿园是一直都上的。

问：她和同学们的关系相处得怎么样？

W母：上幼儿园、上小学的时候都有处得好的。上幼儿园的朋友，因为后来大家都在各个地方，又不住在一起，没有太多的联系。现在有联系的就是一起在特校的这些同学，他们自己有一个群，互相聊天。

问：幼儿园毕业后，直接上小学吗？

W母：没有。上小学报名的时候，校长发现我女儿有些问题。学校接受她上学后，我又想她确实也有点小，还没有满七岁，本来心智发育就晚，我就想再晚一年送，那一年就没有上小学。就给她找了一个民办的幼儿园去上，第二年才又去的这个小学。上小学遇到了非常好的校长和班主任，班主任视她如己出，是我们一辈子都要记在心上的老师。

上到三年级，教导主任找我谈过几次话，说不行的话就把她转到适合她的学校去。有一次说她的成绩不参与考核的话，要有一个智力测试送到学校去，70分以下才可以不参加考核，如果70分以上，她还是要参与考核的。然后就带她到云大医院去做的智力测试，第一次做的测试她就是在临界点，是70分，后来因为她这个分数，她的成绩还是要参与考核的。我们又带她去做了一次能够不参与考核的分数。后来我们就转学了，转到特殊学校去了。

问：她读小学时，你们接送她吗？

W母：二年级之前每天都要接送，她单纯，胆子小，没有自我保护能力，所以必须接送。后来也锻炼过让她自己去，她也可以的，但是我几乎还是天天接送。

问：她读小学时，喜欢哪门课程？

W：语文，自然。

问：她读书时，你们是怎么对她进行课后辅导的？

W母：做作业是一定要在旁边陪着她，主要是我陪她。语文不用太多辅导，主要是数学，想尽各种办法，数棍子、数糖、数花生米。教她识字的过程是我带她出去，走到哪里就在地上捡石头写两个字给她，她就认识了。她也会

217

"搬家"①，出去外面，看到的字她是过目不忘的。打球运动这块，我说："老师怎么教你的，你就教我。"她又教我，我们就在球场里练习。

问：她小学有没有表现比较突出的方面？

W母：喜欢写作和唱歌，普通话学得好。她班主任老师是学音乐的，会一边改作业一边唱歌，那个时候他们一个班的同学都很喜欢唱。

问：能谈谈在特校的情况吗？

W母：从小学转学后就一直在特校了，2017年6月毕业的，她在特校也是正常的九年义务教育。

特校有教数学的方法，又开始教她数学，关键是教她用钱。他们是不喜欢钱的（笑），给她钱她也不要，从来都不要，这类孩子有部分都这样，不喜欢钱。教她用钱，我们做游戏，比如我把那些钱放好，让她卖东西。玩这种游戏她也很怕的，一开始玩的时候她就对游戏角色搞不清楚，比如我说："哎呀，我看你这个东西挺好，我要买一个回去送给我的女儿。"她就开始哭，她就不玩了，哭啊哭，我也不知道是什么原因，可能她就分不清真实生活和游戏。慢慢我也就不再跟她玩这样的游戏，又换方法，我说："我当营业员，我来卖，你来买。"她又开始学着买，拿着家乐福打折的宣传册，比如油，18块9，好，撕下来，就假装我要买油，就让她数钱，先数10，再数8，10块是多少，8块是多少，就这样做，现在她用钱还是可以了。

在特校主要学习个人生活自理，和未来生活、工作中实用的技能。特校老师培养她当了学校的小播音员，她的自信心得到很大提升。她在特校特别喜欢上电脑课。另外职前老师会带着特校学生去沃尔玛实习。特校校长非常好，她一直努力要办一个职业高中。所以W很幸运，初中毕业时，学校就有了职业高中，她就去读了三年的职高，和职业一中是联合办学，上学还是继续在特校上，但是学籍是归职业一中的，所以现在她的学历比我还高，她是职高生。她学的美术设计与制作专业，是针对他们这样的孩子开设的课程，让他们这三年可以学习新的知识，同时又有一个地方可以去。她初中毕业就十五六岁，去工作也不可能，本身又这种情况，所以能在学校多待三年，毕业就十八九岁，有的孩子就二十岁左右了，毕业大一点要好很多。她就读到职高毕业。

问：三年职高，主要学的哪些课程？

W母：主要学手工、绘画、色彩，还有职前教育，学习如何找工作、填

_____

① 搬家：方言，指她学过的字，换了地方也认识。

写求职表、如何应聘面试。要说他们学了出来，能够用这个专业去从事一个工作，可能还是困难。

问：在她的成长过程中，您是否感觉到她有特别大的变化？

W母：还是有，她还是越来越好，开始懂事，会想一些事情，话题也多了。

特奥带来成长

问：您是怎样知道特奥运动的？

W母：就是去了特校后才知道的。他们学校有一个非常了不起的老师，体坛风云人物代建荣老师①，遇见代老师真的是很幸运，代老师训练她学习定点投篮。我这时才知道有特奥运动，她就开始跟着代老师去参加比赛，我也才开始带着她去学游泳，学打乒乓球。

问：她主要训练哪项运动？

W母：实际上她游泳游得非常好，但是我们时间不够，没有时间带她坚持去做训练。在学校，老师一直训练她定点投篮。

问：哪一年正式加入特奥运动的？

W母：（起身去拿奖牌和证书）2011年11月，参加东亚区的特奥篮球比赛。

问：这是她第一次参加比赛吗？

W母：对，在湖北。

问：您说说她参加这次比赛的经历。

W母：老师就通知让我们做准备，也没有要求我们要怎么样训练她。她放学回来，我就带着她找一个球场去投一下篮，但是也不清楚要求，也不知道比赛规则。那是她第一次离开我们，坐火车去武汉。那一次比赛主要是男生比赛，女生只有她一个项目，学校配了一位女老师跟着，专门管她。老师回来说，她的成绩还是一般，因为她也是第一次去。

问：参加比赛时，她会紧张吗？

W母：前期会有一点，后期慢慢就好了。总的来说，她属于很淡定那种

---

① 代建荣：昆明市五华区新萌学校体育教师，W的教练。代建荣老师的口述访谈收录在《这一次请听我说·特奥体育教练卷》。

性格（笑），宠辱不惊。当然作为母亲，我还是希望她的荣誉感要强一点，她也就是那么一会儿，过了就过了，她也不显摆，她也不去争，有她就去，没她就算了，她也不生气。

问：她跟特奥运动员相处得怎么样？

W母：云南这边出去参加比赛的都是学校的同学，大家都处得很好的。他们集训和参加比赛的这段时间都必须自己照顾自己，独立生活能力得到了锻炼，比如每天要洗澡，衣服裤子要自己洗了，晾干。没想到第一次离开我们，她很能干，也会管理自己。现在他们同学偶尔也会约她去打球，只是让他们单独出去，我们不太放心。

问：她回来后和你们讲比赛情况吗？

W母：讲，她出去是很高兴的，男孩子比赛的时候她就在旁边看，给他们鼓掌加油，到她比赛的时候那些男生又来看她比赛，给她加油。比赛后，她进步很大一截。老师也会告诉他们第一次离开家，回家要给爸爸妈妈带点礼物。他们每个人就去选，给家长带一份礼物回来，是成长了不少。她独立生活的锻炼其实也是从参加特奥运动开始的，老师带着出去比赛。

问：代老师平时是怎么培训她的？

W母：代老师带年轻老师，年轻老师又带孩子们，孩子全部都在学校做训练，就是老师们一点一点教，不停鼓励训练。一个孩子一个孩子发现，争取让每个孩子都有机会参加比赛。在学校每天是要跑步的，参加大型比赛前有集训，有一次把他们送到体育训练中心，在那里吃住40天，一直在那做集训，我们只是定期去探访，孩子们成长很多。

问：她第一次参加比赛回来后，您说她有很大的进步，具体是在哪些方面？

W母：她变得喜欢运动了，心智也在不知不觉中长大，有荣誉感了，特别喜欢穿队服，之前是不爱动的，得过且过，觉得自己这个也不行，那个也不行。参加比赛后，回来就比较爱动，晚上喊她出去走一走或者去跑一跑，她都愿意了。现在，又懒掉了。（笑）

问：除了参加比赛，她还参加过哪些由特奥组织的活动？

W母：参加过两届特奥联谊会。联谊会是不以竞技为目的，大家重在参与，哪怕去徒步也很好。

问：参加完这些特奥活动后，对她产生了怎样的影响？

W母：首先肯定比以前自信了，这种孩子胆子小，自我保护能力很弱，参加完活动后胆子开始慢慢大起来，她觉得你行我也行，她也可以，比以前自信多了。交流、交际能力也提高了。

问：您对孩子参加特奥运动有什么看法吗？

W母：我觉得非常好。通过特奥运动，让孩子们多一个体育方面的兴趣爱好，去锻炼自己，当然能参加比赛就更好，但是我们参加体育锻炼的目的，不是非要去参加比赛，能去是最好，不能去也没有关系。像我们这个特殊群体是非常喜爱特奥运动的，我觉得特奥运动是值得被尊重、被推广的。由特奥运动又开展比如像特奥联谊会，特奥联谊会能让更多的孩子参加，孩子们可以到处走一走，看一看，长长见识，对身心和接触社会都非常好，同时也让更多的人了解他们。

问：您认为特奥活动有什么值得改进的地方吗？

W母：我觉得已经非常好了，只是希望政府相关部门能够重视云南的联谊活动，因为联谊活动搞得非常少，这个是需要改进的。联谊会不是竞技类比赛，很多孩子都可以参加，哪怕走路需要搀扶的孩子也可以参加，这是特奥精神——重在参与，当然也是需要我们去呼吁、去倡导，现在搞一次活动也是比较艰难。

问：她今年6月份毕业后，您还希望她继续参加体育锻炼吗？

W母：当然，现在就每天晚上我们俩出去走一走，星期天适当带她去游泳，体育锻炼有益身心健康。

未来的隐忧

问：您听说过阳光之家吗？

W母：听说过，昆明的第一个阳光之家，也是我们家长组织去推动的。当时"十二五"计划，要求做"阳光家园"，我们就到五华区残联去找理事长

谈这事。其实五华区残联已经在着手做这个事情了，我们去可能起了催化剂的作用，所以很快就成立了，现在还在羊仙坡那里。

问：她去过阳光之家吗？

W母：没有，她没去过。但我带她去参加过活动，那也是两三年前的事了。现在还不考虑让她去阳光之家，主要不太适合她。

问：昆明现在有没有专门设立帮助智障人士就业的机构？

W母：据我所知没有。

问：她现在有工作吗？

W母：没有。

问：您对她未来的工作有什么打算吗？

W母：我希望她能到图书馆去上班。因为她很喜欢看书，她识字，基本的工作我觉得她能做。我希望工作的地方，能真正了解他们，接纳他们。她去吃苦是可以的，但是她去受歧视，或者是被当没用的廉价劳动工人的话，我情愿她不去。很多地方，哪怕工资不给都可以，给她一个工作的机会。像我姑娘可能她本人工作的意愿没有那么强烈，所以现在我着重告诉她一定要工作，一定要养活自己，让她有想去工作的动力。他们老师在做问卷的时候，就问她想不想去工作，她就不想，但是如果有同学跟她一起，她愿意，她一个人她不愿意。现在暂时去过昆明慧灵大龄孩子服务机构体验一下日间机构生活。

问：对她的未来，您有打算没有？

W母：我就自己带着她了。我不太希望她有家庭，我觉得她还是自己一个人比较好。

问：您希望从政府、社会各界那里获得哪些帮助？

W母：首先是政策上的支持，希望政府对他们的工作问题有帮扶政策，已有的福利政策要落实。像我们的孩子，她的治疗、康复费用全部都是我们自己承担的，我们之前挣的钱几乎都用在孩子身上了。慢慢地我们也老了，挣钱的能力也下降了，之后孩子要怎么办？政府肯定要有好的政策，扶持他们，我们自己当然也要自食其力，能够工作养自己。另外希望社会上的企业，能提供一些岗位给他们。其实我们这样的家庭，家长都很努力，没有办法的，很多家庭都是一个人工作，负担全家费用，压力是非常大的，担子是很重的。很多孩子有一些并发症，治疗和康复都是很大的问题。本身有这样的孩子，家长心理负担非常重，更谈不上什么生活质量。政府、社会大众和我们自己一起来努力，给自己给孩子一个安心的未来。

问：现在 W 享受政府的补助吗？

W 母：他们的城镇居民医保卡，是政府出的钱，一年 100 块，她还享受着爱心卡，坐公交车不要钱，有的公园也不要钱，持残疾证的免票，其它就没有了。确实对我们来说，压力还是很大的，她能有一份基本的保障就很好；如果她有工作，能自食其力更好。

问：您希望国家在帮助智力障碍人士上有哪些举措？

W 母：首先，经济方面，在他们没有工作、不能养活自己的情况下，给他们提供生活保障。第二，加大对认识了解心智障碍人士的科普宣传，认识生命的法则。有人就有残障，不过是 7％的人士，承担了 93％健全人士的残障风险，这是生命的另一种诠释，很正常很普通，要尊重生命的多样性。第三，希望国家尽快完善保护心智障碍人士的相关法律法规。让他们有尊严地融入社会，和大家一样地生活，一样地工作，这样是最好，提倡社区化服务。（叹息）需要整个社会文明程度的提高，从而认可、接纳、尊重他们。我看到很多报道比如黑工厂和不良机构，欺骗心智障碍人士，就很担心，这些事件因法律制度不完善、监管不力而发生。

问：现在生活上有什么烦恼吗？

W 母：没有安全感，还有经济方面，当然更多的担忧就是，我们要是不在了，她怎么办？

问：对未来是怎么打算的呢？

W 母：还是培养她能够独立自主生活，能照顾好自己，有个工作，像普通人一样生活。我认为我女儿苦一点没有关系，如果将来她受了委屈，我只希望有一个人可以抱抱她，跟她说没关系，我们谈一下就好了。（哽咽）

问：您对您自己未来有什么打算吗？

W 母：好好活着，养老也要带着她一起啊。（笑）

问：今天的访谈就差不多到这里，谢谢你们的分享。

W 本人口述

口述者：W

访谈者：陈俊岚、罗雨、张磊

撰稿者：罗雨、陈俊岚

访谈时间：2017 年 10 月 14 日、12 月 11 日

访谈地点：W 家

问：你是哪一年出生的？

W：我是 1997 年 12 月 18 日出生的，属牛。

问：能讲讲你上学的经历吗？

W：在学校，有些人可能觉得我〔学习〕跟不上他们，就取笑我。小学的时候，其他人觉得我可能有一部分比他们差，他们就在那里说我。画画的时候，他们说我画得一点都不好，老师过来他们就赶快转过身去，不说了。但是我就想随他们怎么说吧，反正只要老师觉得我画得是最好的就行。

问：你最喜欢的老师是谁？

W：王玉铃老师。

问：小学的时候，有没有玩得比较好的同学？

W：有，女生大部分会跟我玩，但是男生就不行。

问：你更喜欢在哪个学校上课？

W：还是在特殊学校。

问：为什么？

W：因为特校老师宽容、包容，喜欢每一个同学。而且每天下课后，操场很大，教学楼也很大，我们就到处跑。

问：在特殊学校，最喜欢的老师是谁？

W：教体育的唐老师。

问：你跟他之间发生了什么有趣的事情呢？

W：没有，就特别喜欢唐老师。唐老师说，喜欢他还不好好上课，我就开始专心。（笑）

问：没有好好上课的时候，你在干什么呢？

W：我在神游啊。（笑）

问：回家后，会跟爸爸妈妈分享你在学校里面的事情吗？

W：分享。爸爸妈妈还是好的，因为他们说在学校里面不管是开心的事，还是不开心的事，还是生气的事，还是难过的事，都要分享出来，说出来给他们听，一起想办法把事情解决，然后大家就开心。

问：可以举个例子吗？

W：有一次，在学校里面那些男生很调皮，上课的时候课桌椅有点响，我也不是故意发出声音的，那些男生就打小报告，我心里就很难过，回家就说嘛，说出来我心里就舒服了。

问：在特校的作息时间是怎么安排的？

W：老师会让我们把课先上完，中午吃完饭，睡午觉，下午起来训练。

问：你是从什么时候接触到特奥运动的？

W：从老师带着我们。

问：最开始接触的是哪一个项目？

W：篮球。

问：教你打篮球的是哪位老师？

W：一位是唐老师，一位是代老师。

问：他们分别教你什么？

W：都是教篮球。唐老师很幽默，有时候他就是想活跃我们课上的气氛，就拿幽默的话来逗我们，让我们开心点，不要很严肃。（笑）

问：对代老师的印象呢？

W：代老师还是很好的，他说尽量慢慢跑，不要急，一步一步来，如果速度快的话会摔跤，很关心我们。有一次快走，我就摔倒了，是我同学把我扶到椅子上，摔青掉，起不来，我们代老师就去医疗室拿气雾剂喷，还是有点疼，我就咬着牙没有说。

问：平时都是怎么训练的？

W：先围着操场跑两圈，把全身运动开，热身够了，就训练篮球，先是原地拍球，然后就投篮。

问：每天要练多久？

W：该上课就上课，下课后，我们一直在训练，放学后又再练会儿。

问：可以详细讲讲你们训练的过程吗？

W：每个动作要到位要标准，我的优势就是手长，虽然速度不行，但是投篮、接球很好。有一次我们打篮球，有些篮球打得太高了，差点要砸到我们老师，老师就说："你们拿篮球砸我干什么，我跟你们有仇吗？"我们就在那里笑。我们学校有特殊的奥运会，我们就在那里比赛篮球。哎呦，我们那些男老师带着打篮球的那些男同学出来……那种气势……我们女生就在那里叫。（笑）

问：训练很累吧？

W：刚开始还是累，但是练着练着可能身体就适应了。

问：你觉得最辛苦的训练是哪一项？

W：互相跑着接球，可能对我来说有一丁点费力，如果是男生女生双方互相接球，可能速度就跟不上。

问：你跟不上会想什么方法去解决呢？

W：如果我速度不行的话，就跟老师要求能不能换一个〔搭档〕，尽量不要跟速度快的男生配合练习，跟女生的话会稍微好一点。

问：训练完了就回家还是做什么？

W：如果想训练的话再训练，不想训练的话可以先回去。回到家，要记记那些动作，比如在床上会想着自己在投篮或者在接球，明天再接着训练。一直循环直到记住，到比赛的时候才不会忘记动作，在场上慌乱。

问：在训练过程中，想过放弃吗？

W：没有，因为我们代老师说咬牙坚持就是胜利。

问：在集训的时候没有妈妈在，你是怎么照顾自己的？

W：第一次跟爸爸妈妈分开，还是有丁点儿难过，但是想就当作自己的一次磨炼嘛，一个晚上过去了，就一直在那儿想问题。

问：集训期间，爸爸妈妈第一次去看你，你高兴吗？

W：很高兴，因为他们看见自己的女儿长大很多。（笑）

问：还记得当时是什么情景吗？

W：我们比赛完，回到房间休息，看到爸爸妈妈来了，当时有点懵，我还是很高兴，那些同学还羡慕我爸爸妈妈来，他们都没爸爸妈妈来。（笑）

问：在比赛前会紧张吗？

W：有点紧张，但是〔有〕老师和队友鼓励的话，我就不紧张。

问：在比赛的时候，妈妈陪着去和妈妈不陪着去，一样吗？

W：不一样，如果妈妈在的话就会给我加油，妈妈不在的时候或者她有事情的时候，我都会自己给自己加油。

问：你比赛的时候，希望妈妈在呢还是不在呢？

W：还是希望妈妈在，因为她可以看见我投篮的动作，她肯定很自豪。（笑）

问：每年参加比赛的次数多不多？

W：多，如果可以拿这些金牌，我肯定要拿的。（笑）

问：在这些比赛中有没有印象比较深的事情？

W：就是认识了很多新队友，然后一起训练篮球。

问：在参加比赛的时候有没有受伤？

W：没有，摔跤的话可能就是一次成长，如果这次摔跤了要回去总结一下，看看哪里动作不对或是……赶快回去就想。

问：你会自己总结比赛的经验吗，比如有哪些技巧能让你获得金牌？

W：就是训练要认真，听老师讲的每一个步骤，训练的时候要把每一个步骤做到位，在比赛的时候才不会紧张、分神。不要老是觉得自己不行，要相信自己一定可以做到，才会更容易拿到金牌。

问：你和你的同伴分享过你的经验吗？

W：分享过啊，然后他们也拿到金牌了呀！

问：你还去过意大利和梵蒂冈吗？

W：对，见到了方济各教宗，收到了礼物。还去了斗兽场、凯旋门、威尼斯、梵蒂冈……

问：你们是怎么过去的？

W：老师带着去的，先坐大巴去深圳，表演了"赞美之情"的节目。表演完，就坐大巴到机场，机场再转机到意大利。

问：你在书中看到过关于意大利的内容吗？

W：书中有一部分内容介绍了，但是有一部分内容没介绍，所以觉得还是要去查一下更多的资料，再丰富一下自己的视野。

问：你去之前专门搜集意大利的资料来看吗？

W：我还是勉强知道一些，斗兽场经常在电视上看。我跟我爹讲斗兽场其实就是拿活人跟像狮子那些动物互相斗，那些痕迹都还在。许神父给我们讲了意大利斗兽场的故事，我们就在那儿听，还跟乐队去演出。

问：你去看到的斗兽场，跟你搜集到的资料有什么不一样吗？

W：斗兽场规模很大，后来可能因为自然原因，有些墙体就塌掉了，但是还是保持得很完整，它的那些痕迹都还在。我们进去看到斗兽场，大脑就想到它那种辉煌的……

W母：她也正因为之前参加了特奥的比赛，一次一次跟老师出去，所以去意大利我们才敢让她去，还是得益于特奥运动的这些活动，我们才放心，不然也不敢，试了一下还是觉得不错的，将来离开我们也可以的。确实是靠参加特奥运动，经过锻炼后，我们才敢放手。

问：你参加特奥运动后有什么改变吗？

W：我以前跑不起来，但是经过老师的训练，就跑得起来了，投篮也比以前更准一点。性格没什么变化，还是以前那样坦然，该训练就训练，该认真锻炼就锻炼。

问：现在毕业了，还希望继续和同学们参加有关特奥的活动吗？

W：通常都是在微信里面各自聊，我自己创建了职教班的群，谁是特奥组的群主，我也不知道，反正大家就在群里面聊与特奥有关的事情。

问：还是很关注特奥？

W：对，我们就自己想聊什么就聊什么，一旦有话题大家就全部都开始聊。

问：学美术设计与制作时，上哪些课程呢？老师怎样教你们的？

W：就是黑白灰、线条、装饰画……我倒是记得最开心的就是老师教我们画麻雀，我画得还很像的。颜料干掉，我们就把画挂在教室后面，我们学校教室很大，窗子又特别大，麻雀就从窗子飞进来，它还以为我们画的麻雀是真的，它就飞上去，结果一看发现是死的，它又飞出去了（笑）。我们养的鱼看到麻雀来了，就躲进水草里面去了，怕被叼。

问：家里有你画的画吗？可以给我们看看吗？

W：没有。

W母：有的，关键是你要给姐姐说家里有没有你画的画，你要听清楚。（W母把画拿出来）

问：你是怎么想到画这样一幅画的？

W：老师说要画房子，然后就画出来，这是猫，上面的人是在踢足球的，这是鸟，这是秋天，这上面是柿子。

问：早上听妈妈说你在慧灵做过一些简单的工作，是做什么呢？

W：有些马赛克需要拼出来，还有烧瓷……有拼豆豆，还有串珠，用珠子串起来的盒子，可以放纸、手机和遥控器，还做抽纸盒，这些都是义卖品。

问：你们一般都在哪儿义卖？

W：在正义坊和同德广场。

问：谁组织的义卖活动？

W：老师组织的，先问我们的意见，如果我们想去义卖，老师就帮我们发起义卖活动，让人来买我们手工品，通过他们那些钱来帮我们发展得更好。

问：可以给我们讲讲你的朋友们吗？

W：在学校的话，朋友倒是很多，有钟某某、和某某、雷某、宋某某、朱某某、戴任飞、黄某某、吴某某……我们班的同学很多，我们走了，新的同学又来了。我的闺蜜很多，男生不算，闺蜜就是和某某、钟某某、雷某、朱某某、宋某某……最好的还是和某某，和某某慢慢地说"我是和某某"，我还是听得懂。每次吃饭都是你拉我、我拉你，我忘了带纸你给我纸，你忘了带纸我给你纸。吃饭、睡觉都是一起，同时睡觉同时起床，好多人都以为我们两个是姐妹。

问：和朋友们在一起玩什么？

W：想玩什么就玩什么，我们女生一般是在楼梯口那里玩儿。听见上课铃，全部女生就已经上去在教室里坐着，那些男生还在操场上玩，我就打报告跟老师说那些男生还在玩，陈老师还亲自下去把那些男生揪上来，我们就很高兴。（笑）

问：讲讲你和每个朋友之间的故事。

W：每次放学出去，就争你是第一个还是我是第一个，互相争着第一个跑上坡，然后又争着谁先到公交车站谁先走，有些也会一起走。如果女生一个人的话，一群男生就跟着一起走。（笑）

问：毕业后和这些同学们一起参加过活动吗？

W：没有，毕业就是大家找工作，各忙各的。如果时间空闲下来的话，就微信聊一聊，然后又开始各忙各的。

问：你的朋友里有工作的吗？

W：有，有些男生在当搬运工，一般没工作的还是去慧灵。

问：你喜欢看什么电视节目？

W：日、韩的最多。

问：动漫吗？

W：看，宫崎骏的也看，比如《龙猫》和《千与千寻》。

问：你在手机上都玩什么呢？

W：游戏。

问：除了在手机上玩游戏、聊天，还会在手机上看东西吗？

W：看书啊。

问：一般读什么书呢？

W：爱情小说、悬疑小说、科幻小说和恐怖小说，都读。

问：你现在的兴趣是什么？

W：看书，我每次看都要看个透，看好几遍才能读懂它的意思。我每次看电影的时候都要倒回去重头看一遍，看明白到底要讲什么。

问：你看那么多书，你有写东西的习惯吗？

W：有，想起了就写，有灵感了就写，不然没办法，写不出来。

问：写什么类型的呢？

W：平常想到什么就写什么。

问：会和妈妈分享你写的内容吗？

W：妈妈可以，这是我们母女之间的隐私，但是爸爸就不行。

问：你看书看到非常精彩的部分，有把它记录下来的习惯吗？

W：有，我上过"非凡大脑"的课，教快速阅读，那些内容全部都可以复述出来的。

W母：她去试听过快速阅读的课，她本身看书也看得非常快。学记忆是去一个夏令营学的，圆周率能背到130位。

问：你现在能背吗？

W：14159265……（W流利背出了圆周率后130位）。我去慧灵坐3路公交车，每次出门把所有公交车上的数字都可以编成一段编码，无聊的时候自己背背，比如"63"我是想的"硫酸"。

问：你可以教一下我们背圆周率前面几位数吗？

W：如果你不想要3点的话，就从1415开始，"141592"就是"钥匙穿在鹦鹉手上，然后鹦鹉就打翻了……"把数字编成故事。

W母：她学了以后，还是会用，比如我们在外面走着，她看见车牌号一串，她就把它编成代码；拿快递，编个代码，自己就下楼去拿。（W在一旁说着"99"是"舅舅"）

问：你学这些东西难吗？

W：刚开始觉得有点难，但在大脑中过一遍，就可以记得了。

问：这些培训的难度你可以接受吗？

W：能，就是脑波音乐很烦，本来是增强记忆力的方式，说什么大脑的潜意识，但是很多人都觉得困，我也觉得，后来出教室就好受一点。

问：聊着聊着都聊到弗洛伊德了。（一起笑）

W母：是，学心理学的他们也用这种音乐。

问：你为什么那么喜欢小猫呢？

W：因为猫吃老鼠，厉害。我们家那个猫是蟑螂、老鼠、苍蝇、蚊子和麻雀都吃，我说有了这个猫，"灭害灵"都不消①买了，直接全部靠它吃算了。（笑）

问：你养过小猫吗？

W：养过野猫，我从小把它喂到大。我妈说谁抓都抓不着，只有我才抓得着。我还养了一只狗，叫奶油，每次抱着它，它都给你送上来一脸的口水，它特别能吃，我妈一摸奶油的肚子已经胀得不行，就赶快把它抱开。还养过兔子，叫茶叶蛋。（W演示一笔画兔子）

问：现在家里面还在养动物吗？

W：不养了，因为动物养着很麻烦，生病了还要花钱给它们打针。

问：讲讲你第一次动手做饭的经历。

W：只记得小锅米线是老师教的，还有包馄饨也是老师教的，快速包好，一个个弄好，放进冰箱里面。

问：你学会的第一个菜是什么？

W：腌菜豆米汤，是自己学会煮的第一个汤。

问：材料也是自己去菜市场买吗？

W：跟妈妈一起去买的，汤是我自己煮的，很好喝，盐不多也不少，刚好。

问：现在自己在家会做饭吗？

W：一般都是点外卖，我不想做饭（笑），偶尔给自己做蒸鸡蛋。给你们讲个笑话，有一只小白兔去河里钓鱼，第一天没钓到，第二天也没钓到，第三天还没钓到，然后第四天一条大鲤鱼从河里蹦出来说："你要再用胡萝卜当鱼饵，我就扁死你。"因为兔子以为鱼要吃胡萝卜，就天天用胡萝卜钓鱼，那个鱼都烦死了，就说要扁死它。（一起大笑后，W又继续给我们讲了5个笑话）

问：这些故事都是从哪里看到的？

W：《暴牙小鬼》上面讲的冷笑话。

问：你这么喜欢看书，如果将来让你去图书馆工作，你愿意去吗？

---

① 不消：方言，即不用。

W：如果让我理书的话就可以，但是编码的话，我还是有点理不清。喊我去借书的话，我可以去借一大摞抱回来慢慢看。

问：觉得编码的工作有点复杂吗？

W：是有点儿，前台咨询还是可以的，指导别人去几楼找书这种。

问：如果有这样的工作机会，你愿意去吗？

W：等我考虑差不多，我应该会去，没考虑好还是不想去。如果图书馆在很远的地方，还是没办法去，转车有点不方便。我一直在想这个问题，近一点就更容易去，如果不方便就没办法去。

问：从哪些方面去想的呢？

W：我在考虑书的编码，还有它摆放的顺序，图书馆书架子很不一样，虽然字我熟，书我也认识，但是怎么分类这个问题，还是值得去研究一下。

问：这种比较复杂的事情让你去学习，你愿意吗？

W：可以，但是要有同学陪着去，要跟我一样识字量很大的同学一起去。

问：你是因为一个人害怕吗？

W：不是，因为图书馆分类有点多，如果两个人一起做的话会比较快点，更容易分类，更容易归还。

问：有没有规划过自己以后的生活？

W：就是希望生活更美好，爸爸妈妈越来越和睦，自己跟爸爸妈妈健健康康，平平安安，什么事情都不要发生最好。

问：具体做什么呢？

W：如果他们工作上有压力，我会帮他们舒缓压力。

问：通过什么方式帮他们舒缓压力？

W：看到他们辛苦了，就给他们说一些轻松愉快的话，不要让他们工作太紧张，要有坦然面对的心态。

W 的老师刘晓梅口述（一）

口述者：刘晓梅老师，女

访谈者、撰稿者：罗雨

访谈时间：2017 年 12 月 11 日

访谈地点：昆明慧灵心智障碍者服务中心

问：您对 W 的印象怎么样？

刘老师：她的性格比较开朗，也会照顾其他人。但是有的时候比较急，做事情非常快，她想很快地把它完成掉，就注重速度，没有注重质量，这属于她很大的一个特征。

另外她还有一个特点，可能不太看得出来，她有时候有点小自卑。但是这个自卑并不是说她真的不如别人，而是她觉得不如别人，她其实很在意别人的看法，但是她自己又表现出不在乎。可能刚开始接触她，会觉得她好像什么都不在乎，大大咧咧的，但是和她相处久了，就会发现其实很多事情她是在乎的。而且她很怕和别人，尤其是比她优秀的人去比较，她会有一些回避。刚开始和她相处会比较头疼，但是你跟她关系建立起来以后，会很好。

W 的老师罗老师口述（二）

口述者：罗老师，女
访谈者、撰稿者：罗雨
访谈时间：2017 年 12 月 11 日
访谈地点：昆明慧灵心智障碍者服务中心

问：您对 W 的印象怎么样？

罗老师：很好。

问：她一般会在慧灵学一些什么，做一些什么事情？

罗老师：基本上就是按照日程安排来做。W 是口才最好的学员，她的语言表达能力强。她是最爱打游戏的那个，也是最爱看书的那个。

问：她和老师、学员们相处如何？

罗老师：相处很好，因为他们还是比较友善。W 来了，我们这里谈笑声都要多一点，她比较活泼开朗。

问：布置给她的任务，她完成得怎么样？

罗老师：完成得还可以。

W 的老师刘松老师口述（三）

口述者：刘松老师，女

访谈者、撰稿者：罗雨

访谈时间：2017 年 12 月 11 日

访谈地点：昆明慧灵心智障碍者服务中心

问：您对 W 的印象怎么样？

刘老师：她特别喜欢看书，之前有一些我们做活动的简报就是让她写，她语言文字能力挺好的，生活自理能力也挺不错的。她的弱项，就是时间观念不强，比如每天是早上九点前必须到慧灵，但有时她快十点才会到这边。以前鼓励过她，坚持了一个星期不迟到，但是过后她又觉得无所谓，又迟到。另外对于一些事情，动机没有那么强，感兴趣的东西不多。

W 的老师胡老师口述（四）

口述者：胡老师，女
访谈者、撰稿者：罗雨
访谈时间：2017 年 12 月 11 日
访谈地点：昆明慧灵心智障碍者服务中心

问：您对 W 的印象怎么样？

胡老师：优点方面，我觉得她还是挺听话的，学东西也挺快的，而且她会看很多书，她比其他人认识更多字，比其他人都会说话。缺点方面，可能有一点点懒，做事情不会特别坚持。她在机构表现出来的缺点，就是经常迟到，其他的也倒没什么。她家住得比较远，从她家那边坐公交车过来，在北京路上会很堵。

问：她在机构里面，一般会做一些什么样的工作或者活动？

胡老师：她是学员委员会的副主席，除了安排给她日常任务，她有时会去记录其他人任务完成如何。今早是和某某同学在检查，W 可能不会像和某某同学那么主动。

问：她和其他学员相处如何？

胡老师：还行。

问：有没有跟老师、学员有过一些摩擦？

胡老师：没有，她经常都是自己在那里玩手机。

问：你们布置给她的任务，她完成得如何？

胡老师：她会完成，但完成得不是非常好，她会有一点点敷衍。其实学员都会有一点敷衍，有些是由于自身身体的限制，但是 W 属于功能很好的学员，其实是有一点点懒。她是独生女，她的父母可能也比较关爱她。

W 活动观察日记

观察时间：2017 年 12 月 11 日

观察地点：昆明慧灵心智障碍者服务中心

观察者、撰稿者：罗雨

时　间	活动内容	备　注
8:08	W 坐上双层的 3 路公交车。	以前 W 都坐 8 点的车。W 说 9 点之前要打卡。今天因等观察者，出发略晚。
8:16	W 在车上看书，玩手机游戏阴阳师、消消乐等。	W 只背了一个小包，包里有钥匙、水杯、手机等。
8:55	W 不再玩手机。观察者说要迟到了，W 没有着急，问观察者中午要不要在那吃饭。	
9:04	W 放下手机，开始翻书。	W 所带的书是天下霸唱的《摸金玦之鬼门天师》。
9:06	W 下车。	
9:12	W 走到昆明慧灵，到后和大家互相打招呼。	
9:13	W 跟着大家一起做操。	昆明慧灵在一小区内，是临街的一间门面房，房子有两层。一楼是主要活动空间，包括活动区（有一面大镜子，方便排练）、手工区、学员作品展示区、教学物品存放区、阅览区、厨房、卫生间等，一楼墙上贴满了装饰物，包括慧灵架构图、服务流程图、学员墙、绿植乐园、志愿者寄语墙、学员委员会、大事记、明星墙。二楼是办公区。
9:17	跳完操后，学员们把三张桌子拼在一起，坐下开分享会。W 与和某某坐在一起，两人非常开心。	
9:20	老师安排一名学员主持分享会，学员们依次分享自己周末做了什么。	

（续表）

时　间	活 动 内 容	备　注
9:21	由 W 分享周末活动，W 说自己看了一部电视剧。	每个学员说完后，在场的学员和老师都会鼓掌。
9:31	学员们请老师们也分享。	学员们称老师为"姐姐"。
9:33	一位老师把值日表贴在白板上。	值日表上学员们被分成两组，分管一楼二楼，分工有扫地、拖地、抹桌子、倒垃圾、整理书柜、打扫卫生间、餐前准备、买菜、煮汤和洗碗，每个分工对应一名学员的名字。
9:35	轮到楼上的老师分享，她说看了一部电影，请 W 来帮她向大家介绍电影内容。	W 很开心地为大家介绍了电影内容。
9:42	老师说分享完了，大家想想这周要喝的汤。	学员们说着想喝的汤，老师在白板上写下汤名，一共五种汤。
9:45	老师说五种汤已经出来了，现在由主席念一下上周的表现。	学员委员会的主席是和某某，副主席是 W 和张某某。当天由张某某念上周的学员值日情况表，表中包括日期、姓名、工种、完成情况，其中完成情况分全勾、半勾，半勾指完成得不太好。
9:48	学员们依次在今天想喝的汤名上打勾，由老师计票，得票最多的汤是酸菜洋芋汤。	
9:52	由老师念今日值日安排，W 负责抹一楼的桌子。	
9:53	学员们把桌子和凳子收起来，准备打扫卫生。	
9:54	W 积极、快速开始抹桌子的工作。	
9:55	一位老师带着一名学员出去买煮汤的酸菜和洋芋。	
9:58	W 把桌子抹完，然后倒水喝。	观察者问："这么快？" W："电子琴我也抹了。"
10:02	W 坐在沙发上看带去的小说，其他学员还在继续打扫。	观察者问："你不去帮帮其他学员吗？" W："不帮，他们有能力。"

时　间	活动内容	备　注
10:07	老师问："谁擦桌子，把用了的抹布丢在琴上？" W起身去拿抹布。	
10:15	和某某把"学员值日情况表"贴在学员委员会墙上，今日有一个打半勾，因为杯子不干净。	
10:22	W不再看书，坐在钢琴边玩手机游戏。	
10:26	打扫结束后，大家开始把桌子搬到中间，准备开周例会，进行一周安排。	
10:28	开周例会。	一位老师在白板上记录，一位老师组织学员，一位老师发言。
10:29	学员们拿到表后开始写字。	学员们照着老师在白板上写的内容，填在各自的表中。除了学员们，一位老师也在照着白板上的内容，抄在表格中。
10:46	老师在白板上写完一周安排。	8:30—9:00：签到 9:00—9:15：晨练 9:15—10:00：周一为周末分享会，周二至周五为晨会，由学员主动提出带其他学员练字、唱歌、叠纸等。 10:00—10:25：打扫卫生 10:25—10:30：小休、饮水、如厕 10:30—11:50：周一为周例会，周二至周五为课程活动 11:50—12:00：餐前准备 12:00—12:40：午饭 12:40—13:00：饭后打扫 13:00—14:00：午休 14:00—14:25：休后整理、清醒 14:25—14:30：小休、饮水、如厕 14:30—15:40：课程活动 15:40—16:00：星星奖励 16:00：回家 课程活动包括排练节日、外出活动、艺术课程、做手工、志愿者来访等。

（续表）

时　间	活动内容	备　注
10:48	W第一个填完表格。	
10:53	W把表装进袋子后，放在柜子里。	其他学员还在写。
10:55	W站着玩手机。	
11:03	老师让W排练节目，其他没有写完的学员中午再继续写。	
11:05	排练节目，站成三排。第一排四人，包括两位老师；第二排三人；第三排六人。	学员们很高兴，唱着伴舞的歌曲容中尔甲的《吉祥谣》。这个舞蹈已排练了两个月，明天首演。
11:08	第一遍排练结束。	三名学员没有参与排练，老师说因为他们没有上台表演的概念。
11:26	一人送外卖过来。	老师解释因为商铺的原因，安不了油烟机，只能点餐。在慧灵，学员们会学习煮米线、面条、饺子和汤。
11:28	第五遍排练结束，W找和某某玩。	
11:29	老师说休息10分钟，W坐在凳子上玩。	
11:50	第七遍排练结束，W与和某某站着休息，张某某和老师带着三个男生练习。	
11:55	准备吃午饭，W坐着与和某某、张某某开心地聊天。	
12:00	学员们抬桌子、铺桌布，拿自己的碗准备吃午饭。	
12:00—12:26	观察者外出吃午饭，观察中断。	
12:26	学员们吃完饭坐着休息。	
12:30	学员们收凳子，W抹桌子。	
12:31	老师检查，说桌子没有抹干净，W又重新抹桌子。	
12:34	W、和某某与张某某一起玩，唱《大花轿》。	他们把歌词改成"抱一抱啊抱一抱，抱着张某某呀上花轿"，逗得老师和在场的学员笑成一团。

时　间	活动内容	备　注
12:42	老师让一名学员上二楼午睡，其余人在一楼休息，W坐着玩手机游戏。	
12:55	昆明慧灵的法人周老师来了，W和她打招呼。	
13:23	周老师叫老师们上二楼开会，吩咐和某某看着一楼的学员们。	和某某搬凳子坐在大门边，W对和某某说："你看好其他人，别看我啊。"周老师笑着开玩笑说："尤其是你，你是重点，重点就是要看你了。"W听后，继续玩手机游戏。
14:03	刘松老师提醒胡老师要开始活动了。	
14:04	由胡老师带着学员做第一个操。	
14:18	做第五个操。	二楼的老师，开完会下楼。
14:21	做操结束，老师布置排练任务，会跳的学员带不会跳的学员，W被安排教一名男生。	
14:25	学员们为周老师表演。	听见音乐，学员们立即进入状态。周老师拿手机录下学员们跳舞的视频。
14:29	表演结束，学员们围着讨论下午一对一排练的任务。	
14:31	一对一排练开始，W教一名男学员。	
14:49	胡老师检查一对一排练的结果，之后大家开始休息。W与和某某坐在一起，牵着手把张某某拦在里面，三人玩得非常开心。其他学员各自找伙伴玩，笑声一片。	
15:15	第五遍一对一排练开始，此时W没有再带那名男学员，坐着休息。	
15:35	最后一遍排练，W加入队伍。	
15:40	W跳完，和老师说要请四天假。老师问："你明天不去表演吗?"W说："对，要请四天。"	老师看W手机上她妈妈发的请假信息。

(续表)

时　间	活动内容	备　注
15：43	老师让 W 写请假条，W 写好后拿给老师看，老师让 W 加上日期。	W 写的请假条内容为："老师：我因家中有事，请假四天。请假人：W"。
15：45	两名学员剥好柚子端出来给大家吃。	柚子被剥成一小瓣一小瓣的，装了两碗。
15：50	W 提前把卡打了，准备离开。老师说还没到时间，W 又坐下看书。	
15：58	W 说完"老师再见"后，与和某某离开慧灵。老师叫 W 等下观察者。	W 与和某某回家的方向不同，两人分开走。
16：06	W 坐上双层 3 路公交车回家，上车后就开始玩手机游戏，之后又看书。	W 坐在公交车第一层最后一排靠窗子的位置，她说选这个位置是因为家比较远。有一名男学员也乘坐同一辆公交车，两人一起上车，但没有坐在一起。
16：44	W 下车后，径直回家。	
16：50	W 到家。	

天高任你飞

——戴任飞及父亲戴小斌口述

戴任飞，男，1998 年出生。有三妹一弟。唐氏综合征，智力障碍二级。云南省昆明市新萌学校职教班在读。

口述者：戴任飞〔小名大亮〕、戴任飞父亲戴小斌
访谈者：张磊、彭慧颖、史龙飞、陈俊岚
撰稿者：张磊、杨露清
访谈时间：2017 年 10 月 15 日
访谈地点：戴家

早产体弱，辗转确诊

问：您是哪一年出生的？

戴父：我是 1970 年出生的。

问：您家里有几个兄弟姐妹？

戴父：我家里有两个姐姐，一个弟弟，我排行老三。我生下来以后，我觉得我爸爸妈妈还比较高兴，因为农村里面比较重视儿子，相对来说，我比老大老二要受宠一点。

问：您受教育的经历是？

戴父：小学在村子里上的，那时候比较乖，属于很听话的、很孝顺的，但是成绩没有很好。小学升初中，当时我没考，后来又复读了一年，我还不愿意复读，我说我要自学成才。后来我妈妈爸爸又做我的思想工作，我又复读了一年，考到一个初中。

初中读书时候也还好，但没考到高中，那时候喜欢玩嘛，但还是听话，后来又花钱把我买到重点高中去读书。高一、高二的时候，担任学生会的一个体

育部部长。因为个子高嘛，我喜欢打篮球，就搞篮球比赛，后来数理化成绩就不行了。成绩不行以后就去学体育，学体育高考的分数线低一点，高考考了三次，体育考试也考了三次，但都没考上。

在那个年代其实还是很无助的，因为在父母的眼中我们进了重点高中，就是要考大学，考大学的目的就是"跳农门"嘛，有个铁饭碗。高考没考上，接着就去当兵，因为各种原因参军也没有参上。后来又去广东打工，打工回来，铁路招工考试也失败了。也就是说，结婚之前，我还是比较灰溜溜的那种，就是什么事情都没有让父母开心，自己内疚的心理还是有的。

问：大亮母亲的情况呢？

戴父：大亮的母亲初中就辍学了，辍学以后出去打工，跟我一样去广东打工。打工回来以后，我在镇上开了一个精品屋，卖一些学生用品，她在镇上开了一个理发店。我们不是一个镇上，但是一个县里的，后来通过理发认识的。我那个时候都二十八九岁了，她二十五六岁了，两个人都没谈对象，然后两个人就谈了。

问：大亮出生以前，你们对自己孩子的将来有什么期望？

戴父：我是长子，在长辈的眼里，我们就应该生一个儿子，或者说，一个很健康的孩子，传宗接代嘛，农村里有这种说法。但是，我跟我爱人刚结婚的时候，我们都不愿意回到农村，就在镇上自己筹钱买了一个旧旧的不好的房子，在那里结的婚。结婚以后我们两个人的目的就是要赚钱，赚钱把债还了。怀上戴任飞的时候，我们没有做婚前检查，也不知道怎样去优生一个小孩。

问：您说当时没有去做产检，是当时没有条件还是没有技术？

戴父：当时我们没那个意识。后来我们生孩子都是在医院做B超，检查。怀戴任飞那个时候也去了一下，听见胎心各方面正常。我老婆怀孕的时候，经常很忙，也没有什么过多的孕期反应，我在开店忙着做生意，她也在忙着她的生意，都在忙着赚钱。

问：大亮是哪一年出生的？

戴父：1998年。1998年6月10号。

问：在哪一个医院里出生的，还记得吗？

戴父：在我们镇上的卫生院里，仁和镇医院。

问：您还记得当时第一眼看到大亮的情况吗？

戴父：很开心，因为是个男孩（笑）。但是早产，生下来就比较弱一点。我其实在生之前就给他起了一个名字，叫戴任飞，天高任鸟飞嘛。后来我妈还很埋怨我，说过去农村生孩子，名字不能起大的，就说取个小猫小狗的好养一点，起个很大的名字就难养一点。我想的是，他是一个男孩，可以做很多事情，好男儿志在四方，天高任鸟飞，海阔凭鱼跃。

问：大亮出生之后是谁带他的？

戴父：那时候我爱人就坐月子嘛。坐月子期间，我爱人的朋友很纳闷，就是大亮在吃奶时不像后面几个小孩很有力量。他吃奶的时候舌头没有什么力量，那个时候奶水又不够。农村里有很多偏方，吃这个吃那个就可以催乳，刚好奶水不够，基本上也是喂大的。两三个月的时候就发现他躺在那不怎么好哭，不怎么好动。有一次回安徽农村老家，我就觉得这小孩怎么那么安静，心里面也觉得他应该是非常有精神的，眼神比较有光的、有亮的那种。总觉得他是早产嘛，多给他营养就会好起来。我记得有一天我用手"啪"地一下拍了他的小脚丫，他"哇"地一声就哭了，我就说这小孩没问题，他哭的声音还是很响亮的。

问：是什么时候确定他有点问题的呢？

戴父：他小时候经常生病，镇上的医院看不出来是什么原因。三四个月的时候我们感觉小孩经常厌食、吐奶、吃不了、发烧，就去市里的市立医院，也是算市里最好的一个医院看儿科。

儿科主任是一个专家，我记得叫戴安柱，是个老医生，是一个医生接待以后，叫这个专家出来看，他们相互交换眼色，我就觉得他们对我的孩子有一些看法，我就紧张了。后来就诊断为先天性愚型，"愚"是"愚蠢"的"愚"，先天愚型面容，疑似唐氏综合征。他还没有做智力检查，也没有做心脏彩超，但是医生听到心脏有杂音。

对我们来说这是一个晴天霹雳。我们两个人好不容易结婚在一起，冲破了阻力，背负了很多压力，生了个小男孩，结果身体不好，我们精神压力、经济上的压力都很大。我老婆当时就不停地抹眼泪，在那里哭。

问：当时医生给你们什么建议吗？

戴父：医生建议我们先去做个彩超。做过彩超，医生说这孩子有心脏病，之所以身体不好，又是早产儿，因为他的心脏没长好，就是经常嘴唇发紫。我们记得大亮小时候……（哽咽）亲戚朋友都说他早产，所以体质弱一点。那个时候三个多月、四个多月，医生诊断出来，我们还不知道唐氏综合征是什么，但是我们能感受到他的身体有一些问题。然后就去做心脏彩超，小孩做心脏彩超和心电图的时候老是不配合，我记得做了好几次才做成功，彩超结果出来以

245

后发现他的心室之间有个几毫米的洞没长好。

那个时候我们一般不把他放平躺在床上睡觉，都是抱在怀里睡，但是他呼吸会喘，嘴唇会发紫，喜欢喝水。他吃奶粉我们都怕他上火，经常大便拉不下来。在四岁做心脏手术之前，都是经常拉不下大便，经常会口渴，经常出现皮肤干、嘴唇干的情况。而且他不像正常小孩夜里会有小便，他是一点点，但是频繁地小便。我记得在我们开店的出租房里面，本来就比较阴暗潮湿，阴雨天的时候，一般同学进去以后，我们都不好意思，小孩房间里有一股骚味，骚臭的味道。

问：那时就已经确定他跟其他孩子有点不一样了，是吧？

戴父：是的，后来医院建议我们去安庆石化医院做软智力检查，只有石化医院能做嘛，检查结果我们没有去拿，是让我一个要来云南打工的同学拿的。拿了以后，就确诊了。我当时还抱着希望，我让我同学把化验报告单寄过来，他说"小斌，不怕，小孩这个病例还是有的"，说有多少比例有一个这样的孩子。

后来我们也查了很多医学、遗传各方面的资料，各种遗传因素都排除了，但是我同学说还是有患病的概率。我们身边倒是没发现，当时觉得自己比较倒霉，就叫屈，又认了。后来去眼科，医生检查的时候，他老是两眼泪汪汪的，他这个地方和这个地方（示意大亮的鼻梁两边）长了个眼子，眼泪会漫出来，风大的时候，他就会像感冒一样流眼泪，后来在昆华医院做了一个手术，就是鼻泪管疏通的手术。然后又发现他的左腿肌肉有问题，四岁的时候他还不怎么会迈步。五岁说话时还是呀呀呀的，就发声不清楚。

入院治疗，险弃亲子

问：您能说一说去上海做手术的那件事情吗？

戴父：我老婆的一个亲戚在上海的长征医院，胸外科的。所以就没有等很长时间，也是通过熟人挂号进去的。

问：那是哪一年呢？

戴父：2002年4月。

问：手术很成功？

戴父：做手术之前，量体重测指标嘛，他体重不达标，太瘦，有手术风险，还是挺紧张的。做手术那天，麻醉了推进去以后，我和我老婆两个人等到下午两三点钟。九点多钟推进去的，我老婆就坐在台阶上面抹眼泪。我就拉着我老婆，我说这个事情就交给医生了，我们再等也没用，我们下午再过来。我带她去上海的一个小巷子里，去了一个小馆子，炒了一个菜，我要了一瓶啤酒，就在那儿喝酒。我就劝我老婆，那时候两个人是相互支撑的。

下午从手术室出来推到重症监护室，插了很多管子。那天晚上我们也没有在重症监护室里面，看不到。就在重症监护室外面，隔着玻璃在望。第二天就把他从重症监护室推出来了，手术做得还是成功的。（指着大亮胸口的手术疤痕）从这个地方开到这来了，那个时候很小，把胸腔中间都打开了。

做完手术在上海，我也打电话给我一些要好的亲戚，还有我的弟弟。他们都问手术怎么样，我说手术做得还可以，但是带的钱也用得差不多了。医生跟我说的话其实也很真实，也很理性，他说这样的孩子，就算你给他做心脏手术，他的智力也不会有什么提升的，只不过他的身体可能会恢复得好一点，他可能运动方面要好一些。如果家里经济条件不好，你也可以选择不做。我当时也是跟老婆两个人商量，为了孩子还是把手术做了。

做手术以后，我旁敲侧击地跟老婆说，这个孩子医生说可以出院了，钱也用得差不多了。我其实心里很矛盾，有个幻想就是把他送到福利机构。我想着已经把他带到四岁了，也已经把手术做了，但是以后要一直照顾他——这件事我还是很逃避。有一天早上就把他抱出来，放在一个小箱子里面，在石堆上，塞了几百块钱。那天早晨只有清洁工，阴雨天，我当时抱着他，他还睡着了。我躲在那里像贼一样，然后又把他抱回来了。很纠结，那一刻很纠结。

问：当时已经做了最坏的打算？

戴父（哽咽）：是做了最坏的打算，差点把他抛弃掉了。

问：但是最终还是没有抛弃。后来他就上学了，是吧？

戴父：后来就把他带回来了，抱回来之后心里面想，这个孩子是我们生的，我不能就这样把他抛弃。我妈妈他们很喜欢这个孙子，把孩子送走，也不知道怎么跟他们交代。他们说这个小孩只是小时候生病，她说不要相信医院，不要相信医生，不要去看病，没问题的，多给他补点营养，他就会长好的。老人那个时候不怎么相信科学，现在看来是我的一个精神支柱。

学习困难，转入特校

问：后来您把他抱回来，又有些什么经历？

戴父：我们当时在文山做手机生意，卖场里面做生意的人之间有很大的竞

争，都不能大声说价格，都是拿着计算器给顾客看，生怕隔壁的同行看到，相互之间会拉客，大家竞争很大。我老婆就请了一个人帮忙看店做生意，帮忙照顾小孩。在文山的时候还是挺拮据的，是租房，地方在菜市场旁边，我们俩早上就背着包去店里面。

后来我就把大亮放在卖场里面，牵着他。四岁多的时候他走路不稳，但是已经开始迈步。那段时光还是挺好玩的，因为他喜欢音乐嘛，音箱放音乐的时候，他就在那里蹦啊跳啊。卖场里有黄包车，他经常去捣鼓，人家就把他抓过来拎到我的柜台前，说这小孩你要好好看管。我就说对不起，然后我又去跟他说，"你再去，没事"，他喜欢这个我就让他去了。

自己认命以后，就觉得自己的孩子，既然舍不得丢了，就把他带着。那时候出来做生意，两个人很纯粹。下班以后我就招呼出租车，做生意开始手上有一些钱，我就跟出租车司机说，你尽量开慢一点。我跟大亮说这是路灯，这是楼房，这是树，就教他发音。

在文山的时候有一个插曲，他不会说话，不会说喝水。那天吃了很咸的东西，想喝水，我跟他妈妈就在出租房里面，把白糖用开水搅凉了以后，给他喝，他觉得很好喝，就教他说"喝水""喝"，逗他好长时间，差不多有半个多小时，他小脸憋得通红（笑）。他去抓水，我们又拿走，他妈妈就用勺子喂到我的嘴里，我就发出很享受的声音，说太好喝了，太甜了，就是发出声音刺激他，叫他说"喝"，发"喝"的音，他失败了好多次没有勇气说出来。突然有一下子他就说出来了"ge"，"喝"的声音，他发成了"ge"的声音。我们夫妻俩很高兴，这孩子真的能够讲话了，特别高兴。

从那以后我们就开始教他发一个字到两个字的音，像爸爸、妈妈、手机这些，慢慢地教他。也尝试着把他送到幼儿园，幼儿园里是个女的实习老师，在我面前就很无可奈何地说"不好收"，因为他跟不上。他上楼梯下楼梯都要牵着，上厕所大小便都需要老师协作。因为他当时走路还不稳，我以前以为他的左腿和右腿不一样长，其实是一样长的，但是他的左腿没有力量，右腿有力量，所以左腿就一瘸一拐的。

问：大亮是什么时候学会说话的？

戴父：他的语言变得丰富是在五岁的时候，词汇开始多起来了。一开始我们让他发一个音，后来就反复地教他，比方说"剥橘子""这个是'柑橘'"。而且他经常参加一些电视节目，也参加一些特奥运动会，就更自信一点。还有我给员工开会的时候，他也在旁听，有的时候我们也鼓励他，我说："大亮，你有什么意见要发表吗？"他也就自告奋勇地发表。这个过程中，他进行了一些思维逻辑，还有语言表达的锻炼，就比较好。我甚至有的时候是故意地让大亮去表达一下。

问：有意地想让他锻炼一下？

戴父：也让他动手写日记，还有读一些经典佛经。念经可能对他发音有帮助，比方说《心经》，还有寂静法师夏令营的《让世界因我而美丽》。

问：他在香格里拉上了几年学？

戴父：读了一年级。读的时候，中间也有一些插曲，每次我去接孩子的时候，同学们就围着我，在教室门口叽叽喳喳的，跟我说戴任飞今天上课的时候咬铅笔。他就是喜欢咬铅笔，咬手指头，还有撕书。然后经常小便，尿到裤子里面，他自己不会解裤子系裤子。因为害怕恐惧新的环境，总是低着头，眼睛不从正面看人。同学们就说戴任飞今天把屎拉到裤子里面，好臭。我们还经常把裤子、衣服送到学校去，给姚老师，姚老师帮他搞好。

问：那大亮的生活能力，平时你们在家里教过吗？

戴父：也在教，毕竟他的能力比正常孩子要弱，但是又不得不送他去学校。他有时候不想上学，我们就哄他，买零食给他吃，买玩具给他，想骗他去学校。送到学校以后，虽然他在教室坐着，但是我的心里面还是有些忐忑。虽然那些同学围着我的时候，我表面上装得很从容，我说"戴任飞同学小时候生病，他可能来得慢一点，不好意思啦，你们多多包容一下"。但是家长很多都是熟人，熟人间还是要面子的，每次牵着大亮的手在孩子当中，我还是觉得我的孩子跟别人不一样，还是觉得有一些不自在。

有一天下午我去学校，他们有体育课，这种孩子害怕运动，所以我就去教室里看他。没想到我儿子大亮他不在教室里，我就去操场上问他们体育老师，体育老师也没看到。后来我找到他，他躲在男生厕所，男厕所还是有些骚臭，他就缩在那个地方。

问：老师就不管他吗？

戴父：那肯定是他自己不来，躲避。老师之前也说过，一上体育课他就不愿意，老师就把他牵下来。有时候他就躲在桌子底下，他不愿意上体育课。这样的孩子虽然被定义为智障孩子，但是他还是要面子的，他可能不好意思。

问：他入学没有事先跟老师说明情况吗？

戴父：有说明。但是他要融入这个集体还是要走这个过程的。同学们会说笑或是说几句话，也有同学对他好。但是我现在认为，其实同情也是一种语言歧视。他要的是一种平等和尊重，你同情他，他就觉得很自卑，他抬不起头了。

我当时已经很庆幸，学校至少已经接纳我的孩子。但是他在那个学校里面，我心里面也有阴影，我总觉得他们用异样的眼光去看我的孩子，我也没有解放出来。那天体育课以后，我心里就有一个突然的想法，我就打114查有没有特殊学校。牵着大亮跑的时候，我心里就特别高兴，虽然那个不叫跑，牵的时候一瘸一拐地在那跑，比大人走路还要慢，但是我能感觉到我的孩子他很阳光，他脸上开心嘛。我发现真正慢下来，真正能够一对一陪孩子的时候，孩子很开心很快乐。我在想，我的孩子真的不太适合在正常的学校。

放学路上我就打114，问昆明的特殊学校，接线员说在翠湖前面的文化巷，有个学校叫新萌学校。五华区办的一个学校，是个特殊学校。我既然从114查到了电话，我就打车从香格里拉到昆明来。

跑到学校门口，我先找了保安，保安问我找谁，我说我要找校长，保安没让我进去。第二次，我当时心里面也不自信，我就撒谎，我说我跟校长是熟人，校长让我过来办点事，他就让我进去了。我跟校长讲了我孩子的情况，我当时很激动，很感动，我很渴望他能接纳我的孩子。他听了以后也很感动，他说戴爸爸，我知道你作为父亲是希望孩子有一个很好的就读学校，问题是你们在中甸①做生意，我们学校是没有寄宿的，孩子怎么安置。我说没问题，我跟我爱人两个人之中派个人上来在旁边租个房子就可以了。校长说你可以先试一试，但是在这之前你还得去云大医院做智力筛查。

问：当时鉴定的时候，他是几级？

戴父：鉴定的时候是属于二级残疾，他整个数据，好像是39或39.5，不到40分。

问：也是严重的。

戴父：嗯。反正70分以下都是智力障碍。70分以上才算是正常的。那个时候离现在已经十多年快二十年了。现在叫我儿子去检测，我觉得他应该不止这个指数。

问：后来就顺利入学了？

戴父：就入学了嘛。入学以后我就把我父亲从安徽接过来，他们俩住在云南大学旁边的出租房里面。我跟我爱人在香格里拉做手机生意，我也经常坐夜

---

①　云南香格里拉地区。

班车来昆明。

问：那段时间是爷爷在照顾？

戴父：是爷爷在照顾他，我们隔三岔五也经常上来。2002 年去香格里拉，2008 年入学，他在香格里拉还是待了好几年。

问：您在香格里拉那几年，要做生意，那您跟大亮的妈妈是怎么照顾大亮的？

戴父：比方说移动公司开会的时候我把他带着去；移动公司组织员工出去玩的时候，他妈妈也把他带着去。我们很多场合都带着他去。我觉得我的孩子最大的好处就是我们教他发音，教他走路，教他去说话，没有把他关在家里面。

当时我们生意做得挺好的，我们是移动公司最大的也是最早的一个合作伙伴。移动公司一个老总姓张，有一回张总过来检查工作，我儿子跟着营业员在里面，顾客应该是在外面。当时张总就不高兴了，他说，小戴这个孩子，要不就把他送到学校去，要不就留在家里，这个地方是中国移动的营业厅，不要老是把小孩带过来。但是员工也爱逗他玩，我去吃饭的时候也会跟人家解释，这是我的儿子，他小时候生病了。

我平时很懂他，他有时候想说话，我开会的时候他也模仿我。小时候经常去医院吊水，他就模仿医生。我睡觉的时候他就把我的手拿起，然后挂个绳子把我的手系一下，学着扎针的样子。

我发现他比正常人要慢一点，但是毕竟是我的孩子，我就把精力放在他身上。2004 年的时候我们才生了老二，大亮是 1998 年生的，在这六年时间，只要我们两人有时间或者是去哪里都带着他。甚至有的时候找个人看着店，我就骑着车子，带他去老乡家里玩，去桑纳水库。在文山的时候我还是舍得花钱，经常坐出租车，给 100 块钱车费，我说这 100 块钱就专门在大街小巷绕。

我第一次坐飞机，就是带着他坐的，从昆明到合肥。我想我的孩子也可以飞。小时候我母亲给我灌输的是自尊要强，我老婆也是自尊心非常强的，自尊心强也不一定是坏事，就是做生意很努力，两个人拼命地赚钱。当我们拼命赚钱的时候，我们就有一定的自信，赚到钱以后我也舍得在他身上投资。第一次坐飞机，第一次坐火车，我很多第一次经历都是带着他一起。吃饭的时候，不管大领导小领导，我都让他在我旁边坐着。我说这是我儿子，他是戴任飞，他已经很棒了。别人看我这样说，大家都给他大拇指，就是他确实很棒了。

问：那有没有一些特别的遭遇？

戴父：有啊，我们家有个修理工，叫何某某，浙江的小伙，在我们那里修手机，那小伙子也很单纯，还没结婚嘛。大亮喜欢去搞他那些吹风枪啊、刀片什么的，他喜欢捣鼓那些东西，好动嘛，但是我不知道。有一天何某某牵着大亮的手往我旁边一站，说："你这个傻儿子，你要不就把他送走，要不就不要一天在我这里闹闹搞搞搞，你看把我这里搞得，你赔得起吗？"他说这句话的时候，我火了，不知道从哪儿来的一股怒气，我抓了他的领子，狠狠地扇了他两个巴掌。我说："你才是傻子，以后再也不允许你说我儿子是傻子。"

问：他那种话已经刺激到您了，是吗？

戴父：他嘴角流血了，后来我老婆骂了我，毕竟是我们一起工作的人，他只是在我的铺面修手机，我们也是合作嘛。后来我向他道歉了。他当时也是在生气，他的定义里我这个儿子就是个傻儿子，但是我见不得他说我儿子是傻儿子，所以说这件事情还是很气愤的。

结缘特奥，共同进步

问：他是什么时候被选作特奥运动员领袖的呢？

戴父：2010年拿了冠军金牌回来，2013年他和冯某两个人都去成都参加特奥运动员领袖培训计划，有一个运动员记者和运动员教练培训计划。

戴任飞：是的。我记得我是接受一个特奥小记者的培训。

戴父：对。

戴任飞：学校里有个老师，让我写稿子，比方说是个运动员代表，这个前提是去接受采访，回访，尤其是回访这个东西，也在搞。搞了以后回来作总结的时候我就想，还是写个稿子吧，稿子是用A4纸，深夜还在搞那个东西，一般人搞不出来。

戴父：讲到那次培训，大概是在2013年的时候，戴任飞因为在学校里的唐宝宝当中比较突出，他也爱唱歌，学校里搞一些元旦活动，每年搞一些特奥小活动的时候，他都去。他的性格特点跟我特别像，喜欢出风头，喜欢即兴发挥。因为我跟他在一起相处时间多，所以他内心里还是崇拜我的。

2012年我去教师节颁奖晚会的时候，有一个央视的记者，他觉得我作为一个家长，来衬托代建荣老师[①]是比较合适的，他就采访了我跟戴任飞和几个

---

①　代建荣老师2012年获"全国教书育人楷模"称号。

运动员。在那样一个场合，对我们也是一个锻炼，能见到比如说董卿、撒贝宁、李佳明这些主持人啊。后来教育部长他们又叫我们去北京师范大学作报告，见了全国十大教师育人楷模，也见了一些中央领导人。我觉得我跟儿子沾光了，跟代老师沾光了，能够上电视。

后来北京卫视把代老师的事迹报道以后，又来采访我，把大亮也带过去，代老师也带了大亮，因为大亮在记者面前放得开。记者问他足球踢了多少年了，他说踢了60年了。有的时候他对数字没概念，人家说"是吗?"他说"我是逗你玩的"，他马上就转过来了，很有应变的能力。他跟周立波老师对话，都是临场即兴发挥，一遍过的，都没有排练的。

《一条》①当中我跟他在一起聊的时候，他说爸你好了我就好了，这句话我觉得有哲理。现在回过头来一看，我很感恩他，因为他，我来到云南创业，有了经济收入，又多生了三个小孩。现在我又去接触特奥，我觉得我们家庭发生了很大的变化，想为这个群体发声做一些事情。

问：他第一次参加比赛是什么时候？

戴父：第一次参加比赛是小范围的，在昆明参加的简单的特奥比赛，特奥融合活动。比方说抱着球，篮筐很矮的，就往里丢，有的时候绕杆跑。第一次正式参加全国比赛是2010年。后来在2014年又参加了第六届全国特殊奥林匹克运动会，在四川绵阳，蒙某某他们也一起去了，大亮拿了50米短跑金牌，还拿了垒球的金牌，又拿了立定跳远的金牌，三块金牌。

戴任飞：我记得好像在我这边就是，之前我没有跟你们讲清楚那样的情景，因为那时是在四川成都……

戴父：绵阳。

戴任飞：绵阳，对吧？

戴父：嗯。

戴任飞：就在那个田径场，刚提到好像没有跟你们讲清楚，就是立定跳远，垒球，尤其是垒球是用手来投的，投远得很。我记得还有一个田径场是跑步的，4×4，这个我之前没跟你们讲清楚，4×4的接力赛。那时的接力赛是一个非常好的接力赛，就等于说是一圈跑下来就算好了。

问：您能跟我具体说一下他2010年第一次参加特奥活动的情景吗？您去了吗？

---

① 《一条》制作了视频《他曾经把亲生儿子丢弃在医院墙下》，讲述戴任飞家庭的故事。

戴父：那应该是他变化最大的时候，当时昆明这边有个教练叫李老师，那一次跟他们有很多的交流。他跟我说，对大亮不要这么溺爱，要放手，要让大亮学会独立，包括吃菜吃得慢这个问题。他慢嘛，我们还是有一些溺爱的。

（小儿子过来打闹，戴小斌提示小儿子不要打扰大家）

戴父：那一次去到福州嘛，有鲜花，有掌声，有收获的金牌，我也参加了一个家庭论坛。我觉得特奥是我们家的一个转折点，为什么是转折点呢？因为老人、亲戚朋友好像扬眉吐气了，对老人来说，我的孙子能去参加比赛，拿了金牌是很光荣的事。

大亮自信心也出来了，我印象中这样的孩子往往在人群当中不能自信，大亮在人群当中很自信。到现在为止，他没有认为他是智障。他有一次问我，为什么人家叫我们智障、残疾人，凭什么？他的这个疑问，是我们家属应该发出声音去解答的，是所有的成员应该去发出声音解答的。

你看上届联合国秘书长潘基文就把"唐氏综合症"，"病症"的"症"改成"征"，唐氏综合征是一种状态，它不是病，一定人群比例当中就有这么一个现象出来。包括我在《一条》中讲了一个点，我们之前在香格里拉嘛，香格里拉游客挺多的，每个季节有每个季节的花，杜鹃花、格桑花、狼毒花，每种花有不同的花期，凭什么就说他是一个智障的孩子？我们能说这个花是有问题的花吗，是一个智障的花吗，是不是？每种花都有它灿烂的地方，都有美的地方，只要是存在的就是合理的，就是完美的，就是最好的。

问：那当年大亮问您的时候您是怎么解释的？

戴父：我跟他说你是最棒的，你没问题。有一次我去滇池路那边参加朋友的婚礼，有一个同事就说，"小斌啊，你参加婚礼的时候穿正装，就西式的那种，孩子你不要带了，因为结婚的时候人比较多"。他知道我们家孩子多，我就说好啊。我星期六打个的就过去了，我发现那里有很多小孩在玩，我说，"哎，他们怎么小孩都带来了？"他就说，"啊？没有啊。小斌，大亮你就不用带来了，二毛、三毛①你可以带来"。我心里面就很不爽，他们心里有一种忌讳，我觉得他们有歧视。

还有一次我跟他在正义坊走路，一个小女生一个小男生两个人往前走，小女生走在前面。我跟儿子在朝他们那个方向走，大亮就正常地走。小女生低头看手机，大亮也没有给他们让路，他们相向而行，快要撞到大亮的时候，那个

---

① 云南方言，意为第二个孩子和第三个孩子。

小女生就很惊讶地说"啊，哎，倒霉了"。那个男生就说"你也不看看，你眼睛长到哪去了"。我站在大亮的后面，他们回过头看大亮的时候，都用一种非常奇怪的眼神，大亮没感觉，我有感觉，因为我感觉到他们有歧视。

我经常会跑到特教学校去玩，跟孩子一起，我觉得这种孩子特别善良，特别单纯，包括自闭症的孩子。但是社会上就有很多人觉得这种孩子比较怪异，甚至他们觉得长得怪的是不是有攻击性，他们有很多担心，也不能完全怪他们，可能就是缺乏融合，缺乏了解、认知。

问：您认为特奥活动对大亮提升最多的是什么呢？

戴父：自信嘛，阳光嘛，成熟嘛。

问：前后这些变化能不能举个事例？

戴父：以前说话不敢正眼看人，低着头咬手指头。现在，他觉得他是主场，比方说，我不在的时候他更放得开，他会讲他的人生梦想，讲他的一些观点，他有一些思辨哲学。这个可能跟我有关，我喜欢讲大道理，他也喜欢。以前参加合一大学的课程，我是一切的根源，我的梦想是帮助这些残疾人。他也说，他就讲一些很大的很虚的很哲理的话，但是有的时候我听起来也有味道。

他跟其他运动员不一样的地方就是他有思想，他有自己的审美观、爱好。更重要的是，参加特奥运动会以后到现在为止，我接纳他了。因为我见到了很多家庭里比大亮更优秀的一些孩子，我就发现一个共同点，就是父母没有抛弃他们，社会没抛弃他们。

我又带他学习传统文化。父母是孩子的原件，孩子是父母的复印件，为什么这样说？其实他是在模仿在观察我的言行，我们认为他是没问题的他就没问题。如果我们都贴个标签，他是智障的、残疾的、一个很讨厌的孩子，他就会呈现那个东西出来。大亮上公交车慢慢腾腾的，或者是上厕所，有时候我们急着赶飞机，我就提前跟他预案，我就接纳他，你越催他，他越急。做到"接纳"这两个字其实不容易。一开始是不好意思，是一种愤怒，我怎么倒霉了，把这个愤怒的情绪加给老婆，加给父母，指责他们，夫妻关系也很差。从一开始的恐惧、愤怒、怀疑、悲伤、自卑、不好意思、难为情到后来慢慢地接纳，接纳以后跟他在一起，进行引导、陪伴，陪伴又发展到现在的欣赏，到现在我是欣赏他的。

问：引以为豪。

戴父：引以为豪，引以为傲，到最后是感恩。为什么感恩？他让我多了一些和别的父母不一样的感受。第二个是因为他我相信缘分，我跑到云南来，跑

到香格里拉来工作，店名起名叫"阳光通讯"，就给他起了一个名字——大亮。这个大亮的名字很多人都知道，大亮这个名字比戴任飞这个名字还要出名一点。

问：一开始接触特奥运动时，他有没有拒绝或排斥训练？

戴父：第一次参加特训的时候还是有点煎熬。我认为特奥是重在参与，最大的好处是让不同级别的孩子都有机会去获得荣誉，获得奖牌。其实特奥是非常人性化的体育赛事。参与特奥，让孩子可以在一起通过运动恢复自信，让他们绽放，给他们陪伴，带来曙光，带来希望。他拿到金牌，他们学校都很重视。

问：他一开始表现出来拒绝，那后来是怎么配合了呢？

戴父：他一开始拒绝是因为在正常小学的经历，让他害怕体育。后来到这个学校的时候，我们经常跟老师在一起交流，老师也带着我们从一些简单的动作开始。比方说，站在一条线上，怎样把两只脚站齐。他要不就是站在线内了，要不就是站在线外了，两只脚不能齐齐地站在一条线上，或者说离这条线很远。孩子感官认知能力很弱嘛，通过反复强化训练，可能练个几百次上千次才能两只脚同时站齐。然后老师给他一些小红花啊，给他一个大拇指啊。特教老师授课时相对来说运动量小，又教得比较浅显，相对来说就是让他们能够自信。

通过体育运动，慢慢地他走路时两条腿的肌肉就能协调了。上楼梯下楼梯的时候，我记得以前他都是两只脚必须到一个台阶上，再迈出右脚，再下到下一个台阶，然后左脚再放到右脚那里拼起，现在两只脚交替着可以下了。

问：足球项目是他自己选的还是学校帮忙选的？

戴父：一开始他们在学校就有篮球或足球这样一些基础训练。他为什么选择足球？是因为当时我们把戴任飞特长报了个人足球技术，云南是要报这么一个项目的。当时也是我跟老师推荐，我觉得他的下肢灵活度不够，就是为了给他提高协调性，因为他左脚和右脚不太协调。恰恰特奥接纳了戴任飞这样的孩子，特奥选拔要求还是相对低一点。庆幸他能够去，如果当时我不积极或者说不去争取的话，他就可能跟特奥无缘了。

问：经过多长时间的训练，最终参加比赛？

戴父：三个月左右。

问：他去参加比赛之前应该是有过集训的吧？

戴父：集训了三个月，集训的三个月是他变化最大的三个月，第一个是生活的自理独立，二是体质恢复，三是脱离了我们。

问：是去四川绵阳吗？

戴父：没有，在昆明一个偏远的职业学校里，吃住都在那边。

问：那个时候您已经来昆明了吗？

戴父：那个时候我在昆明租房子了，我经常冬天的时候去看一下孩子，送点衣服过去。

问：您周末的时候去看他，他看到您的第一反应？

戴父：这个孩子有一个特点就是看到我很兴奋，很高兴，但他又能够接受我们离开。我在香格里拉做手机生意，他在昆明，经常这样离别，就习惯了，我觉得这样也好。我走的时候他也能接纳，他不是抱着不让我走，哭得稀里哗啦的，没有。但是他心里面爱我想我恋我，这倒是有，所以我也经常来看他。

问：大亮和他的队友、教练相处得怎么样？

戴父：很好。为什么讲很好呢？他经常很幽默的，会闹一下、逗一下，他们之间有相互接触。那些孩子在一起的时候还经常会搞一些小动作，小调皮。这孩子他很细心，照顾人，他身上最大的特点就是善良。他们会帮老师牵牵被子，比方说送去的水果、粮食，他会悄悄地塞到老师的枕头旁边，他会给人家制造惊喜，他自己不怎么爱吃零食。我们原来说是讨好别人，他就会去搞关系。

问：善良，会分享。

戴父：对，玩具、好吃的零食他会悄悄地塞到教练书包里去，他会给别人一个惊喜，这个习惯特别好。到现在还是，经常看到他包里塞了两瓶饮料带去学校。（问大亮）是吗，我没夸张吧？

戴任飞：别偷看我的包。

戴父：我没偷看。但是我能猜得到里面有东西。

戴任飞：没事的，就是他们两个问我要东西，一个是老习，一个是……你更熟悉的，还有一个我们都很熟悉的老师，你知道她是谁吗？

戴父：不知道。

戴任飞：刘老师。

戴父：哦。

戴任飞：是马某某一个队的，主要是她要，什么东西都要。

戴父：就两个都是美女是不是？

戴任飞：不是，是一男一女，他们两个要，他们就是爱喝爱喝，称他们

"爱喝鬼"。

问：您是什么时候成为运动员家庭领袖的呢？

戴父：东亚区〔家庭领袖〕的话，是去年，2016 年。在东亚区之前，我就是一个全国的家庭领袖，云南的一个家庭领袖。

问：昆明有多少个像您一样的家庭领袖？

戴父：像薄福荣，还有王同学的妈妈周琦，还有周波，他是我们之前的主席，在这个群体中应该有十来个人。

问：您的家人对您做家庭领袖的态度是怎么样的？

戴父：很支持。为什么很支持呢？其实也没做什么，主要都是跟儿子在一起的。比方说，代老师上次被评为全国教师楷模之后，校长、我和代老师经常去机关单位做一些宣讲，也讲到特奥，也讲到大亮成长的过程，也讲到代老师的付出。

其实我们上电视已经影响帮助了很多家庭群。我觉得家庭领袖没有具体的工资，没有具体的职责范围，但是我们就在为特奥发声，经常介绍特奥，什么是特奥。后来我们在香格里拉举办了第一届特殊奥林匹克运动会，那么小的一个地方，邀请到全国的运动员代表和云南省运动员代表到香格里拉藏区，他们通过比赛相互增加了友谊。也有很多家长都看到，就"哇，原来阳光通讯的戴老板的儿子还能参加这样规格的比赛"。又组织孩子去普达措国家公园玩，原来孩子都关在家里面，没有走出来。去普达措的时候很多家长都拉着我的手说，以后这样的机会让他们多参加。他们第一次走进普达措国家公园，那么美丽的风景他们没看过。

很多家长觉得他们的孩子低人一等，不好意思牵出来。所以我想只要有机会一定把孩子牵出去，带着他们。我为什么要生很多孩子？我们这些孩子没有歧视大亮，反过来他的妹妹、弟弟都以哥哥为骄傲。他们也变得善良起来，见到这样的群体，他们也主动去帮助，这也是一种家庭融合。

问：您在做运动员家庭领袖的过程中有没有遇到一些解决不了的事情，遇到什么困难？

戴父：也有无助的时候。比方说有些孩子，他就在那哭啊，我们就在那陪着他，但比赛的时候不能让孩子弃赛。我以前陪儿子参加比赛，有些孩子跑步，跑着跑着就突然不跑了，往回走，我们就接纳他，就牵着他，引导他，我们更多的是包容。我们对他们也有要求，例如饭不能撒在桌上，要捡起来，要吃。有的孩子说脏话，我们也要制止他。

问：您觉得昆明现在的特奥运动存在什么问题吗？

戴父：现在就是面还没有普及开来。一些偏远地区普及程度不高；市区里的家长和孩子，意志和信心多一点，对特奥的了解充分一点。有一个好的事情就是现在当地的政府规定，只要在人口 30 万的地州、县级城市，都有一个特教学校，很多孩子可以就地上学。像我把大亮从香格里拉送来昆明，我们开车要十多个小时，坐飞机吧，又没有那么大的经济费用。现在这些孩子在特教学校里，学校老师会普及一些特教知识，真正的融合是平时走出来的活动。

问：昆明的特奥运动员，现在他们的家庭大概是什么状况？

戴父：贫困以上的多，很多家庭有了这样一个孩子，就没有勇气生第二个，为什么没有呢？有些人是觉得他们应该把更多的爱放在这个孩子身上，很无私。有的是夫妻双方必须有一个长期照顾这个孩子，有的人家里没有老人，甚至老人也生病了，需要照顾，那么就一个人去养活一家人，这个情况下，我觉得他们在经济上还是非常拮据的。

问：最大的困难是什么呢？

戴父：最大的困难就是因为经济拮据，造成心理上的不自信。

问：政府有没有政策帮助这些特殊的家庭？

戴父：我对他们的了解……小王家里还算不错。有一些家庭，像我们这个家庭，我们是私营企业主，相对来说，这几年通过自己的奋斗，确实实现了小康。但是很多家庭，特别是上班族，经济压力还是大的。因为他们的小孩需要照看，有的智障孩子在学校毕业以后，又不能很好地去就业，就算是就业，阳光工场也比较少。

他们最大的困难就是老了以后，孩子怎么来抚养？孩子的养老问题，自己的养老问题。还有心理上一个最大的困惑就是……人哪，到老的时候，越没有子女陪伴的时候或者子女还需要自己陪伴的时候，他有一种心理落差。人喜欢比较，他怎么比较？他跟正常人的群体有一个差距，但这个他不能跟政府要，又不能跟亲戚朋友要，他压在心里面，很多家长就会有心理上的疾病或者造成心理上的一些阴影，包括我也有。我觉得大亮，毕竟他不像其他几个孩子可以不断地去读书，不断地找工作，成家。

问：作为运动员家庭领袖，您希望有什么政策可以帮助情况不是很好的家庭？

戴任飞：（悄悄对爸爸说）不要闪腿，闪腿不好。

戴父：我儿子悄悄地打了我一下，叫我不要抖腿，不要敲腿，就是闪腿

（笑），像这样抖。（对儿子说）我这个是情不自禁，我要改，谢谢你提醒。

作为一个特奥家庭领袖，我想呼吁政府加大对这个群体的关注和支持。为什么呢？我觉得衡量一个社会一个国家文明和进步的标准之一，就是看它对不同群体、对弱势群体的福利政策。他们生来是人，是这个国家的公民，他们就应该享受这个国家公民应该享受的一些权利和义务，这是发展中国家也好，西方发达国家也好，都需要面临的一个问题。

比方说，应该组织像他们这些孩子去体检；组织他们去参加一些公益活动，让他们走出家门。比方说像上海迪士尼乐园这样大的一个了不起的景点，让大人小孩开心，政府应该给他们这些人在门票上一些优惠，甚至有意识地让他们享受快乐，因为他们身上有很多故事。

曾经有一个企业家，知道我当时搞运动会，我在募捐资金。他说："说真话，小斌，我愿意把钱捐助给那些贫困大学生，但我不愿意资助这些智障的孩子。"我说，"为什么？"他说："贫困大学生是祖国未来的人才，他们可以为这个国家贡献很多。"我能理解他，但是我不同意他的观点。我认为资助这些贫困的智障孩子家庭，确实能给这些家庭一些心理上的安抚，这些孩子他只是慢一点。如果在给他一定资助的同时，关注这些孩子所呈现出来的生命状态，他们的生命张力是能够打动和影响更多的家庭和人的。

不能说哪种群体有权利，应该是人人平等，就是说我们不能有一个后天的标准去衡量哪一些人是最有用的、哪一些人是无用的。在他潜意识里，这些人是累赘、是负担、是包袱。那么〔这是〕谁定义的呢？这个定义科学吗？对吧？他这个企业家这样说，没准他的亲戚朋友……如果他以后的孩子生了一个这样的孩子，很贫困的时候需不需要支持呢？社会是需要这种人道主义的，需要相互的爱和帮助的。

通过大亮的成长经历，再加上我在社会上碰到的一些现象，我思索了以后，〔得出一个感悟，要〕善待所有的生命。包括一只受伤的小鸟，包括大自然中万事万物，我们都应该以一种爱的眼光去对待他们，不要去苛求，也不要急着去改变他们。

成就自我，谱写未来

问：对于大亮的未来，您有什么打算？

戴父：我积极地配合他参加一些公益活动，自己也在做一些志愿者〔工作〕，现在你们做这个活动我们也是参与者。

戴任飞在家中打坐

我一直在问自己一个问题，大亮到底爱好什么？我要给他引一条什么样的路？现在一有机会我就去新萌学校接送他，我觉得如果他离开了新萌学校，不知道该怎么办。我甚至想写篇文章——《再见了，新萌》，就有依依不舍的这样一个感情。新萌就是一个摇篮，给大亮、给我们家庭带来很大的变化，因为他去新萌之前我还是比较糟糕的。离开新萌以后，大亮又要面临二次选择，至少我现在心目中，我不想让他去上班，或者当清洁工，我更多地想让他去传统文化的道场上去当义工，去接触一些大德，甚至对佛教这方面有一些研究，就是自食其力地去生活吧，有机会就参与。他爱好这个嘛，我们支持他。好让他也学会怎么样去做人，怎么样对人有礼貌，去力所能及地帮助那些需要帮助的人。我觉得这样一条路，对大亮来说更好一点。特奥可能〔也〕是我们的一个品牌。

假如他说喜欢画画，还喜欢某项运动，我们也支持他。我们还有一个梦想就是大亮唐氏基金，原来我是承诺每年给这个基金赚钱，但这两年企业生意做得有点不太好。原来也是没有学习传统文化，急着去承诺，现在就是说还在做，但是数字有的时候不尽如人意。其实这些年都是在许多方面做，比方说上次传统文化当义工的时候，我们去山东，也去装刨花，我们在有些平台也在装，赚了一些钱。

但是一个人的能力有限，当你发自内心做的时候，需要有很多很多的人来一起帮忙。我一直认为大亮不仅仅是我的儿子，也是很多家庭的儿子，有一个

"大亮现象"就出来了。大家知道"大亮"这个人是很好的时候，〔那么〕以他的名字来命名〔活动〕是比较好的。就像国际特奥会的发起人、蒂姆的母亲——尤尼斯·肯尼迪·施莱佛女士，她就是1968年在美国洛杉矶开了第一个小型的特殊奥林匹克运动会，后来慢慢地影响力就扩大了。

这些想法都还不够成熟，现在搞个私募基金也不行，公募基金也光靠政府，还要成立一个机构注册，还没搞下来。但是我想大亮作为特奥的一个领袖，作为我们云南省家庭的代表，我们再创造机会去做吧，真的没有一个清晰的规划。有时候也让他回归到生活里，就是先让他把书读完，三年职业学校，还有一年半读完。读完以后鼓励他去参加一些社会实践。

问：有个算是很敏感的问题，以后想过他组建家庭吗？

戴父：他跟亲兄弟、表兄妹、堂妹之间关系不错，经常来往，我觉得他有特别的变化。他现在青春期已经过了，他十九周岁，我觉得一个男孩正常的结婚年龄是在二十四五岁，如果他遇到一个心仪的小女孩，他们两个人合得来，我就尊重他，让他享受结婚的自由和选择。甚至他以后能不能生孩子也是尊重他，当然也要参考科学、医学，但我们会积极地创造，我们只是他们的一个陪伴者，我们只是提供物质和精神上的帮助。

问：他现在有没有享受什么政府的补贴？

戴父：他的户口在安徽老家，没转过来，现在那边的残联每年大概有个几百块钱的费用，但是我没有回去领。虽然他有残疾证，但有些场合下，我很少带着残疾证去，有的时候我还是给他买门票。在我印象当中，原来有个朋友他身体不怎么残疾，倒是找关系跟政府要了个残疾证，他说以后去哪里方便，就业方便。倒反我的儿子我不喜欢让他带着残疾证，我潜意识里认为他不是有病的人，不是一个残疾的人，虽然有一个残疾证。

我觉得我们不能去跟政府添麻烦，不给社会添麻烦，我们尽量独立自主地生活，我们用自己的双手创造东西。所以我也很自信地说我的儿子以后在生活上、医疗上是有保障的，他跟其他家庭不一样。我，相反来说，如果能力允许，我还会去多帮助一些家庭。

戴任飞学习观察日记

观察时间：2018 年 1 月 2 日
观察地点：昆明市五华区新萌学校
观察者：张磊

时　间	工作内容	备　注
10:20	戴任飞在教室里走动，和同学聊天。	
10:25	戴任飞在教室后面做热身运动，他说："我前一段时间都没有运动过。"	戴任飞两周前查出患有阑尾炎，到医院住院一周。
10:27	戴任飞和同学交谈生病住院的事情。	
10:29	一个坐轮椅的女同学被另一个男同学推进教室，戴任飞将座位第一排的桌子移开，方便轮椅进入，待轮椅进入后戴任飞将移开的桌子恢复到原位。	戴任飞动作娴熟，和推轮椅的男同学配合默契，中间没有任何语言交流。
10:30	上课铃声响起。	
10:31	戴任飞到教室后面的物品摆放柜拿取自己的彩色铅笔。	
10:32	老师给戴任飞发了一张速写纸，叮嘱戴任飞写上自己的名字。	
10:35	戴任飞用彩色铅笔在速写纸上填涂。	
10:37	老师给戴任飞讲解色系的知识，用彩色铅笔分类的方法给戴任飞演示黄色系和绿色系，戴任飞认真听讲。	
10:38	戴任飞将自己的铅笔分成两队，一边暖色，一边冷色，并将里面断了头的捡出来放到身边的书包里，他说："这个是断的，回去削铅笔。"	戴任飞的每一支铅笔上面都贴着小标签，写着他的名字。他有 20 多支铅笔。
10:43	戴任飞将铅笔合拢，认真将绿色和黄色铅笔挑拣出来，一边捡一边自言自语："黄色系……绿色系。"	

（续表）

时　间	工作内容	备　注
10:45	戴任飞选好四个色系的铅笔，将剩下的收入笔筒。老师帮助他将选错的铅笔挑出来，并叮嘱他只用三个色系的铅笔上色就行。戴任飞按要求重选铅笔。	老师给学生们播放一些抒情的钢琴曲。
10:49	戴任飞选好绿色系、黄色系和粉色系作为自己的画的颜色，并开始为画涂色。	
10:51	戴任飞换着同一色系的铅笔给画涂色，非常认真，每拿起一支铅笔都要认真看上一眼。	
10:52	戴任飞的彩铅笔芯断了，他示意老师要去削铅笔，隔壁同学主动借给戴任飞转笔刀，戴任飞到教室后面的垃圾桶处削铅笔。	
10:56	戴任飞削完一支铅笔，将其放回座位后又拿了一支去削。	
10:59	戴任飞还在削铅笔，老师叮嘱他快一点给画涂色。	他每次都只拿一支铅笔去教室后面的垃圾桶处削，削完之后放回座位处又拿一支。
11:02	戴任飞还在削铅笔。	
11:03	戴任飞削完铅笔回到座位，将转笔刀还给同学，然后坐下涂色。	
11:05	下课铃声响起，老师示意学生可以休息一下。戴任飞继续给画涂色。	
11:07	戴任飞起身走向教室外，上洗手间。	
11:09	戴任飞回到教室，休息，做热身运动。	下课了，上课老师一直都在教室守着学生。
11:12	戴任飞回到座位，和同学交流明天考试的事情。	
11:13	戴任飞和观察者说起前几天住院的事情。	
11:15	上课铃声响起，戴任飞继续给画涂色。	
11:22	戴任飞给画涂色。	教室里不时有其他同学发出说话声，戴任飞很专注，没有受到影响。

(续表)

时　间	工作内容	备　注
11:24	老师走到戴任飞座位前，询问他是否带来上一次的家庭作业，戴任飞从身旁的书包里拿出一张猫头鹰的画交给老师。	隔壁同学画完老师布置的画，背诗"两岸猿声啼不住，轻舟已过万重山"。
11:27	戴任飞的铅笔又断了，他主动向隔壁桌同学借削笔刀，然后走到教室后面垃圾桶处削铅笔。	戴任飞经常把铅笔笔芯弄断。
11:31	戴任飞给画涂颜色，老师指导他涂色。	隔壁同学自言自语："绿水青山就是金山银山。"
11:37	戴任飞继续给画涂色。	他的进展很慢，才涂好画上的一片树叶。
11:43	戴任飞继续给画涂色。	
11:45	老师示意同学收作业，戴任飞将没涂完的画交给老师，开始收拾铅笔。	
11:47	班上要推举有才艺的同学担任才艺之星。戴任飞参加推荐。	
11:50	下课铃响起，推荐未果，下课吃饭。戴任飞收拾自己的文具用品。	
11:51	戴任飞到用餐处用餐，他走到自己的座位，从桌子下拿出凳子坐下。	学校教学楼每一层都有用餐处，放有用餐的桌椅。
11:53	戴任飞到打饭处跟打饭的阿姨说明自己不能吃辣椒。	
11:58	吃午饭。	
12:02	戴任飞从随身携带的小包里拿出耳机，边吃饭边听歌。将吃到的辣椒捡出来丢到垃圾桶内。	
12:10	对面的同学吃完饭准备离开，戴任飞拿出背包中的纸巾分给同学。	学校用餐的桌子可以坐四个人。
12:15	负责学生午休的老师叮嘱学生吃快点，说道："吃完的，上厕所，睡觉去。"戴任飞还在吃饭。	
12:17	戴任飞吃完饭，将餐具送到餐具集中点。返回用餐处照顾还在吃饭的低年级学生。	

（续表）

时　　间	工作内容	备　　注
12:20	吃完饭后，学生们离开用餐地，戴任飞主动将大家坐过的凳子放回到餐桌下面。他动作娴熟，很自然。	大概有30张凳子。
12:22	有老师路过用餐地，主动和正在整理桌椅的戴任飞打招呼，问他什么时候回来的。	戴任飞前段时间住院请假。
12:25	午睡。	
13:50	午休完毕，学生相继走出午休室。戴任飞还在睡觉。	
13:59	戴任飞起床穿衣服。	
14:02	戴任飞穿袜子。	
14:09	穿好衣服的戴任飞走出午休室。	
14:10	上课铃响起，戴任飞返回午休室穿衣服。老师提醒他快一点。	戴任飞没有因为老师的提醒加快速度。
14:12	老师再次叮嘱戴任飞快一点进教室。戴任飞开始整理被子。	
14:14	戴任飞走进教室，向老师喊"报告"，老师询问戴任飞的病情，戴任飞告知在云大医院看病。	现在上课的老师是代课老师，自我介绍姓钟。
14:17	老师给大家播放影片观看。同学们纷纷说出自己想看的内容。戴任飞建议看《快乐大本营》	
14:21	集体观看《西游伏妖篇》，同学们看得专心致志。	
14:28	戴任飞专心致志地观看影片。	
14:35	戴任飞趴在桌子上睡着了，老师将她的外套给戴任飞盖上。	同学们时常被电影情节引得哈哈大笑。
14:40	戴任飞睡着了。	
14:45	下课时间到，同学们开始做眼保健操。戴任飞被叫醒做眼保健操。	
14:50	眼保健操结束，戴任飞继续睡觉。	戴任飞刚出院不久，身体还没恢复好。

时　间	工作内容	备　注
14：58	戴任飞将盖在身上的衣服抖掉地上，同学看到将它捡起盖上。	
15：00	上课铃声响起。老师说等所有同学回到教室再接着观看影片。戴任飞继续睡觉。	
15：10	戴任飞睡觉，同学们观看影片。	
15：13	戴任飞被同学们的笑声吵醒，和同学们一起观看影片。	
15：15	戴任飞从书包拿出一张没有涂完色的画开始涂色。他从书包中拿出彩色铅笔。	
15：20	戴任飞给画涂色，同学们在观看影片，戴任飞很专注，不被影响。	
15：28	戴任飞停止画画，和同学们一起观看影片。	
15：34	影片放映结束，老师叮嘱同学们收拾自己的物品，准备放学。	
15：35	下课铃响起。	
15：37	戴任飞帮助老师把窗户关好，离开教室。	
15：40	和同学结伴离开学校。	
15：46	和同学分开，戴任飞一个人去公交车站。	
15：50	到达公交车站，等车。	
15：52	121路公交车到，上车。车上人员很多，戴任飞看到没有座位，选择站着。	使用学生卡乘车。
16：00	中途有乘客下车，戴任飞看到有空座，坐下，拿出耳机来听歌。	
16：08	下公交车，他说："还要换乘一路公交车。"	
16：11	等公交车。和偶遇的同学妈妈聊天，给观察人介绍他的同学。	同学属于自闭症类型，整个过程中他们都没有打过招呼。
16：15	189路公交车到达，戴任飞刷卡上车。	
16：45	戴任飞下公交车。	
16：46	戴任飞在人行道等红灯。	
16：50	戴任飞到家。	

特奥滚球"三金王"

——寸晖及母亲口述

寸晖，男，1998 年出生。湖北武汉人。唐氏综合征。有一弟。毕业于湖北省武汉市武昌区培智中心学校。现为武汉市硚口区某阳光家园学员。

口述者：寸晖、寸母
访谈者：刘思洁、刘昱琨
撰稿者：刘思洁
访谈时间：2017 年 12 月 10 日
访谈地点：寸晖家附近某茶馆

出生发现是唐宝

问：您和寸晖爸爸是怎么认识的？

寸母：我是在这里读大学，他爸爸是在这里的部队里，因为我们都是云南人嘛，是老乡，经常在一起玩认识的。我们 1996 年结的婚。

问：寸晖是哪一年出生的？

寸母：1998 年。

问：怎么发现孩子有些问题？

寸母：哎，出生就知道。才出生在医院，医生就觉得这孩子可能是唐氏综合征。出生四十天的时候，回医院去体检，然后就到儿童医院去做血液检查什么的，就确诊了。

问：您怀孕的时候，孕期都是比较健康吗？

寸母：有产检，但是当时没有这种项目，就是没有唐氏筛查。

问：得知孩子有些问题时，一定很痛苦！

寸母：那个时候，我们对唐氏综合征没有什么了解，以为可能就是生长发育比别的孩子晚一点、迟缓一点，但也没有关系。慢慢地了解了这个病之后呢，伤心肯定是有过的，刚开始也不大能接受。但是因为小嘛，一岁之前他跟别的孩子感觉不出来有什么差别。到了两岁、三岁，别的孩子会说话，会走路，他还不会，就能感觉出来了。他基本上两岁才会走路，到了两岁半就完全可以自己走，跑来跑去的。到三岁能够喊爸爸妈妈，能简单地发音说话，所以三岁半就送去幼儿园了。

问：是在哪个幼儿园呢？

寸母：就是原来我们住的天顺园小区旁边，一个很普通的幼儿园。因为是私立的幼儿园嘛，收的孩子都是小区附近的呀，或者是打工的呀，私立的嘛，还是收他了。幼儿园转过两次，这个最早的幼儿园只待了一年，后来就转到了南区。我们原本是天顺园北区，南区里面还有个幼儿园，那个园长人更好，蛮照顾他，所以就一直在那里读到六岁。

到处打听进培智

问：怎样去的培智中心？

寸母：读到六岁之后呢，我就在打听有没有类似的机构、学校，还跑到街道口的感统训练中心去看过，但那不行，那个要每天接送，我们没有时间。甚至还跑到汉水边上的培训机构，都不太理想。

后来我看到了《武汉晨报》有一个栏目，专门有个记者联系残疾孩子的求学、就业信息的。我就拨了他的电话问他，知不知道有类似的孩子可以上学的地方。他就跟我说了一些机构，我说都不太理想，有没有学校？他就说武昌有一个学校，但是大致在哪一块地方他不知道，后来呢也就没有联系了。没有联系之后我就在电脑上搜嘛，我就搜到了这个学校，就找到去了。当时学校说，可以来，但是因为我们不是武昌区的户口，可能有点难度。

问：这也是要看户口的？

寸母：要看的，本来老师师资不够嘛，收不了那么多学生。就是说，要不让他大一岁再来。所以我们又回到那一家幼儿园，又读了一年，七岁才过来。

问：培智中心是一所很正规的学校，是吧？

寸母：嗯，肯定啊。他七岁就去了，2005年的9月份去的，9月份开学。我是7月份去，报了个名，他们就通知我8月31号去。

问：他刚开始上学的时候，您带他做过智力测试吗？

寸母：必须哦，没有湖北省人民医院精神科的诊断，培智中心学校不收的。后来办残疾证都需要测试结果的啊。

问：他第一次测试出来的分值是多少，您还记得吗？

寸母：分值我不记得了，但是根据测试办的残疾证是二级残疾。一共做过两次，一次就是上学，再一次就是办残疾证之前。不做这个不给办的，不让上学，也不让办残疾证。残疾证有十年了，我们差不多要换了，2009 年办的，十年，2019 年要换了。

上学首日走失了

问：一直在培智中心上了九年学吗？

寸母：一直上到去年的夏天。他们学校呢，生源越来越多，场地、师资都不够，其实他应该是 2014 年就毕业，但是因为他参加过滚球运动，也参加过特奥项目嘛，就把他又留在托养班待了两年，一直到 2016 年的 6 月份毕业。但是他在 2005 年的 9 月 1 号开学的第一天就丢了。

问：啊？

寸母：他们学校当时是住读，有生活老师，有一个生活阿姨。我们是 8 月 31 号晚上送过去的，还看他上床睡了，我才回来。但是第二天早上，差不多十点钟老师就打电话来说，他跑了，到处找不到，也报警了。后来就问门房师傅，是早上老师帮助洗漱完，那个时候他还不能独立洗漱，他自己就先下楼来了。门卫师傅没有看到，他就跑出校门来。

问：也不知道去哪了？

寸母：走走走，就走到公交站边上，上了一辆公交车。

问：还坐车啦？

寸母：嗯，上了一辆公交车！他们学校呢，就发动老师在旁边找，没找到之后才联系的我。我当时呢就通知了他爸爸赶快回来，把他爸爸单位的人都发动了来找。同时我还联系了一个朋友，他是湖北经视台的主持人。

问：哦，主持人？

寸母：嗯，我们朋友的弟弟就在湖北经视台，我就说能不能搞一个寻人启事，还在交通广播也搞了寻人启事。但是经视的记者就说，寻人启事没有用的，要不就做个新闻，当天播出来才可以。我就答应了他们，记者就扛着摄像机跟着我到学校。他们校长当时还不是很高兴，说怎么把记者找来了，我也没有管他。就把这件事当成一个新闻，这孩子走丢了，把他照片放上去。当天晚上新闻的最后一条就播了。

那天呢，经过他们学校的所有公交车能够到的方向我们都去找了，还找到青山那边，因为他们在沙湖那一块嘛，很有可能会往青山去。但是事实上，他过了马路，上了光谷方向的车子。

问：就没有往你们找的方向走？

寸母：没有。我们是准备青山那边没有找到再往光谷去，每到公交的终点站就问司机，因为他这个孩子司机一看就记得。结果我们还在青山找的时候，就有电话来告诉我们，孩子在武昌的福利院。

事实上，他到了光谷终点站，司机肯定让下车了，他就下来走走走，可能肚子也饿了，走不动了。（对寸晖）看到一家理发店，你就进去了，对吗？理发店是一个男青年开的，恰巧那天他姐姐过来帮忙，看到这个孩子进来，感觉好像也不是流浪儿，因为穿得也蛮干净，就想肯定是走丢了，就买饼干、买蛋糕、买牛奶给你吃，对吗（问寸晖）？

寸晖：嗯。

寸母：那个嫂子就说这孩子肯定是走丢的，就给派出所打了电话。光谷的一个派出所把他接去了。接去之后也没有人来认领，到了快下班的时候，那两个干警就说只好把他送到福利院去，所以就送到武昌的福利院去了。刚好打电话给派出所的那个嫂子和送他到福利院的干警，都看到经视新闻播的走失新闻，马上给湖北经视打了电话。然后湖北经视又联系我们，我们赶到福利院接到了他，接到的时候已经是晚上八点多钟。

问：早上丢的，晚上八点多才找回来，也是找了一天。

寸母：嗯，所以还是比较幸运的。

寄宿家庭练自理

问：寸晖走丢后，学校管理方面采取了哪些改进？

寸母：学校管理改革了。第一，每个孩子做一个牌子，戴在脖子上。姓名、学校、爸妈的联系电话什么的都写在上面。第二呢，就是开始缩减住读的，发展到后来，家远的孩子就住在旁边社区的一些家庭里面。旁边社区里有很多下岗家庭，也没有事做，孩子就住在他们家，我们就是星期五下午再去接，星期天晚上送去。他们学校现在变成这个样子，就是他这个事情之后的

改革。

问：之前都是完全放在学校里？

寸母：完全放在学校。

问：老师人数不够的话，是很难管理过来。

寸母：还换了门卫。他们平时除了上学放学的时间，校门都是锁着的。然后慢慢地，住读就取消了。他就到了……（对寸晖）李伯伯还记得吧？就去李伯伯家住，一直住到他五年级。

寸晖：说什么？

寸母：你在李伯伯家住了五年呢。一直住到五年级，后来才换到哪个啊？换到曾伯伯家，最后换到王伯伯家，换了三家。李伯伯家住得最久，对吧？还记得吧？燕子姐姐……

寸晖：嗯。

寸母：（对寸晖）想起来了吧？都对他蛮好，但是李伯伯已经生病去世了。他们那个社区很多家庭接受了这样的孩子，一直到现在都是这样。

问：只有孩子去，你们也不能陪同是吗？

寸母：星期一到星期五都住在那家，按月给生活费。他们学校呢，因为我们不是武昌区的户口，刚开始还收一点点象征性的借读费、学杂费，到后来就全部免费，一分钱都不收；当然也有孩子中午在学校吃饭，就收一个伙食费呀康复费什么的。寸晖也不吃饭，就一分钱都不交，发展到后来就一分钱都不交了。生活费完全交给那个社区家庭里。

问：是按月给钱吗？

寸母：按月给钱。

问：他中午也去寄宿的人家吃饭？

寸母：对，那就吃得好一些呀。

问：对对对。起码有人像家人一样照顾他了。

寸母：哎对，而且一般一个家庭不会只照顾一个孩子，他们一般都带两到三个孩子，那就有个伴。

问：嗯，还有个伴，还有人交流。

寸母：带得多的带四个孩子。生活费用最初的话呢，我如果没有记错的话就是800，后来慢慢的1 000、1 200。最后我们走的时候是1 500，最后一两年是1 500，嗯，最开始是800块钱。

问：寸晖在走失之后就再也没有住过学校了？

寸母：没有，就住在别人家里。但是也很锻炼他呀，住在别人家里，他不可能每天帮你洗漱呀，慢慢地自己就会洗漱了。

雅典特奥夺三金

问：对于特奥运动会，也是从雷老师那里才知道，是吧？

寸母：对。

问：怎样被选为滚球运动员的？

寸母：雷老师挑孩子呗，挑几个孩子训练。正式训练 2008 年开始，2009 年开始比赛，是福州的比赛。

问：挑选是根据身体情况，还是有其他要求？

寸母：滚球，一般都是挑唐氏综合征的孩子。因为本来这个项目就是针对这种类型的孩子，他们比较安静，适合这个项目。它不是那种对体力要求很高的项目，它要求判断距离的远近，需要比较安静一点的孩子。

问：就是定力比较好一点的？

寸母：定力好一点的，嗯。

问：当时您是什么看法呢？对这个有什么了解吗？

寸母：刚开始就以为是学校里的一个体育项目嘛，后来才知道，这也是特奥项目之一。2010 年去福州参加的是全国特奥运动会①，拿了奖牌了。2010 年就继续训练，2010 年的暑假差不多有二十天的时间，每天送到学校去训练。

问：每天都在训练？

寸母：嗯，因为 2011 年要参加雅典的特奥会。

问：他会不会觉得训练太辛苦了？

寸母：他还好，他就是怕跑。跑一下，气喘吁吁的。但是怕雷老师嘛，雷老师眼睛一瞪，嘿哟（笑），他就继续跑了。

寸晖：有什么好怕的？哼。

寸母：雷老师要求很严格的。滚球训练还是有体能训练，还是要跑步的。

问：对，基础的跑步。

寸母：最辛苦就是 2010 年的夏天和 2011 年的夏天。2010 年夏天差不多有二十天，每天早上送过去，后来没办法，就在轻工大学这里请了个女大学

① 第五届全国特奥会于 2010 年 9 月 19 日至 25 日在福州举行。

生，她放假没有回去，就请她帮忙早上送过去，训练完再接回来。2011 年的话呢，在北京训练了将近两个星期，就是这两年夏天还是比较辛苦的。

问：一般他的训练内容就是滚球？

寸母：跑步，热身运动，然后就是滚球噻。先自己滚，然后再两个人，两两比赛。

问：跑步有没有要求？像每天要跑多少米？

寸母：没有，对他们没有，就是要活动开来就行了。

寸晖：嗯……要跑，要跑四圈。

寸母：滚球有点类似冰壶，无限接近，越接近越好。所以对距离的控制，远近的判断，出手的力度，比较讲究。了不起就是要他练哑铃，把手腕的力量训练出来，跑步就是热身一下，能够把身体打开就可以了。

问：稍微有一点训练的。

寸母：有一点。他现在自己一个人打篮球也可以打一个小时呢。

问：刚开始的时候有没有回家跟您抱怨说，训练很辛苦啊，不想练了呀？

寸母：没有。

问：那说明他兴趣还是很强的。

寸母：他有时候下课了打篮球，还不愿意进教室呢。（笑）

寸晖：……回啊，打了会儿回，回教室啊。

寸母：篮球基本是没有人教他，他们上体育课老师有教一下，在学校也打，所以他靠自己投篮运球什么的，基本上是自学的。

问：雅典是第二次参加比赛？

寸母：嗯，第二次。福州是第一次，雅典是第二次。雅典是 2011 年的夏天嘛。6 月份的时候他们就被送到北京去了，在北京集训了将近两个星期。

问：也是雷老师带去的？

寸母：雷老师都不带队啦。送过去她就回来了，因为是全国的选手在那里，教练是山西的一个教练，后来去雅典的领队是湖北省残联的一个领导。他在北京训练那段时间，我们就只去看过一次。雷老师带着我，家长只去了我一个人，因为不让家长去嘛，怕孩子会分心。就假装说我是学校的老师，然后雷老师，他们学校一个老师，我们三个人去看过一次，完了就不能去了。

问：这边总共有几个小孩去呢？

寸母：滚球去了两个小孩，但是另外一个孩子在那边体检的时候淘汰下来了，最后滚球只去了他。但是别的项目，江岸辅读学校有去的，滚球湖北就去了他。别的项目还有别的孩子。雅典呢，就是拿了三块金牌。

问：就是那个"三金王"的证书？

寸母：对，雅典是待了一个星期。

问：（问寸晖）你还有印象吗？在雅典的时候。

寸母：坐飞机去雅典，还记不记得？

寸晖：嗯，记得。嗯……飞机……从……掉下来。

寸母：不会掉下来的，不会掉下来。吃了很多方便面对吗？

寸晖：在火车站吃了……方便面，还吃……糖。

寸母：发了很多面包都没有吃，都装在箱子里带回来了，他不怎么吃面包，哈哈哈。

问：我们之前看到新闻报道，雅典那一次勇夺"三金王"的比赛，赛前吃泡面？

寸母：对。面包、沙拉他都不喜欢吃，到目前为止吃的面包也只是肉松面包、火腿肠面包，或者吃一点蛋糕。你想一下子那边，雅典和希腊那边那种长长的面包，他怎么会吃呢？所以背回来一大堆面包。

寸晖：……红豆面……红豆面包呢。

寸母：嗯，还有红豆面包，就带了一些方便面、老干妈过去，就喜欢吃方便面。

问：嗯，还是喜欢地道的中国食物。

寸母：（笑）对对对，饮食上肯定是。

寸晖：……方便面。

寸母：嗯对，吃了方便面就有劲了，是啊？

寸晖：嗯。

问：也是从这边带过去的？

寸母：他们教练带过去的。因为像他们这样的孩子，一般很多都肠胃不太好，消化不好。怕那边饮食吃不惯，所以他们就带了很多方便面。

寸晖：放……火腿肠呢。

寸母：对，放火腿肠的面包。那个泡面的故事是他们领队回来讲的，省残联那个领导讲的，讲给雷老师听的，我们都不知道。

问：这个也是比较典型的故事了。

寸晖：哎，对对对（笑）。

寸母：那时候是他们胃口最好的年龄，那种沙拉、面包他哪吃得饱呢！

问：对，又吃不惯又吃不好。

寸晖：不吃那些沙拉……

寸母：沙拉你是不吃啊。

问：现在也不是很喜欢吃西式的东西吧？

寸母：嗯，现在好一些。牛排、沙拉都还吃。

寸晖：现在……吃两个牛排就好了。

问：平时还是比较喜欢吃中式的食品，是吗？

寸母：嗯，口味重，呵呵。

寸晖：……白菜……多加些白菜就好。

寸母：好的好的，吃青菜，每天要吃青菜。

问：对，补充维生素。

寸晖：不能吃，不能吃肉啦……

寸母：（对寸晖）你在北京，你们出发之前，国家残联的领导来看望你们，是吧？让你们讲话。领导就走到他旁边来，坐了一排运动员，他自己站起来，跟那个人说，来您请坐。哈哈哈，让别人坐。

当时从雅典回来之后，在机场要接受记者采访，就是山西的那个滚球运动员，那个孩子比他会表达，那个孩子接受的采访，但是金牌呢是寸晖拿得多。

问：表达能力强一些。

寸母：嗯，表达能力强一些。就是蛮锻炼人的。2015 年四川这个比赛就是第三次。

问：2015 年？

寸母：嗯，等于是全国的两次，世界的一次。2015 年在四川安县，这个比赛家长可以去，但是我刚开始没有去，因为我上班嘛。我第三天的时候才去，他初赛我没有看，决赛的时候我才去了。福州的话呢，我去了之后只待了四天，然后我就先回来了，雷老师带着他的。

从小也算是住读吧，再加上经常出去，还是蛮锻炼他的。我们没办法，太远了，接送不了。他们有的孩子，吴同学住古田四路那边，他就是自己会搭车认得路，说话也比他们流畅，就自己每天早上坐地铁去，晚上回来。嗯，有这样的孩子。

寸晖：这个知道……菲同学呢……家住在四美塘去啦。

寸母：四美塘，对，菲同学也是每天早上自己去自己回家，对。

寸晖：那个……我们在老家……我还带着，带着小舅……吃完饭后……抹桌子扫地啊。

寸母：好，行，你回老家，你还要下田干活呢，还挖田呢。

寸晖：是啊，我还干活的，还把衣服就先脱了，哈哈。

寸母：打赤膊，是吧？

寸晖：打赤膊，那天气热。

问：第一次福州比赛就拿回来奖状了，他会很开心地和爸爸妈妈说吗？

寸母：蛮开心。别人到我们家来都要拿奖牌给别人看，哈哈哈。雅典回来也是，我有三块金牌！那我们就配合他嘞，嘿嘿。如果之后还能有比赛机会的话，支持他参加。

问：会和你们谈见闻吗？

寸母：吃了什么好吃的会说，得到了金牌会说。像在福州，后来雷老师还带着他们去玩了，也会说。

问：很厉害。

寸母：蛮开心。他晓得金牌是那个……

问：荣誉的象征啊。

寸母：嗯嗯。这一次2015年在安县比赛，他们就是点对点的服务，每个孩子都有一个大学志愿生陪着他。陪着他的是个男生，（对寸晖）对你也蛮好的，对吗？拍了很多照片。他们只要是比赛都是点对点，一个大学生对一个孩子。

问：现在还会和志愿者保持联系吗？

寸母：因为加了微信，微信上有时候会有联系。但是北京、雅典我们完全不知晓，都是在外面的。

问：都是另外的老师带着的。

寸母：哎哎，就没办法。

问：可能雷老师都不是很清楚。

寸母：雷老师都不清楚。因为湖北省送了运动员参加比赛，就不能送教练了。所以雷老师就没有去。

问：国际的比赛还是要稍微严格一些的。

寸母：嗯。2011 年嘛，四年一次，2015 年滚球项目就没有给湖北名额，所以就不能参加。它都是轮流的，均衡嘛，鼓励更多的孩子参加。

问：参加比赛会不会紧张呀？

寸母：他不紧张，他为什么平时训练成绩不怎么样，一比赛就好？就因为他不紧张。紧张了，手稍微动一下，距离就偏了。可能差 0.1、0.2 厘米，就赢了。

问：怎样被选入特奥运动员领袖计划的呢？

寸母：运动员领袖是只要是参加过特奥运动会，而且成绩比较好的，都有可能入选。我刚才讲他们武昌培智学校的优势项目就是，轮滑和滚球为主。他就是因为这三次特奥运动会，而且三次成绩都还不错。

问：当领袖之后，会不会有更多的活动？

寸母：湖北这边不多。

问：就是起一个带头人的作用吗？

寸母：其实更多的是重视过程，而不是结果。他参加滚球的过程，训练比赛的过程，乃至入选运动员领袖这个过程，锻炼了他，更多的是过程，并不是说他被选为领袖之后能给他带来什么，我觉得这个不是重要的。

问：针对领袖有没有其他特殊的培训呢？

寸母：特殊的培训没有。后来学校有一些比如说特奥融合项目的交流机会，就会让他们参加。像托养班可以多待两年，也是因为这个，别的孩子可能九年级毕业就回去了，因为他们学校容纳不了那么多了，他还是多待了两年。还有在学校期间有很多对外特奥交流的项目，就可以让他参加，算是给他更多一点的锻炼机会。但是如果说，带来什么更大的变化，倒没有。

问：他自己对特奥比赛是什么感受呢？

寸母：他喜欢参加滚球比赛。

问：之后还会再参加比赛吗？

寸母：应该说机会不多了，只有看某次特奥运动会如果在湖北，又有滚球项目了，他就可以参加青年组。还是要他们学校推荐，或者说雷老师那边有机会。特奥项目是分少年组、青年组的。

问：他之前一直参加的都是少年组？

寸母：少年组。他2015年的时候也还没有到十八岁，所以刚好，哈哈。要过十八岁才是青年组。他以后如果还有机会的话，就是青年组。

问：到时候又是会集中训练？

寸母：哎，这要看湖北有没有这个滚球项目的机会；第二，培智学校那边会不会想到他。毕竟肯定是要先想到小一点的孩子嚛。

问：嗯，也是。在湖北这边，训练滚球项目的应该也不多吧？

寸母：除了武昌培智学校就是江岸辅读学校，但是武昌培智学校的成绩要好一些。全武汉市就这两个特教学校。江岸辅读学校的游泳项目是优势；武昌培智学校主要是舞狮、滚球、轮滑，比较有优势，他们两个学校侧重的优势项目不同。

问：轮滑？

寸母：轮滑，有的孩子滑得很好的。（对寸晖）轮滑是哪个老师带的？

寸晖：夏老师。

寸母：哎，夏老师带的。

寸晖：夏老师头发……像光头一样的（笑）。

寸母：夏老师头发少……（笑）。

问：他比完赛之后有什么变化没有？

寸母：主要是三个方面吧。第一个就是自理能力增加了，每次出去都靠自己啦，刷牙洗脸，洗漱，自己穿衣服。他到现在养成的习惯就是，睡觉前脱下来的衣服就放在床边，每天早上就直接穿。今天要洗澡了，他都会先把衣服找好，很有条理。就是说生活自理能力还是提高了。第二个呢就是与人交流，表达的能力还是有提高。因为他要跟不同的人接触，交流能力、表达能力还是有提高。

问：自身也会稍微更自信一些吧？

寸母：嗯，所以第三就是自信心，还是增强了一些。我们住的小区楼上楼下都认识，他见了面都会主动地跟别人问好，蛮有礼貌的。

问：很懂礼貌。

寸母：哎。我们楼上有一个爷爷，他说他有个亲戚的孩子也是这个症状，因为总是关在家里，生活自理能力呢、社会交往能力都要弱一些。特奥运动对这些孩子更好地融入社会，肯定是提供了一个很好的平台。

问：这跟你们家长的选择也是有很大的关系。

寸母：这个主要是学校给的机会。那么多孩子里面，他选的这些孩子要好管理，要能够服从老师的安排，雷老师还是有眼光吧哈哈哈（笑）。

问：确实是你们家长的心态也比较好。我们也知道一些家长很难接受现实，不怎么让孩子出门。

寸母：他长到这么大，我们带他去武汉市所有的公园都玩过。每到周末都出去玩，都不待在家里。寒假暑假一年出去旅游两次。周末的话呢，是因为随着他弟弟上学之后就玩得少一些，在他弟弟上三年级之前，每个周末都要出去玩。武汉市大大小小远远近近的公园都玩过了，没有把他关在家里，就是带出去。像他这种孩子，很少有上过幼儿园的。但是我们就上过，而且恰好那个幼儿园的老师还愿意接受。

问：就是挺好的。

寸母：嗯。

校园生活多色彩

问：他在学校里面，和其他小朋友交流都很好吗？

寸母：都很好，他在学校蛮受欢迎，老师学生都喜欢他。他们那边的孩子，有唐氏综合征的，还有多动症的，还有脑瘫的，有很多类型的智障。有的多动症孩子比较暴躁，可能会打架，他没有，他性格很温和。学唱歌、学跳舞、学滚球都是在他们学校。滚球就是雷老师亲自带出来的。

问：这些才艺是您让老师教的，还是他自己就想要学的？

寸母：老师教，都是老师。他们学校除了针对特奥的比赛项目，滚球、篮球、乒乓球，还有轮滑之外，还有跟你们大学生办的特奥融合项目。一旦有特奥融合项目的时候，他主要是定点投篮。我们现在每天锻炼身体，也就是下去打篮球。

问：还有其他喜欢的项目吗？

寸母：（对寸晖）音乐课，对吧？杨老师教你们唱歌。

寸晖：……弹钢琴。

寸母：对，杨老师还弹钢琴。他们语文、数学、英语都上，他大部分的字都认得，也会写，他们还有作业。

问：会考试吗？

寸母：考哦。

寸晖：……画画呢。

寸母：嗯，对，还有美术课。数学，他们教了十以内的加减，最后还教到了二十以内的加减，二十以内的加减乘，除法没有教。还教了认识人民币，认识时间，就是些实用的东西。汉字还是认得很多。最后托养班两年还教他们炒菜，还有穿珠子，他们学校的学生穿的工艺品的玻璃珠子。

寸晖：……编织课。

寸母：嗯对，编织课。

寸晖：……图书馆。

寸母：图书馆还看书，对。

寸晖：对呀，要看书。……班会课。

寸母：还有班会课，哈哈，那是星期五。班会课呢，就很多湖北大学的，还有经济管理学院的、体院的、华师教育学院的大学生跟他们一起上班会课。

问：班会课主要是些什么内容呢？

寸母：他们有时候就是练书法，（对寸晖）对吧？有时候是唱歌，有时候是游戏，有时候给他们介绍一些节假日。都是那些大学生自己主持。

问：会不会让他们有一些表演，或者一些演讲之类的？

寸母：演讲肯定没有，表演肯定有。他们学校每年的元旦、圣诞节都有艺术表演，他主要就是跳舞。（对寸晖）还会跳舞，是吧？

寸晖：……跳……

寸母：王老师教你们跳过是吗？跳过《大王叫我来巡山》。

寸晖：……诶！不要……我来说。

问：（笑）你来说你来说。

寸晖：……《大王叫我来巡山》的。

寸母：《大王叫我来巡山》，还有什么？《大眼睛》，是吧？

寸晖：对，就是我……

寸母：还有《感恩的心》，都跳过，是吧？

寸晖：……在……阳光家园跳啦。

寸母：那是你现在在阳光家园嘛，呵呵。他们学校针对孩子的文化课，生活自理能力的课，社会适应的课，都还是有的，就是康复课少了一点。但这也不能怪他们，因为他们没有老师，也没有器材。有些多动症的孩子，他是需要康复训练的，这方面可能欠缺一点。

问：刚刚说到做作业，他在作业方面有没有什么问题？

寸母：做作业的话呢，因为都是住读嘛，所以星期一到星期四的作业都是在住读家庭里面来完成，周末呢就回来做了。他们的作业，像语文就是写字，数学就是简单的加法减法。后来呢，就是认时间，认人民币，认图形，很简单。

问：那都是自己独立完成，是吗？

寸母：嗯，有些。语文完全是独立完成，自己写字肯定独立完成。但是有些语文作业是词组组词的，造句的。课本后面老师都有讲过，他不会，他就翻开这里看。

问：一般也没有什么问题？

寸母：刚开始，一二年级还是很难的。你想对他们来说写字还是很难，还是花了很多心思。他那个启蒙老师，黄老师，很不简单，还让他们背课文呢。三年级开始，写字才慢慢地入门了。

特奥宣传盼加大

问：您对特奥了解很多吧？

寸母：之前完全不知道，是他们学校和省残联组织过一次特奥项目家长的培训，培训了一天就了解了。2015年去四川比赛的时候认识了襄阳一个孩子的妈妈，那个孩子是打乒乓球的，孩子的妈妈就干脆在社区要了一个房间，在自己小区里面组织了一个专门供这些孩子活动的场所，了解了更多东西。也是他们学校跟省残联有过这种活动之后，我们才了解。

问：作为家长，也认识了很多同样的家长？

寸母：哎对对对，了解了比较多。

问：寸晖也是通过比赛认识了更多的朋友。

寸母：嗯，是的。像他们这种孩子，一般来说不要谈融入社会，旁边人不要抛来太多异样的眼光就不错了，何况这个项目是要让他们融入社会的呢。他们学校现在有一个活动，就是低年级的孩子跟旁边小学，经常会有交融的活动，这是比较好的。

问：学校也比较注重这种融合的项目。

寸母：但是更多的人并不知道，社会上大部分人都不知道特奥项目。他们知道残运会，知道奥运会，但是特奥会，他们不知道，不了解。

问：对，我们的目的就是为了宣传特奥。

寸母：一般正常的人呢，可能觉得就是对你蛮友好，不太异样的眼光看你，其实就是一种很良善的出发点了，但是你要谈到特奥的话，基本上都不知道。中国在这个方面的宣传还是少了。

现在像他们这种唐氏综合征的孩子越来越少，因为筛查很严格嘛。我们怀他的时候还没有这个筛查项目，只在十三周、十四周的时候有一个染色体的检查。根据医生的说法，2002 年之前出生的孩子当中，唐氏综合征比例还是蛮高的。但是有的地方，就像武汉市，大致在 2002 年之后筛查就很严格了，怀到十四周，只要去产检，都会有这个检查，它可以筛查出来一部分，所以这种孩子后来就少了。但是，自闭症和多动症的孩子多了，自闭症的比例多高啊！自闭症到最后也是智商跟不上了。

问：可能就更难融入社会了。

寸母：哎。其实中国对自闭症还是蛮关注，宣传也蛮多。

问：现在比例也很多吗？

寸母：嗯，还有多动症的孩子，他也是可以参加特奥项目的。但是我觉得对特奥还是宣传不够。

自己觉得蛮开心

问：在他从小接触的人中，有没有会用异样的眼光看待他？

寸母：在路上或者坐公汽、坐地铁肯定会碰到异样的眼光，但是就我们生活的两个小区来看，楼上楼下周边的人都对他蛮好。而且他经常跟别人聊天啊，问好什么的。

问：他会主动去打招呼？

寸母：嗯，他会主动问，打招呼，问候别人。

问：他也不会排斥和陌生人交流吗？

寸母：嗯，不排斥，如果有陌生人跟他说话什么的，他都很愿意，不排斥。我们生活的小区，他生活的学校，这些都还蛮友好。但是你要说出去玩啊，在商场啊，车站啊，车上啊，旅游的地方，还是遇得到很奇怪很异样的眼光，这个很正常啊。要不就是觉得他长相很奇怪，要不就觉得这样的孩子他们见过，甚至有人问："哎，你是不是某某处的孩子？"我说："不是，你是不是觉得他们特别像？"呵呵，因为他们这样的孩子都长得差不多。他们为什么长得差不多，因为他们染色体都是一样的。

问：他不太懂事的时候，会不会感觉奇怪而问您呢？

寸母：他从来不会。他到现在也不会觉得很奇怪什么的，因为他一直在学校。去年9月份学校说再不能去了之后呢，我们就带他到这边社区办的一个阳光家园，就是专门针对旁边小区里面的这种残疾人的地方。上午去，下午回，在那里有一个活动的地方，所以没有脱离社会过。而且他的智力水平，让他感觉不到自己不一样。所以噻，别人可能觉得他肯定，嗯，蛮不开心，或者说是过得不幸福，但其实他自己觉得蛮开心。

在阳光家园放歌

问：他毕业去到阳光家园，有没有不适应？

寸母：没有，老师都很喜欢他。他们是两个老师一个做饭的。有十二个人吧？

寸晖：嗯，还有厨师还有。

寸母：他在那里可能是……

寸晖：王师傅……

寸母：他其实是最小的，年龄还有三四十岁的哦。

问：阳光家园里面主要是干什么呢？

寸母：长丰街阳光家园。

寸晖：……南泥湾大道。

寸母：嗯对，南泥湾大道那边。就是带着他们看书啊，到社区小区里面扫地，做做卫生啊，有时候打一下羽毛球啊，看看电视啊，唱歌啊。

寸晖：嗯，这个我知道……联欢会……会唱歌，跳舞。

寸母：（对寸晖）那是你们12月1号助残日的联欢会。早上八点半送去，下午三点钟以后就可以接了，三点到四点就可以把孩子接走，中午吃一餐，一分钱不收。它等于就是政府的福利。

问：也是你们去送去接？

寸母：对，是自己接送。

问：他现在还是不能自己来回？

寸母：因为没有直达的公交车。而且我上班总是顺带送了他弟弟，再送他。

寸晖：……要赚钱。

寸母：阳光家园不管住读的。旁边有一个私人办的机构可以住读的，但是我觉得没有必要。一旦我们很早要去上班，八点半就要到，要开会什么的话，他就不去了，他就自己在家里。自己在家里的话呢，留给他一点钱，中午他自己下楼买就行了。

寸晖：哟！这个我……

寸母：你会是噻？

寸晖：买饭……给我打电话就好了。

寸母：嗯，他自己听歌看电视差不多到十点，他想打球就到我们下面小区里一个篮球场打一下球。也可以到对面大学打，但是没有人送他过马路的话，就不让他过马路。

问：哦，对对。

寸母：到十二点钟呢，他就自己拿上钥匙，拿上钱，下楼买盒饭，再回来吃饭。就是说可以把他一个人放家里，放一天没问题。

问：就完全是放心的？

寸母：嗯，放心。

问：他出门也会自己记得带钥匙？

寸母：他们这样的孩子做事很有规律，他会按步骤做。出门之前，上个厕所，喝口水，装好钥匙，换鞋子，然后出门。你教给他，他就会一步不落地按照这个做。

问：还挺有条理的。

寸母：汉口那边有一个蛋糕厂，专门做蛋糕面包的。夫妇两个开的，就专门收残疾人的孩子做工。这个孩子就负责和面，那个孩子就负责其他的，一个孩子只负责一道工序，他们都蛮习惯这种模式，就是做之前一定要戴上手套，戴上帽子，他们会一步不落地做。教会他，他就只会按照这个程序运作了。

问：也挺好。像现在他在的这个地方，您当时是怎么知道的呢？

寸母：社区给我们打的电话。

问：哦，是社区主动给您打电话的？

寸母：他在培智中心学校的时候，2014年就和我打过电话了，我说他们学校说可以让他读到毕业，等毕业了我再过来看。所以去年学校说再不能去了，我就跑去看了一下，就去了。阳光家园中午还会让他们睡一下。生活很规律。

寸晖：还有……

寸母：李老师，阳光家园是李老师、张老师是吧？

寸晖：嗯，对……《西海情歌》。

寸母：嗯，教你们唱歌，《西海情歌》。

寸晖：啊，对呀。

问：很喜欢唱歌。

寸母：哎，听歌唱歌。全民 K 歌我都不知道，他自己不知道怎么把它下载了还在里面录歌，哈哈。（对寸晖）是菲同学教你的，是吧？

寸晖：凤凰传奇……哈哈。（笑）

问：喜欢音乐是好事情。

寸母：哎，喜欢音乐。唐氏的孩子，那个小舟舟就是这样的啊，他会指挥。唐氏的孩子对音乐有独特的感觉。他唱不清楚，但是旋律，节奏旋律不会错。

寸晖：……小舟舟。

寸母：魏凯啦，魏凯小时候演过小舟舟，对。

寸晖：……潘某某呢。

寸母：潘某某，潘某某不知道到哪去了。

寸晖：他们两个……小舟舟了。

寸母：潘某某不知道到哪去了，学校毕业后的大致情况就这样。

未 来 的 打 算

问：像他这样的话，以后会考虑结婚这件事情吗？

寸母：有一个叫菲同学的女孩，比他大一岁。你如果不跟她交谈，看外观看不出来是智障的孩子。第一很会说话；第二智力要比他好一些；第三呢，也还蛮喜欢他，蛮会照顾他。我的意思就是说，如果她家里也愿意的话，他们两个以后是可以生活在一起的，当然前提是不要后代，我想她妈妈也没有这个打算。这样的孩子肯定不要后代咯，他们两个可以生活在一起。

问：能够互相扶持。

寸母：哎，对呀。那个孩子，还比较会照顾人吧。因为她自己在培智学校的时候，都是自己上学放学，而且他们家就她一个，她爸爸妈妈后来没有生孩子。

问：那个孩子现在是在？

寸母：在武昌。嗯，也是跟他一样，去年就回来了，就没有去学校。她妈妈呢就不放心她去阳光家园，她觉得阳光家园有一些四十多岁的人，蛮复杂，其实不是的，我们这边蛮好。她就在家里。

问：（问寸晖）你喜欢菲同学吗？

寸晖：……我跟你说……老家……干活。

寸母：干活刚才说过了噻，现在是谈菲同学，问你喜不喜欢菲同学。

寸晖：当然是喜欢啦。

寸母：当然是喜欢她啦，哈哈。

寸晖：……喜欢的……菲同学……也是爱我的。

寸母：也是爱你的，哈哈哈。（笑）两个人每天在微信上要说话。

寸晖：对呀，还会说话呢！

寸母：好好，我知道了，我们下个星期再过去，把她叫上一起去看胡老师。我自己再工作个八、九年就退休的话呢，他们两个生活在一起还是有可能的。也不是说要组成家庭什么的，只要她父母愿意。

问：他以后也应该是不太能参加工作了，对吧？

寸母：不大可能。第一，他虽然认得路，但是我们不放心，除非是地铁直来直往。我刚才说的那个蛋糕厂，为什么没有考虑呢？就是那地方要转车，所以我们就没有考虑。这个阳光家园呢，除了到社区里面做卫生之外，还有带着他们体育运动，有时候还到江滩边去干什么的，我觉得够了。

问：他也觉得这样很好了。

寸母：嗯。因为他知道上班，知道我要上班，知道我要开会什么的。但是在他身上，他认为不是上班，就以为是开车，他有时候说他要学开车，哈哈，我说等你长大了再学开车。（对寸晖）那不是教你学骑自行车吗？那天还摔一跤，哈哈哈。

问：现在会骑了吗？

寸母：他说我什么时候开车啊，我说等你长大一点。（对寸晖）再慢慢地学自行车啊，篮球都学会了，自行车也学得会的，是吧？

寸晖：……是的。……吃个……冰棒。

寸母：嗯，打篮球热了，吃个冰棒。下楼买盒饭，超市人都认识他，也不会说不放心。

寸晖：哎，这个我知道。

寸母：你带多少钱去，别人找多少钱也不会说欺负他什么的，都不会。

问：哦，他自己也会算的吧？

寸母：他晓得，一般盒饭给他 15 块钱，别人会找 3 块钱给他，这样子。

问：他已经有一套自己的生活规则了。

寸母：哎哎哎，而且他身体也蛮好。

问：对，看得出还是，身体蛮好。

寸母：他出生四十多天的时候，医生说他这个心脏怎么办哦，后来慢慢就自己长闭合了。他主要是生活规律。对他们这样的孩子来说，能够做事、能够就业是最理想的了啊。其次，如果就业不了的话呢，他自理能力很强，自己可以待在家里，起码我不危害别人，对吧？不危害别人，也没有太拖家人的后腿，就很理想了。最不理想呢，就是完全要有一个人看护，完全要有一个人带那种。我们就属于中间这一种。他在阳光家园待几年，再这样子过渡几年，我差不多就退休了。我们到暑假有时候会把他送回老家去，他在老家也蛮开心。

其实政府能做的就是多建一点阳光家园这样的机构，他有一个跟同类的人交往的地方。他们这个阳光家园，带他们到汉江江滩玩啦，或者湿地公园去玩，都是搭公交车，两个老师带着差不多十个人搭公交车，这也是一种锻炼啊，搭公交车的过程也是一种交流。而且他和另外一个孩子是家长每天接送，他们很多人都是自己从住的地方走到阳光家园。阳光家园都是政府出钱的，所以政府还是做得到的，可能在这方面西方国家就要成熟些。他这样的人，我们希望能有更多他们可以活动的、可以参与的舞台。

问：还是希望多一些关注。

寸母：嗯。

阳光家园负责人丁老师口述

口述者：丁老师，女
访谈者、撰稿者：刘思洁
访谈时间：2019年3月5日上午
访谈地点：武汉市硚口区某阳光家园

问：阳光家园是由政府主办的吗？

丁老师：对，是我们残联，硚口区残联。

问：这边所有经费也都是由政府来出资，是吧？

丁老师：嗯，是的。

问：老师也是由政府分配的吗？

丁老师：老师是由政府出资，然后我们自己联系的。

问：这边的阳光家园是由两个老师来负责？

丁老师：对，两个老师负责，然后有一个专门做饭的老师。

问：是两位老师之外，还有一位做饭的老师？

丁老师：对。我们街的残联负责人在负责这一块。

问：就是又负责残联的工作，也负责阳光家园的工作？

丁老师：对。

问：阳光家园的日常活动有哪些呢？

丁老师：有很多呀，比如说有唱歌呀、写字呀，像歌咏、朗读呀，然后看书呀，下一下棋呀……

问：主要还是文体类的活动？

丁老师：哎对。有时候还有，像这样的花（指向活动室里的塑料花），花是他们自己做的。嗯，他们自己做的，哈哈哈。

问：还有户外的活动吗？

丁老师：有。天气好的时候，就带着他们去附近的公园去转一下，有的时候还到江滩去转一下。

问：一般这边都是有十几个人，是吗？

丁老师：嗯，多的时候有二十多个人。

问：带他们出去的时候，有没有一些困难的事情呢？

丁老师：有哇。因为都是残疾人嘛，有的还有精神方面的疾病啊，我们就叮嘱他把药吃了。

问：先吃好药再出门？

丁老师：嗯，对，把药也带着。有的小孩呢，你别看他有这么大，但是他的智商啊，不是像成人那么高。到外面去了之后，有时候他不听话，也不好好走。这样就两个老师，有十几个学生，所以说管理不过来呀。那怎么办呢？我们就要他们牵着手，一个一个地照顾。比如说，智力好一点的要照顾智力差一点的，要牵着。

问：互相帮助。

丁老师：而且我们这里要求小孩来了的时候要互相问候，我们这是一个大家庭嘛，要互相问候。刚刚来的时候一个一个的都不怎么友好，你是你的我是我的，都没有什么亲近感。

问：就要让他们熟悉起来。

丁老师：对。大家在这里一两年之后呢，一来这里就打招呼，哎呀，姐姐好，老师好，一来就感觉是一个大家庭。嗯，非常非常融洽，非常非常和谐，哈哈哈（笑）。但是还是有个别的智力不是那么高的，不会说话的，那就没有办法了。

问：对他们付出的关注也就更多一些了吧？

丁老师：嗯，对。有一个小孩儿，他来的时候，连饭都不会吃。

问：那是有多大呢？

丁老师：来的时候好像是有十六岁吧，嗯，十六岁，现在已经二十多岁了。来的时候连上厕所，屁股都不会擦，都是我们老师来悉心地帮助他。

问：老师们也辛苦了！

丁老师：嗯，是的。老师们都非常有耐心，而且非常有爱心。孩子们呢，他们觉得老师对他们好，他就时不时地凑到老师的跟前，偷偷地亲一下老师。

问：像小朋友一样。

丁老师：诶，对，亲一下老师（笑）。要是没有爱心的话，人和人之间有距离啊，就会蛮嫌弃他们，因为他们不是正常人，是残疾人。但是身边老师就很耐心呐，很有爱心呐。有时候吃饭，米粒子掉了，掉得身上都是，老师看到就给他弄啊，非常有爱心。我是一个局外人，但是这些东西呀，都是我看到的，也是我亲身经历的。

问：日常管理的两位老师非常有耐心，也很不容易。

丁老师：嗯嗯。一般有什么事情啊，这边老师就跟我们街道的残联领导汇报，有的时候他亲自下来解决。老师解决不了的问题，就跟他说，他就来给小孩解决。

问：一般这边也没有什么太大的问题吧？

丁老师：嗯，大问题是没有的，都是芝麻绿豆大的一些小问题。

问：主要就是生活上的一些小问题？

丁老师：嗯，对。

问：您对这些孩子是什么样的看法呢？

丁老师：嗯，首先是同情。

问：同情？

丁老师：嗯，同情。他们也不容易，谁愿意天生生下来是这样的情况呢？

问：嗯，因为首先有同情，所以才会有更多的爱心去关爱他们。

丁老师：对。我是这边管理残疾人的协管员，我深受残疾人的喜欢，我也要对他们这种喜爱做出相应的回应啊。

问：来到这边的孩子们的家属，对于阳光家园又是什么样的看法呢？

丁老师：嗯，大部分都是感谢。

问：感谢。外面那些锦旗也都是家长送的？

丁老师：对。经过我们这里的培养，孩子们的改变是有目共睹的，家长来到这边都是充满了感谢的。

问：阳光家园是按照社区来划分的，是吗？

丁老师：阳光家园是街里的，按街道的。每个社区的残疾人想到阳光家园来托养，我们都是大力欢迎的。

问：只要符合条件的都可以过来？

丁老师：对。

问：那社会上对阳光家园的认识度高吗？知道的人多吗？

丁老师：知道，也有部分了解。但是在社会上面还是有一小部分人，怎么说呢，对残疾人有看法。

问：就可能有一点偏见，对吧？

丁老师：对。

问：这也是需要更多人的理解。

丁老师：对。

问：您对于阳光家园的未来有一些什么样的期待吗？

丁老师：嗯，我很看好阳光家园这个机构，我也期待阳光家园会办得更好，使更多残疾人受益。

问：在武汉这边阳光家园开得多不多？

丁老师：基本上，一个街道有一两个吧。

问：规模差不多也是这么大，是吗？

丁老师：那我就不知道别的街道是什么样的了，差不多也是这样大吧。

问：还是希望阳光家园这种机构能够更多一些？

丁老师：对对对。阳光家园是管智力残疾人、精神残疾人的，还有别的残疾人是不会来这个机构。我希望还有别的机构能接受视力残疾啊、肢体残疾啊之类的人。

问：专业的机构来帮助他们。

丁老师：对。

寸晖活动观察日记

观察时间：2019 年 3 月 5 日
观察地点：社区阳光家园
观察者：刘思洁、刘昱琨
撰稿者：刘思洁

时 间	活动内容	备 注
8:50	母亲将寸晖送至阳光家园，寸晖问候老师。	寸晖通常在阳光家园的时间为每周一至周五 8:30～15:30。今日恰逢武汉广发医院来阳光家园义诊，寸母与老师交谈了一会儿。
8:57	寸晖进入活动室坐好，坐在固定的座位。	活动室里其他朋友在下象棋、下五子棋、聊天。
9:01	朋友来找寸晖聊天，寸晖告诉朋友自己带了扑克牌并拿出扑克牌。	
9:03	寸晖站起来整理背包，将背包挂在椅背上，挂好后坐下继续听妈妈与老师聊天，并时不时加入聊天。	
9:04	义诊医生组织体检，母亲劝说量血压。寸晖说想表演跳舞，在大厅跳舞，不在活动室跳。	
9:06	在母亲的带领下来到大厅排队量血压。	
9:07	寸晖走到大厅另一端打开电脑，想要放音乐跳舞。	
9:09	在母亲和老师的劝说下开始排队体检，量血压。	
9:10	母亲交代体检内容，安抚情绪，老师劝说等会儿跳舞。	
9:11	脱下外套给母亲，准备体检。	
9:12	和排队的朋友交流，有说有笑。	

（续表）

时　间	活动内容	备　注
9:13	在母亲陪同下记录个人信息，开始量血压。	部分问题由寸晖自主回答。
9:15	血压测量结束，和母亲一起听取结果，穿上外套，母亲带去询问麦粒肿问题，母亲帮忙拉上外套拉链。	寸晖近期左眼长了麦粒肿。
9:17	想去开电脑放音乐，被母亲劝阻；母亲换医生询问麦粒肿手术问题，寸晖安静听诊。	
9:20	起身走动，看其他朋友体检。	
9:21	找老师，站在老师身旁，整理衣摆。	
9:22	老师放音乐，寸晖跳舞《大王叫我来巡山》。	
9:26	寸晖边唱边跳。	
9:27	老师询问是否量完血压；寸晖回到活动室坐在朋友中间，与朋友说话、玩笑。	
9:28	走动、说话、拿包，和大家说买了新扑克牌，想和朋友一起打牌。	
9:31	和身边朋友聊天。	
9:33	看母亲手机。	
9:35	活动室内走动，与朋友们聊天；看母亲手机，和母亲交谈，和访谈者聊包饺子。	寸母与观察者分享寸晖的日常生活照片，寸晖也主动与观察者交谈。
9:39	和朋友说话。	寸母离开阳光家园去工作。
9:42	坐下和身边朋友说话，有说有笑；起身拿扑克牌，又坐下。	
9:44	老师组织唱歌，身边朋友演唱《一剪梅》，寸晖拿出手机找音乐为朋友放伴奏，认真听朋友唱歌。	其他朋友也在认真听演唱。
9:48	身边朋友演唱完，交还手机，寸晖自己演唱《西海情歌》。	
9:50	身边朋友加入，与寸晖一起唱歌。	

时　间	活动内容	备　注
9:53	寸晖继续演唱《映山红》，身边朋友坐下与其一起合唱，且不断表扬寸晖唱歌。	其他朋友认真听且时不时鼓掌。
9:55	在歌曲的间奏期间举手敬礼，边唱边笑，很开心。	
9:58	再次敬礼，演唱结束，回到座位坐好。另一朋友起来朗诵名人名言、《沁园春·雪》。寸晖听朋友朗诵，与身边朋友争夺扑克牌。	
9:59	另两位朋友准备跳舞，老师找音乐，寸晖喊加油。	
10:01	和身边朋友说话，拿出扑克牌与朋友打闹。	
10:02	朋友跳《卡路里》，寸晖看朋友跳舞，与身边朋友聊天。	
10:03	寸晖和老师说话。	
10:05	老师让寸晖放音乐《卡路里》，寸晖不同意，想放《感恩的心》，想要继续唱歌。	老师手机音量不够大，让寸晖用手机帮忙放音乐。
10:07	朋友跳完舞，寸晖调好音乐，开始边唱边跳《感恩的心》。	另一老师忍不住一起跳，身边朋友也加入进来。
10:11	寸晖唱完，坐下看手机。	
10:12	自己玩牌，洗牌。	
10:14	喊跳《卡路里》的朋友坐到自己身边，一起玩牌。	老师让大家自由活动，其他朋友下棋、打太极。
10:16	寸晖和观察者说话，让观察者留下吃饭；和朋友聊天，玩扑克牌。	
10:20	老师问中午吃完饭谁打扫卫生，寸晖主动回答他来做。	
10:24	起身到桌对面找朋友玩，拿朋友围巾回来坐下。	
10:26	和老师交流吃饭问题。	
10:28	看朋友下象棋。	

(续表)

时　间	活动内容	备　注
10:29	老师问寸晖昨晚干什么了，寸晖和老师聊天，聊做菜、做家务、看电影。	
10:36	寸晖告诉观察者老师腰疼，起来抱老师。	
10:37	继续坐下和朋友聊天。	
10:38	喊朋友来身边坐，朋友过来坐下。	是跳《卡路里》的朋友。
10:40	和朋友讨论扑克牌上的图片。	
10:43	寸晖把朋友再拉近一些坐着。	
10:49	看朋友手机，聊得开心，手舞足蹈。	
10:52	朋友离开，寸晖也起来换座位，坐下玩手机。老师问寸晖在看什么，回答说看书。	
11:01	起身倒水喝；站着看了一会儿手机。	主动找杯子想要倒水给观察者喝。
11:04	找老师说话，从后背抱着老师聊天，说过生日请吃蛋糕。	
11:05	坐下和朋友说话，有说有笑。	
11:06	跑来跑去和朋友们说话。	
11:09	坐下，手舞足蹈。	
11:11	跑来和朋友击掌，然后回到座位玩手机。	
11:17	起来和朋友打闹，走动。	
11:20	出去大厅等吃饭，搬桌子椅子。	义诊结束医生离开，老师布置将桌子椅子搬回原位。
11:28	洗手准备吃饭，去大厅叫朋友回活动室准备吃饭。	
11:31	老师在窗口发饭，寸晖拿到饭，和老师说谢谢，坐下吃饭。	每个人都拿一小块桌布垫在桌上准备吃饭，吃饭时非常安静。

在自己的世界徜徉

——X先生口述

X，男，1999年出生。浙江省温州市平阳县人。独生子女。初中毕业于温州市平阳县特殊教育学校。目前就读于温州市特殊教育学校职业高中部。曾多次赴国内外参加各类特奥体育比赛。

口述者：X
访谈者、撰稿者：潘立川
访谈时间：2017年10月3日
访谈地点：浙江省温州市平阳县X家

晕倒的时候，我就什么都不记得了

问：你好，我代表特奥会东亚区来进行口述历史采访。首先，请问你是哪一年出生？

X：我是1999年的农历三月二十五出生。我是在平阳本地出生，老家就是在平阳榆垟。

问：你爸爸、妈妈是做什么工作的？

X：我爸爸是养马的，就在家后面农田那边的马场里养马。我妈妈是在榆垟镇上的工厂里刷漆。我爸爸今年五十岁了，妈妈几岁我不知道。

问：你有兄弟姐妹吗？

X：没有。

问：你小时候就知道自己和其他人不一样吗？

X：有，我的记忆力差，有些字会读，但就是写不出来。其他的方面我都还行。

问：现在对小时候的事情还有记忆吗？

X：有点模糊。我还记得小时候交到的那些朋友。他们来自温州大池头，还有一些朋友是平阳鳌江的。

问：小时候家里人带你去医院看过病吗？

X：有。具体在什么时候，我不知道，不记得了。

问：你那时候觉得自己身体状况好吗？

X：我都是在晕倒之后去医院。当时我在学校里，坐在桌子上和同学聊天，聊着聊着就晕倒了。每过一年我就晕倒一次。晕倒的时候，我就什么都不记得了。

问：小时候去过温州吗？

X：有，去过一两次，那都是去医院，温州附二医院。

问：你在小时候最远去过哪里？

X：北京。家里人带我，就是给我看病。

在特校，老师比亲妈还亲

问：你是什么时候开始上幼儿园？

X：我只记得我上过幼儿园，具体在什么时候不记得了。

问：小学呢？你是在什么时候开始上小学？

X：小学是在本地念的，就是榆垟这里的学校，现在还在。我在这里连一年时间不到就离开了。

问：为什么在榆垟只读了一年就去了郑楼呢？

X：因为我的学习成绩跟不上。老师说我跟不上同学，就和我爸妈说让我去郑楼那边的学校①读书。

问：后来你在郑楼读了九年，在郑楼过得开心吗？

X：开心。因为有很多同学陪伴。

问：同学都是来自哪里？

X：他们有些来自鳌江的，有些来自大池头的，还有些来自其他地方。

问：到了郑楼以后，你的学习成绩还跟得上吗？

X：跟得上，郑楼的考试要简单一些。

问：在榆垟和郑楼两个学校学的课程有没有差别？

---

① 平阳县特殊教育学校坐落于平阳县郑楼镇。本文中的郑楼、郑楼的学校均指平阳县特殊教育学校。

X：有一点点差别，差别是在上课的速度上。在榉垟，老师一天就能把课全部教完；在郑楼，因为我们听不懂，老师就能再给我们讲一遍。郑楼的老师比亲妈还亲，她会重复教我们，教到我们学会为止。

问：你在郑楼上小学，最喜欢上哪门课？

X：我哪门课都喜欢上，特别喜欢体育课。因为我体育课成绩比别人好，而且我的体力比别人好。跑步跑得比别人久、比别人快。

问：你在郑楼小学的时候成绩怎么样？

X：我的语文成绩比较好一点，还有体育课。

问：每天上学都是自己走路去吗？

X：不是，我们是住在学校里。

问：那你多久回家一趟？

X：大概每半年回家一次。不过我也可以随时回家。

问：在学校里，你们是几个人一起住？

X：十几个人，白天读书，晚上就住寝室里。在寝室里我们也可以看看电视，也可以聊天，看电视到晚上九点钟也是可以的。

问：在初中的时候，你有没有参加运动会？

X：有，我参加有跳高、跳远，还有跑步这些项目。跑步是参加 1 500 米和 800 米，因为我能跑得比较久。

初中毕业，学校建议读职高

问：你后来去哪里读书了？还在郑楼吗？

X：后来我就去温州永嘉瓯北①读书。

问：你是什么时候去的瓯北？

X：我是在郑楼的学校读完九年制之后去的瓯北，中间休息了一年。

问：是郑楼的学校建议你去瓯北读书，还是家里人想让你去？

X：是学校的建议，爸爸妈妈也同意，我自己也愿意去瓯北读书。

问：你还记得第一天去瓯北的情况吗？

X：第一天大概是我妈带我去学校交学费，然后我妈她就一个人回来了，

---

① 温州市特殊教育学校坐落在温州市永嘉县瓯北镇。本文中的瓯北、瓯北的学校均指温州市特殊教育学校。

而我就一个人留在那里了，也没有想家。

问：在瓯北跟在郑楼的学校有什么不一样的地方？

X：瓯北的新学校更大，很容易走迷失。

问：那你有没有迷过路？

X：我就第一次在回寝室的时候迷过路，其他都没有，现在已经很熟悉。

问：你是在学校哪个部分？

X：我是在启智部。

问：启智部我也去过，楼下就是篮球场哦？

X：对，我也是住在启智部里面。

问：你现在在瓯北已经读了几年了？

X：大概读了两年了吧。

问：上了高中以后，你最喜欢哪个老师？

X：在高中的话，最喜欢装搭课老师，就是专门教我们装搭课的老师。装搭课就是专门搭玩具、搭零件，比如发夹，还有机器里面的那些绞绞的东西，比如像齿轮这样的零件。

问：为什么最喜欢他？

X：因为上装搭课能赚到一点点钱。我一天能搭五十到六十几个，能赚大概二十几块钱，如果搭得多的话有 50 块。

问：装搭课一般是什么时候上的？

X：一般都是早上两节课，下午一节课。要么就是早上一节课，下午两节课。装搭课天天都有。

问：装搭课就是你必须在两节课的时间里把东西搭完，是吗？

X：那不一定的。老师可能突然拿一大袋过来，那我们也搭不完。现在装搭的是发夹。

问：做一个发夹给多少钱？

X：做一个发夹是给我们 1 毛钱到 2 毛钱。

问：那一节课你能搭几个，一天呢？

X：一天呀，应该能搭两百个，一百多个。

问：那一个礼拜也不错啊，也有 100 多块钱呢。

X：我们哪有 100 多块钱，五个班呢，100 块也不够分呢。一个人没有那么多工资，要给五个班分。

问：哦，你一个人一天搭两百个，能拿到多少钱？

X：能拿到多少钱也不是我一个人说了算的，应该是去拿货的人说了算。

问：你觉得装搭课好玩吗？

X：好啊，能整老师。你看，我们专门在那里做，老师不是陪着吗？我们做慢，老师就要陪到我们下课。

问：你觉得这样整老师好吗？

X：好玩。再说我们一年就毕业了，不趁现在整，什么时候整？

问：为什么要整老师呀？除了好玩以外？

X：这就是我们的乐趣。

问：为什么这么说？

X：你跟我们一样年轻的时候，你没有这种想法？

问：但是我们不会整老师。赚的钱你是拿过来给自己用，还是给家里？

X：自己拿到的钱，我当然自己用咯，当零花钱。要么就是买吃的，要么就是买用的。买吃的话，我一般都是买水喝，不买零食，就买矿泉水。

问：除了装搭课、体育课，还有哪些喜欢的课程？

X：还有园艺课。园艺课就是种菜，或者就是把植物移出来放到大盆子里。还有电脑、电商之类的课程，和玩电脑差不多，没区别。

问：你是什么时候开始用电脑的？

X：就是在职高一年级的时候，我开始学电脑。

问：在郑楼有没有用过电脑？

X：也有玩电脑，比如打游戏啊。不过我很少打游戏的，比如这个《火影忍者》，是单机的游戏。这些都是在郑楼开始玩的，因为在郑楼也有上电脑课。

问：在电脑课上，老师都教你们什么内容？

X：老师教我们在电脑上画画，还有用电脑看电视。

问：除了电脑课、园艺课、装搭课，还有什么课？

X：还有洗车课、细纹刻纸。除了这些，还有在帽子上画画的课程和物业课。物业课上的内容和实习差不多，就比如说，打扫走廊、迎接这些内容。

问：除了这些实践的课程，还有没有语文、数学这些课程？

X：语文课是有的，数学课没了。

问：英语课有没有？

X：没有，只有糕点课，还有面点课。面点是我们在中午做给自己吃。

问：你在瓯北，在哪些课程中表现比较好？

X：都还可以的，对了，我们还有体育课。

问：体育课是谁上的？

X：狄克老师。

问：狄克老师我也知道。

X：反正我们以前的班主任就是金老师。他是班主任，也是教体育的。

问：在瓯北的话，课程你都跟得上吗？

X：全都跟得上。

问：哪门课学得比较好，成绩最好？

X：体育课。装搭的话，也比较好。

问：你的爱好是什么？

X：我要么就是打篮球，要么就是踢足球，要么就是羽毛球，这些体育运动我都会一点。还有你后面挂在墙上的那个网球拍，我还会打网球。

问：在瓯北读书，你也是住在学校里？

X：对，每个礼拜住四天吧，星期一到星期四，星期五就回家了。星期五读半天，下午第二节课上完我们就放学。

问：你是自己一个人坐车回家吗？

X：对，我是自己一个人坐车回来。先到温州市区的客运中心坐大巴，坐到平阳车站，然后再坐 108 路公交车到家里。路上都是自己一个人，没有爸爸妈妈去接。

我速度还可以，抓过那个美国人两次

问：你什么时候开始参与篮球、足球、羽毛球等体育运动项目？

X：大概就是在郑楼那学校，我就开始玩体育了。

问：学校有条件给你们玩吗？

X：有，我跟老师打过篮球，也和老师打过羽毛球。

问：在这些运动当中，你最喜欢哪一个？

X：基本上我都喜欢，都只会一点点，没有哪个玩得最好。不过，我最喜欢网球。我网球拍什么的都有，装备很多。我有网球拍两副、网球两筒。网球拍是我自己凑钱买的。

问：是不是用装搭课的钱？

X：不是。学校每年都有 1 000 块钱给我，不是奖学金，是补助。然后我用这个钱就买了网球拍。我经常打网球，跟老师打，比如陈伟健老师。他打网球很厉害。还有篮球，我每一节体育课都有跟老师打。一个礼拜上好几节体育课，所以我玩的时间很多。

问：篮球你一般打什么位置？

X：一般都是我一个人跟老师打。五个人，就我一个人跟老师打。

问：你投篮准吗？

X：不怎么准。我是打前锋，就篮下投篮拿两分。

问：足球呢？你是什么时候学会踢的？

X：去年金老师没走，我经常踢球。金老师走了以后，足球都没得踢了。

问：你刚刚说参加足球比赛，是去哪些地方参加过比赛？

X：没有。我也是那天才刚刚接到的消息，以前都没有参加过。老师跟我们说接下来学校的足球队要去上海参加比赛。

问：你踢球一般踢什么位置？

X：我呀，是专门抢球的前锋，负责正面射门。要么就是球踢过他头，顶进去，要么从左侧进去，要么就右侧进去，要么就下侧进去。

问：你是抢球的前锋，不是负责进球的前锋？

X：如果有机会，当然要进球最好咯。

问：那你有进过球吗？

X：有，我最多进过五个球，跟老师踢球的时候。

问：现在每天都有跑步吗？

X：有，每次晨练都有跑步。

问：有比赛的话，是谁带着你们训练？

X：应该也是教练陪着我们，要不然就是体育老师。我基本上跑步都是自己带着自己跑，哪来的教练。

问：自己跑多久？

X：一分钟到两分钟，大概有两圈到五圈。平时没比赛就没有训练，有比赛的话就是老师或者教练带着我们训练。

问：你觉得比赛训练辛苦吗？是不是很开心？

X：太轻松。因为对我没什么难度，其他人都跑不过我。

问：你是什么时候开始参加特奥运动？

X：就是我在去美国①的时候，很久以前了，是在瓯北读书的时候。

---

① 2016年10月，国际特奥会东亚区组织了特奥融合学校中美交流活动，21名中国师生赴美国北卡罗来纳与当地青少年进行互动访问，为时一周。X为访问团成员之一。

问：之前在郑楼没有参加过？

X：在郑楼有去温州参加过跑步比赛。我是参加 1 500 米比赛，拿了第二名。

问：很棒。你是什么时候知道特奥的？

X：大概就是去美国的时候才知道特奥。

问：为什么选你去美国？

X：我哪知道。你问我，我问谁去？有那么多人不选，偏偏选我。

问：那肯定是你比较厉害。你去美国参加什么项目？

X：在美国我就是跟他们玩橄榄球。

问：你会打橄榄球吗？

X：不会。但是我觉得橄榄球很好玩。

问：你打的橄榄球是不是腰旗橄榄球？

X：就是说每个人腰这里有一根绳子，一拔出来那个人就不能继续了。

问：就相当于擒杀了。那就是腰旗橄榄球，在腰间给你装一根带子。

X：你玩过？

问：看过，我对这个运动比较了解，挺好玩的。从美国回来之后还玩橄榄球吗？

X：再也没玩过。

问：你是不是很想念在美国玩橄榄球的时候？

X：这个关键就是速度问题。我的速度还可以，我抓过那个美国人两次。

问：你被抓过几次？

X：一次。

问：那你还挺快的嘛。在美国就去玩了橄榄球，还有其他项目吗？

X：我还当过志愿者，就是滚球比赛的志愿者。

问：你们在美国都去了哪些地方？

X：我们是去北卡罗来纳，在那边的大学里待了一个月。一个月的时间，当志愿者，玩橄榄球，还去参观了他们学校。

问：是学校的老师陪你们去的吗？

X：是温州医科大学的魏巧慧老师，还有我们瓯北学校的老师陪我们一起去。

问：去美国待了一个月，是在夏天还是冬天？

X：在美国感觉就是夏天。我现在穿的这件衣服也是从美国拿回来的。

问：知道这上面的字是什么意思吗？

X：龙和那个什么联合来着。我不认识英文，大概就是龙和特奥①。

问：你在瓯北的学校参加过哪些比赛？

X：主要是参加过跑步比赛、跳高比赛和跳远比赛。在学校里都是跑步、跳远这些项目。

问：去外面的话是参加什么项目的比赛？

X：去外面？没有。我们以前还参加过一个夏令营。在夏天的时候，就是在自己学校里的活动。夏令营就是教我们细纹刻纸，还有画扇子，没有体育比赛。

问：在参加过的比赛中，你拿过什么荣誉？

X：要么第一名，要么就第二名，要么是第三名，要么就是金银铜三个奖牌一起拿。

问：关于比赛你有什么印象深刻的？哪次比赛之后你最高兴？

X：没有。我每次心情都是一样的，冷静，不管比赛结果怎么样。

问：现在和一起参加特奥的老师有联系吗？比如说医科大学的老师？

X：我事情太多，没时间联系。

问：你哪些事情多？在学校上课？

X：你看，学校里老师叫我帮忙，我得跑去办公室。什么老师叫我，我都得跑去帮忙。要么老师叫我把东西送给门卫，要么老师叫我帮他打扫卫生。

问：你觉得给老师帮忙好吗？

X：好啊，我能拿到绿卡，可以在学校里换东西。

问：你平时看体育比赛吗？

X：我对体育比赛不感兴趣，就喜欢看电视剧。

问：你这么爱好运动，怎么不看体育比赛？

X：看体育比赛也没用啊，不能活学实用那有什么用？

问：那你应该多看一看，也有点用。

X：我对体育比赛不感兴趣，不太看体育比赛。

我的衣服都是自己洗

问：放学回到家里，你一般都干什么？

---

① T恤胸前印着特奥会标志与宣传口号：Keep Clam and Play Unified，可译为"保持淡定，'耀'在一起"。

X：洗衣服、买菜、烧菜，还有看电视。我的衣服都是我自己洗，买菜也是我一个人去菜场。

问：家里烧饭做菜都是你自己一个人干？

X：我会做饭，有时候我爸妈、奶奶也干。

问：那你还挺厉害的，一个人会买菜做饭。平时回家了以后，你还有没有跑步，还是就在房间里，不运动了？

X：一门不迈，二门不出的，所以我爸叫我学习开楼下那个电瓶车，让我有空躲到外面去。

问：你会开电瓶车吗？

X：我会开，而且能开很远。

问：你是什么时候学会的？

X：我昨天刚学的，昨天第一次开就学会了。

问：那你很厉害呀。你觉得自己的性格脾气怎么样，好吗？

X：只要别人不招惹我，一样好。

问：别人如果招惹你，你会怎么办？

X：我会直接一脚踹过去，踹到他流血不止。

问：为什么？可以商量一下嘛，没有必要直接动手。

X：没得商量的时候，或者忍不住的时候，我就要一脚踹过去。

问：我看你刚刚就和你妈妈有点顶嘴。

X：那还是第一次而已。

问：平时有和家里人闹矛盾吗？

X：有，蛮多的。

问：你妈妈那么辛苦，你应该体谅一下她。

X：她什么时候先体谅我们再说吧。

问：她哪里没体谅你啦？

X：你看，她平时都是跟我爸吵架。

问：你放学回家了以后，还有没有跟别的朋友玩？

X：没有，就我一个人。要么是自己一个人拿着网球拍对墙练，要么就是自己一个人骑着自行车出去玩一下。

问：从小到大，你有没有受到过来自社会的帮助？

X：有啊，比如说学校的补助，学校每年都会给我们发钱。

问：明年就要从职高毕业了，你对将来有什么打算？

X：我打算先去我妈工作的工厂里工作一年看看。

问：刷漆是吗？你已经有打算了？

X：是的。

问：那你有没有想过，到温州或者在瓯北那边工作？

X：老师说先带我们到外面工厂实习。让我们先去外面实习，如果有好的工作就留下来。

问：谢谢你接受我们的访谈。

X：不客气。

X母亲口述

口述者：X的母亲

访谈者、撰稿者：潘立川

访谈时间：2017年10月3日

访谈地点：浙江省温州市平阳县X家

问：请问您和孩子的父亲是怎么认识的？

X母：我们是通过他人介绍认识的。我不是温州平阳本地人，我来自四川万县。我是1998年来到温州生活，X是在1999年出生。

问：当时您是直接从四川来到平阳了吗？

X母：没有，当时我先在江苏南通那边的热源厂里打工。他们看我这个人很老实，就说把我介绍到温州吧。我跟他们在南通一起做了两三年，我老公他的朋友就把我介绍到平阳这里了。

问：您先生是哪里人？

X母：他是土生土长的榆垟人。他人很老实的，也不喜欢多说话。他家里有四兄弟和两姊妹。两姊妹已经死了，四兄弟现在都还好的。他们中的一个兄弟在瑞安，就是他的第三个兄弟在瑞安市政府里工作，还有个嫂子是在学校当老师。

问：X的奶奶是和你们生活在一起？

X母：她跟我们住一起，生活在榆垟。我老公的几个兄弟都在外面买了房子，前几年就搬走了，就是我们家穷一点，还住在这里。相比他们，我们家庭条件确实差一点，收入也不高。

问：您现在在哪里工作？

X母：我没有什么稳定工作。我就有时候去厂里做临时工，哪里缺人、哪里有活干，我就去临时帮忙。我没有技术，文化水平也不高，所以也没有人要我们。另外我们也在家里养了几匹马，就在后面的那片地里。

问：X爸爸从事什么工作呢？

X母：他就是养马的，也没有稳定的工作。今天感冒了，现在到镇上的诊所打针去了。

问：是马生病了还是他自己人感冒了？

X母：人感冒了，他身体不好，经常生病，而且也是一个残疾人。他是智力残疾，X也是这样，可能这个病是遗传性的。平时家里的事情都是我来料理，我要照顾X、他爸和奶奶，所有事情都是我一个人来做。

问：你们就只有X一个儿子？

X母：对。我养一个儿子，已经累死了，同样的精力和时间，人家能养十个，我才养一个。X对我也不好，他脾气很差的，他经常说我坏，对他们不好。他从小都在郑楼读书，两三岁就开始去外面读书了。这么多年，待在家里的时间也短。可能因为他一个人在外面生活时间长了，和我们的关系没有那么亲近。

问：上次您说，X刚出生的时候很健康？

X母：对，他生出来很健康，但慢慢到了上幼儿园的时候好像跟人家相比差一点，有时候反应比较慢。

问：几岁上的幼儿园？

X母：刚刚会走路的时候，我就把他送去幼儿园了，就在榆垟当地上的幼儿园。X开口说话也很迟，比别人要慢很多，也是一周零七八个月的时候才开始说话、走路。我们镇上的幼儿园说X人太小了，不要接受他。那时候家里没有钱，我要出去打工赚钱。我老公人老实，我怕他带不好孩子，所以我出去打工的时候，就必须要把他送到幼儿园去。林垟村里的那个幼儿园很小，条件也不好，但是愿意收他，所以X就在这家幼儿园里上了两年。两年以后就回我们这里的幼儿园。在七岁的时候，得了一场脑炎，落下毛病。外面带他去各地看病看了一年，还是没有治好。八岁的时候才上小学一年级。

问：七岁得脑炎，看了一年多？

X母：对，当时我们在温州医学院附属第二医院，现在一直还有在那里看病拿药。那一年我们来回平阳和温州市区无数次，大人辛苦，孩子也受累。

问：小时候，你们带他去过北京，是吗？

X母：那次是带他去北京看病。时间很早了，大概是在七八岁的时候。当时是我们正在温州做康复治疗，医生说最好去北京确认一下能不能痊愈。我们在北京也就是住了两个晚上，也没看出来什么名堂，就回来了。

问：现在还在接受什么方面的治疗？

X母：现在一年还要吃1万多块钱的药。他那个病很麻烦，是一种癫痫，

很难痊愈，只能靠吃药来控制。

问：当时住院住了多久？

X母：我记得当时住院住了好几个月。后来又去了康复医院做了康复治疗，情况好了很多。那时候看病住院开销很大，花了大概三四万。我们一年收入都没有这么多，都是靠找亲戚朋友借钱。

问：您发现 X 得病以后智力有点不正常吗？

X母：嗯，智力发育方面有点不正常。在八岁的时候，X 的个子已经比其他小孩高很多。我们看孩子身体状况恢复了一些，就送他到榆垟镇上的学校读小学。那时候学校的一年级就收两个班级，老师可以挑选学生。当时我觉得那个班主任好一点，比较认真负责，我就把他卡到那个老师的班级里去。老师看到 X 也比较满意。

没想到过了几天，那个老师就把我们叫到学校，对我说："X 学得很差，什么东西都不懂。"老师当时就建议我们把 X 送到郑楼的特殊教育学校去。我记得老师说："我本以为他人很乖，个子又比人家高，现在你的孩子，比人家特别差，你还是送他去郑楼的学校读书吧，那里好，因为孩子在我们这里根本就学不了什么东西。"他的老师不懂也根本不管孩子，所以介绍到郑楼去读书。

郑楼的学校确实很好，一个班也就六七个人，老师也比较有耐心，认真负责。这样，X 就开始到郑楼上学，之后一直在那里读书，所以我们这里附近的学生、小孩子都没和 X 有来往。X 的朋友都是在郑楼那边认识的。

问：得病前后有什么不同吗？

X母：他就是智力、反应很差，现在慢慢地好一点了。最近这两三年的情况已经好多了，看起来像正常人，但是就是比不得，不能和普通小孩比。比起普通小孩的表现还是差一点。

问：得病前，大便小便都能自己解决吗？

X母：这个他自己都会的，生活都能自理，就是反应思维慢一点。他的生活能力我不担心，就是学习和交往能力不行。

问：小时候周围邻居的孩子有欺负过他吗？

X母：有小孩子会说他"你傻的"，我对 X 说："你别理他。"他回来跟我说："我不跟他们说了。"他不承认自己傻的。

问：在郑楼读书，学费如何解决？

X母：郑楼的老师对我们说："你们要给他办个残疾证，因为这里只收残疾人，办个残疾证就可以免费上学。"所以 X 上学是没有学费的，就是半年生活费一共2 000块，吃饭住宿都包含在里面。

问：去郑楼那边上小学，他愿意吗？

X母：他愿意。他小时候上幼儿园不愿意，天天哭。上小学就愿意了。上小学的时候，他也健健康康的，挺好的。

问：在郑楼，和老师同学相处怎么样？

X母：相处还可以，他说老师对他挺好的。他也比较听话，打扫卫生还比较积极。

问：他自己有去同学家玩吗？

X母：他同学都住得很远的，他有时候去玩一下。有两个女同学和X关系很好。

问：他的学习能跟得上吗？

X母：他们的学校也不关注成绩，而且X对学习根本就搞不来，你看现在叫他数到100恐怕还数不齐。

问：在郑楼读书，你们接送X上下学，还是他自己一个人回家？

X母：每隔两个星期放假回来一次，都是他老爸去接。让X一个人回来，我们也不是很放心。

问：周末放假回来都干些什么呢？

X母：他没干什么事情，到现在周末回家以后也没干什么事情，他干不来什么事情。每次回到家里，就是坐那里看电视。

问：在郑楼读书的经历，对X有什么影响？

X母：还可以的，算一个很不错的过程。老师同学对他都很好，自己也学到了一些东西，比如自理能力。他也认识了很多好朋友，平时也有一起出去玩。

问：他在郑楼读了几年书？

X母：九年，八岁去郑楼就读到初中毕业。一直到十七岁才去温州特殊教育学校上职高。今年十九岁，正在上高二嘛。

问：当时为什么要去瓯北的温州市特殊教育学校读书呢？

X母：是郑楼学校的老师介绍过去的。郑楼的老师说："你这个小孩子，他反应慢，平时也好动，整天到处跑。如果不读书，到处走，也没有办法，还不如继续送去读书，学一点技能，将来至少能生活下去。"我们就听了老师的话，送他去温州瓯北读书。瓯北那边的老师也说X在学校表现挺好、挺乖的。

问：你们两个人对X继续读书，想法都是一致的吗？

X母：我们都支持他继续读书，书读多一点总是好一点的嘛。他也没有办法了，在家里我们是管不住他了，关键是他不听你的，脾气很倔。在学校里会好很多，他愿意听老师的话。

问：X在温州特殊教育学校读书的学费是多少？

X母：也是2 000的费用。他没有学费，这2 000块也是生活费。现在学校也给他们补助，所以基本上除了吃穿，平时也没有怎么花钱。

问：到温州读书以后，也是一个礼拜回家一次？

X母：每个星期五下午回来，都是他自己一个人从温州坐车回家。先从永嘉瓯北坐公交车到市区的客运中心，再坐长途中巴到平阳，然后坐公交车到榆垟。

问：第一次送过去以后都是自己回来？

X母：嗯。自己一个人回来。他在这个事情上的智力还可以，自己坐车都没有问题。在学校里，也能洗衣服，被子也都是他自己洗。生活自理能力方面基本上没问题，这也是因为他从小就一个人在学校里生活。

问：是什么时候学会洗衣服洗被子的？

X母：他在郑楼读书的时候，因为个子比较高，学校里管生活的阿公就嫌弃他说："你都这么大了，我不给你洗衣服，你自己洗。如果你不洗，就臭死了。"这也锻炼了他的独立生活能力，这点可能比同年龄的普通小孩都要强。我们一直都没有在他身边，他跟我们两个没什么感情。他没有那么挂念我们，跟我们也没有那么亲热。他这个人，就是比人家差一点，智力跟不上人家，其他方面都还行。

问：在学校都学哪些课，您知道吗？

X母：那我搞不清楚，语文课、数学课应该是有的。其他什么课程我也不清楚，X也很少和我们说上了什么课。

问：他在学校擅长什么课程？

X母：那我不知道。

问：他小时候就喜欢体育运动吗？

X母：嗯，他小时候就喜欢体育。因为他小时候身体素质就比较好，人长得高，体力也好，也喜欢到处跑，所以老师重点让他参加各类体育活动。

问：你知道他喜欢哪些运动吗？

X母：他就喜欢跑步，小时候我也搞不清楚，反正他的学校我也没去过几次。

问：他小时候身体还挺健康？跑得挺快？

X母：再小的时候身体就没有健康，经常会癫痫发作，偶尔也会晕倒。晕倒以后，送到平阳的医院说看不好，每次都要送到温州，一年要去好几次温州的医院看病。

问：您知道他在学校里参加哪些体育项目吗？

X母：那我知道的，主要有足球比赛。还有X自己说，他可以跑步，参加足球比赛，还有打篮球、打网球。

问：你们陪他去参加过比赛吗？

X母：陪孩子参加比赛是没有的，都是老师陪他出去，像温州学校里的老师和温州医学院的老师。这孩子外国去过一次，杭州去过一次，比我们去的地方都要多。在这点上，他经历还是比较丰富的。

问：X是什么时候去外国的？

X母：2016年10月，待了一个星期多一点。

问：他自己说是在美国待了一个月，确定是一个星期多一点吗？

X母：就一个星期多一点，一共也就十来天，也可能不到十天。

问：去美国的时候，你们有没有送他去？

X母：没有。X的堂哥把他从平阳送到温州市区，医学院的老师在那里等着他，车票飞机票都给他买好了，我们没有送他。像之前他去外地，我们都没有陪他，都是老师带着他出去。

问：老师带他去参加体育运动，你们支持吗？

X母：我是非常支持的。他这种人什么都不行，有个运动的爱好和特长也好，可以出去见见世面，不然待在一个地方不动也不好。

问：X是什么时候开始参加这些比赛的？在郑楼的学校就有参加比赛吗？

X母：在郑楼的学校里就有。那时候他是经常去温州参加比赛，也有得奖。现在家里还有很多获奖的奖牌、奖状。

问：X参加浙江省和全国比赛是什么时候？

X母：最早参加体育比赛应该是在郑楼学校读四年级的时候。到了三四年级就开始在鳌江跳舞，然后去温州比赛，比了第一名。之后老师就说你去温州再多读几年书。省里和全国的比赛是什么时候开始去，我也不大清楚了。

问：您觉得孩子参加特奥前后有什么不同？

X母：人变得开朗，也更喜欢运动。现在什么东西都自己去买，比如网球也都是自己买的。他说我需要这个，就自己到平阳去买。他变得更加独立。

他本身也不跟人家玩，很少跟人家玩，所以参加体育运动以后也能认识不少好朋友。

问：这些活动都是通知到他们的学校？

X母：对。事情都是直接通知他们学校，我们一般也是在他比赛回来以后才知道。温州本身也没有多少特奥运动员呀，温州就是X。他每次都是跟老师一起出去参加比赛。

问：他平时回到家里后，还有体育锻炼吗？

X母：在家里的时候，就是出门跑两下，自己打一下球。他买了一个球，自己去外面打那个圆圆的小球。

问：他有没有和你们说过自己参加比赛的事情？

X母：他没有怎么说。具体经历不会说，但要出去参加比赛，什么时候出去他还是会和我们说的。回家以后，得了第几名他也会说。每次回来，他都会带奖牌回来。我家里那些金牌铜牌奖牌很多，差不多有几十个。

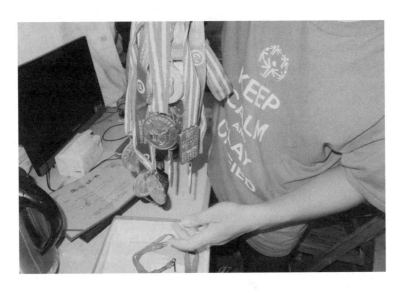

问：一般都是什么名次？

X母：都是一二名。他说："我这次是第二名了。"我说："那你怎么没拿第一名？"他说："第二名总比第三名好吧。"（笑）。

问：除了体育运动，还有其他什么兴趣爱好。

X母：没有。他在家里也没做多少事情。有时候回家了，我叫他给他老爸帮帮忙洗下衣服，他也愿意。不过有时候也叫不动他，会闹别扭，喊叫起来。

不过他自己的衣服都是自己洗，现在生活自理还不错，去年开始好多了，前两年情况更差。前几年他经常癫痫发作，这几年吃了药，情况好多了。

问：他个人卫生还是弄得挺好的。

X母：会弄的，都是他自己搞的，家里收拾都是他自己搞的。X是很独立的小孩子。

问：X的性格脾气怎么样？

X母：性格脾气很不好，很倔的，跟人家小朋友一般的交往都没有。像打球，他就是自己一个人在那里打。

问：跟家里人呢？跟你们相处得怎么样？

X母：也不是很好。他脾气很差，觉得我就是很坏一个人。我说："你没有我，能长这么大吗？"也可能是因为他这么多年都在外面读书，与我们相处的时间不够多，所以关系不够亲密。

问：那他和亲戚之间的关系呢？

X母：不太来往。有时候亲戚叫X去他们家吃饭，他也不太乐意去。过年过节的时候也很少去。

问：你们自己跟亲戚关系怎么样？

X母：他父亲的那些兄弟人很好，对X也很好，都想X去他们家里吃饭，去玩玩，只是X不愿意去。

问：在高中读了两年多了，毕业以后有没有什么打算？

X母：能有什么打算呢？还是要去厂里面打打工，在家里养着是不可能的。

问：我刚刚也问过他，他说自己想看看老师那边有没有实习，如果有可能，他会先去实习。他说也可以跟你去厂里先看一下。学校里的装搭课也有钱给他们。

X母：那没有多少钱，一个月可能就只有100块钱还是几十块钱。

问：钱都给他自己，是吧？

X母：嗯。我说"X，老师那天说给你100块钱，给了没有？"他说"给了"，我说"是不是今天一天赚到这么多钱"，他说"没有，一个月才这么多"。

问：你们有没有给他零花钱？

X母：我都有给他零花钱，我们一个星期给个100、200块钱。我这次给他200块钱，都还不够他花。

问：他可能拿钱来买体育用品。

X母：那不知道，反正花钱主要是在吃饭上。他说："学校里的早餐很难吃，不喜欢吃，我要去外面买早餐吃。"我说："中午跟晚上呢？"他说："中午和晚上的饭菜还好一点，这早餐我真的吃不来，那个面很难吃。"现在孩子也长大了，也有自己的想法，花钱开销是比以前多了。

问：当地村里镇里有没有给你们资助？

X母：有资助的，我们都有补贴，我们属于低保户。低保一个月拿多少，我也搞不清楚，有时候领几百块，有时候领1 000块。

问：X是残疾人，有没有额外的补助？

X母：他以往是没有残疾人的补助，就是今年，这一次才评上去。这一次好像是一个月发125元。现在还没开始领，他是二月生日，到了十八周岁就可以领。可能今年下半年开始有点不一样。那天我问上面的人低保户怎么弄，发多少补助？他说低保户大概一个月有125元钱。

问：X从小受到过哪些社会的帮助？

X母：没什么帮助的，这个都很少。

问：对他将来的生活，您有什么想法吗？

X母：他没有多大的能力，有能力如果能学点什么手艺那就轻松了。他能养活自己就行，我们也没指望他来养我们。

问：你们有没有想过送他去学手艺？

X母：我们想也是想过的，但是不知道送他去哪里学手艺。我们这里的厂里的工作也是很重的体力活，他不可能靠这个生活。

问：你们是否想过送他去温州的工厂里工作？

X母：我也想过，学点什么手艺轻松一点，但是他说太累了。他记性不是太好，手也很笨，没那么灵活，学手艺也很难，看他自己有没有能耐，只能这样平平安安过了。我们这样的家庭条件也很差，希望能有更多的人来关注像X这样的小孩，尤其是他们读完书毕业后的工作。如果X能有工作谋生，我们家里、社会和他本人都会轻松很多。

问：这也是我们访谈的目的，让更多人了解你们的经历，引起社会更广泛的关注。非常感谢您能接受我们的访谈。

X母：也谢谢你们大老远过来。

X 观察日记

观察时间：2017 年 10 月 3 日
观察地点：浙江省温州市平阳县 X 家
观察者、撰稿者：潘立川

时　间	内　容	备　注
10:00—10:10	X 提前到离家 5 分钟的公交车站接观察者。X 打着雨伞，穿着特奥运动的纪念 T 恤。虽然隔着马路，但他一看到公交车上下来的观察者，就立刻迎了上去。	X 家在平阳县榆垟镇下面的农村，附近有县道穿过，县城有多路公交车经过他家，交通还算方便。
10:10—10:15	在回家路上，X 走得很快，并不时回头说，"你走得太慢了"。X 一边带路，一边很高兴地向我们介绍了他家与所在村子的情况，并说了一眼就认出观察者的原因："你长得和那些志愿者哥哥姐姐们一样。"	
10:15—10:20	X 向母亲介绍了来客，并带观察者上楼去他房间。	X 的母亲正在准备午饭，她今天特地买了很多菜。
10:20—10:25	X 继续用手机观看现代言情偶像电视剧。问他在看什么，他说随便看看。同时打开了一瓶王老吉，问："你要不要喝？"得知对方不喝以后，他喝了两口饮料。	X 的房间有一张床和一张书桌，书桌上有一台电脑。房间的墙上是 X 小时候涂鸦留下的痕迹，同时也贴着 X 在学校获得的奖状。
10:25—10:30	看到 X 的桌子上有很多用过的纸巾，问他是否感冒了。他抽了一张擤鼻子，说自己没有感冒，只是鼻子不舒服，而且容易出汗。	
10:30—11:10	X 接受了访谈。	
11:10—11:20	X 在柜子里找出了装有奖牌、奖状的盒子。他仔细地整理了奖牌与奖状，同时说起了获得的时间与地点。	观察者在 X 拎起奖牌展示时，拍了一张照片。

(续表)

时　间	内　容	备　注
11:20—11:50	母亲上来喊 X 下楼吃饭。X 下楼后，帮助母亲把菜端上桌子，同时去叫住在隔壁房子的奶奶过来吃饭。	
12:00—12:20	X 带采访者去马厩看他们家养的马。X 穿过甘蔗地，来到马厩前打开了门。	马厩就在 X 家村后的甘蔗地里。马厩里只有几匹马。听 X 的母亲说，X 没有上学在家休息的时候，也会经常过来喂马。
12:20—12:25	X 与父母一起在家门口拍摄合影。	
12:26	X 回房间里继续看电视。	

小小运动员

——董政昊母亲口述

董政昊，男，2001年出生。有一兄长。现在陕西省西安启智学校就读。轻度智力障碍。有基本的独立生活能力。

口述者：董政昊母亲
访谈者、撰稿者：刘欣欣
访谈时间：2018年1月4日
访谈地点：董家

平凡家庭遭风雨

问：请问，您能谈谈家庭情况吗？

董母：我们俩都是延安的，都是做生意的，我就做一点小生意，开饺子馆什么的。我是二婚，之前离过婚，我是单身，他也是单身。认识的时间也长，两年多，就很自然地走到了一起。我们是2000年……嗯！就是2000年结婚的。

问：之前您有孩子吗？

董母：有，我现在还有一个大儿子在西京学院，今年上大四。

问：董政昊是哪年出生的呢？

董母：董政昊是2001年的11月6号生的。

问：您是怎么发现孩子身体不好的？

董母：他满月那天开始哭，大人也不知道是什么问题。哭得比较厉害，我还跑到延安的中医院去看了一下，说是感冒了给点药。其实那会儿可能已经很严重了，医生可能也不懂。结果到三十五天的时候，头天晚上哭得特别厉害，我一直把他抱在手上，哭得我都不知道他是啥时候哭停的、啥时候睡着的。早上起来，我看着他就吐了一点点，其实那会儿已经昏迷了，俺现在知道的。结果到医院，人家一看就马上往急救室送，颅内出血。

问：他在医院里住了多久？

董母：住了一个月吧。好不容易把头上的血给止住了，他又下呼吸道出血，就是胃出血、便血。这下又是一次病危，没办法，然后就输血，人命给救活了，一个月以后就出院了。再不停地高压氧舱，去了无数回。

问：那他到啥时候状态才开始正常？

董母：当时出院就已经正常了，他只是留下后遗症了。他当时就是脑出血，属于大脑硬膜底下出血，都不是皮层，已经渗到下面了，所以血出得挺多的，挺严重的。当时孩子特别小，治疗及时，加上后来我们全心全意地养他，〔到现在〕就〔算〕是好的奇迹已经发生了。

问：他出院之后身体素质怎么样？

董母：嗯，就是不太好。老是感冒啊或者什么的。再一个他走路，因为左半个脑子带的右半身，所以他好多东西都用的是左手；右半身小的时候就有点不协调，比如说穿鞋的话他就会踩后跟，他就会拧拧子①，没有左脚端正。然后多动，不受控制。他的脾气……有时候一心情不好他想哭了，就没办法。多少人都说他："哭鼻子大王，你又哭啦！"这就是我们给取的名字。

问：孩子的身体有问题，对您和叔叔的打击肯定特别大！

董母：他爸已经快要崩溃了，回家回得也少。回来的时候说不对了，有时候还会吵。反而我这个人，性格强，我在我们家是老大，我什么都靠自己。虽然说我俩是双方喜欢走在一起的，但是这个孩子对家庭带来的毁坏性的作用还是挺大的。

问：您之后还有没有带他去看病求医？

董母：一直在看，中途也去医院里打了无数回针，所有的人都说不顶用。从小时候住完院，不到一岁，那时候有一个机关医院里面卖的一种药叫脑力健嘛，有一种是药块块还有一种是水水，那时候孩子还小不好吃药，那个水水贵，但是我们还尽量给他买水水，吃了很多年。这个孩子就养到了奇迹出现了，到底是那个药起了作用还是咋，这就不知道了，咱也没有两个毛毛②，没有比较。那药吃到六岁以后效果就不好了，孩子小好治疗，所以后来咱就不吃

---

① 方言，意为不端正。

② 董政昊的小名。

这个药了。

可善良的孩子

问：阿姨，他几岁开始上幼儿园啊？

董母：四岁。他比别的孩子晚一年，一般的都是三岁，他要晚一年。

问：在幼儿园，老师有没有跟您反映过孩子有些问题？

董母：有一些小的问题，不听指挥啊，不好好吃饭啊。老师也不会很直接地跟你说，但是意思我懂。可是，我们孩子好的一点就是，命好！遇到了一个特别好的老师，长辫子特别漂亮的老师，所以那几年里，别的孩子欺负他，老师一直在照顾。

问：那您什么时候来的西安呢？

董母：大概是 2009 年的 8 月底下来。因为孩子的幼儿园上完了，学前班上了两年，我说这孩子赶不上就再上一年试试看。那时候就感觉在幼儿园比别的孩子的感知能力慢了半年的样子。但是逐渐地跟正常人的差距就拉大了，小的时候还不是特别明显。

问：来西安遇到了很多困难吧？

董母：下来以后，崩溃了。找了三个学校都进不去，他特别爱动，不受脑子控制，人家老师一看就不要。我也找了很多像阳光家园、新新家园，西安好多地方我都看过，看一次我心凉一次，看一次难过一次。因为那些地方都不是我娃能去的，我觉得我的孩子比他那里的都好得多，正常得多。我也试过，让一个老师一对一教我的孩子。

我还忘了跟你说，小时候为了让他右手写字，我还专门把他幼儿园的班主任老师给雇了过来，雇了三年，就是为了教他用右手写字，我们现在写的字还挺好的。

问：他现在都用右手吗？

董母：他现在就是用右手写字，其他的都用左手。好不容易给纠正过来的。

问：这一点做得还是很成功的。

董母：这是人家老师做得挺成功的。我一天就接送人家老师，就给人家做饭。只要我孩子不哭，老师看着，他那会儿就四五岁，一天能把拼音、生字什么的写个三四页。一天不是两个小时嘛！要是我看着，一天从头哭到尾，连半

页都写不下来。没办法，谁带的孩子，孩子就欺负谁，他在自己亲人跟前任性嘛！要不咋就说，老师教不了自己的孩子，医生看不了自己的病呢！

问：他几岁开始上小学？

董母：应该是七岁，虚岁七岁。我记得就是，下来在西安的时候……我们延安那好像一直说的是虚岁，我们一年级就是下来找的这个启智学校，最开始找的是聋哑二校，找了好多地方都不合适，我们那年上的时候都晚了一两个月，就是找不到学校。后来，终于有一个人说有这么一个学校，我猛然间就觉得有希望了。

问：他在学校听老师的话吗？

董母：很听老师的话。他就是……那种可善良的孩子，所有的东西都是好的，什么都是往好的地方想。一看见路边坐那要饭的，或者有的孩子可怜，他就看我。我知道他看我的意思是让给点钱，我身上有时候会有些钢镚儿啊、几毛毛钱，我就会让他去给。从小到大都是让他去给，他一给就觉得自己心里特别舒服。他看我的表情，我能看得出来。挺好的，咱就说是……咱都是这样的人，力所能及嘛！

问：一般这种类型的孩子会出现各种各样的性格问题，像自闭、暴躁什么的，您孩子有这些表现吗？

董母：这孩子和孩子不一样，有一些孩子是这样。有些孩子脾气暴躁是因为他发不出来，我们这个能说会道的。

小小特奥运动员

问：您是怎么知道特奥会的？

董母：有一天到启智学校，班主任打电话说，有一个特奥会，就是福建的那一次，我也记不清楚是啥时候，我给你看一下时间，这上面写的第五届国际特殊奥林匹克运动会，嗯！第五届。①

问：最开始参加什么项目？

董母：当时一去他就得了三个金牌，他那次参加的田径，跑步、跳远。那次他的年龄在一万多个运动员里是最小的一个，只有八岁多。我一会儿可以给你拿他和那些领导的合照，一会儿给你拿。他还是运动员代表，老师带着他

---

① 应是第五届全国特殊奥林匹克运动会，2010 年在福建福州举行。

去，和邓朴方、回良玉、张海迪合影。那年回来，残联还给奖励了1万块，我说"孩子，真的不错，很优秀"。所以，从那时候起，我又拾起了信心，觉得孩子还是有希望的。

问：那他最喜欢的项目是什么？

董母：我觉得好像还是轮滑吧。

问：他在比赛前的训练里，有没有不想参加训练的时候？

董母：也有，今年有，平常没有。今年的训练就是太累了，一天都不上课，太晒太晒啦！往死晒的那一种，没放假之前太晒了，踢足球，娃们的衣服都全湿透，练得累的回来，躺那两分钟不到就睡着了。

问：他一共参加了几届特奥会？

董母：他在福州这是第一次，还有一些小的比赛。在上海参加了一个手拉手什么的比赛，你查一下就知道了，这就是两三年前。然后在重庆有个青羊区，轮滑参加了一次比赛，我也不知道那是几届。今年去了两次四川，上半年去的是重庆的师范大学，那里头的足球比赛；今年的10月份，又去了一趟眉山市彭山区长寿之乡，又去了一趟轮滑。在前几年，还去了一趟沈阳，也是足球。就是上海我没去，其他我都跟着。

问：每次去比赛，您都跟他一块吗？

董母：嗯，我随他们车一块去。我不是自费嘛！比如说他们买票，我就让老师给我捎着买，反正我在家里一个人待着，他爸爸没回来，我就是一个人在家里。他出去哪里我就跟着，要不然我哪里都去不了，我就跟着他，住得近一点，就感觉心近了一点，操的心不太大，反正在家里操心得睡不着觉。

问：老师要求家长陪同了吗？

董母：老师不要求，是我自己要求的。

问：一起随车去的家长多吗？

董母：家长不多，家长就是每次应该有一两个的样子。

问：每次比赛学校带的学生多吗？

董母：不太多，六七个的样子。足球的那就是体育大学的志愿者和五六个孩子。田径运动那次，他们就是五个孩子。这次好像是六个孩子。

问：他当时比赛的时候，您去现场观看了吗？

董母：看了嘛！我就在台子上。

问：他当时表现怎么样？

董母：表现得还好。那么点的孩子哦，拳头就这么小一点点，跑步就是这样捏起来。我问老师，孩子会不会跑岔了或者跑错跑道了。老师说："不会的，你放心，他脑子里有数呢！"结果人家就没跑错。

问：那他比赛之前紧张吗？

董母：我觉得他不紧张，他不知道是没那根神经还是咋，他好像不紧张。

问：他在比赛之前跟您交流过关于比赛的事情吗？

董母：他是兴奋，他兴奋。你比如说正常人在比赛前打枪的那一下会心里一颤，我咋觉得他没有，他好像不太明显，他就是兴奋。他就觉得可以干什么了。比如你今天和谁约好了，明天要去干个啥，他今天就兴奋得睡不着，"妈妈，咱明天几点走？妈妈，我们啥时候去？"特别喜欢跟人交流。

问：参加完特奥回来有什么变化吗？

董母：他就是特别自信嘛！会给别的孩子说，他去的地方挺好的，都得了金牌，还会上台领奖。

问：他是跟自己的同学说吗？

董母：会说，但是他们的同学，有的是自闭症。有那么一个两个能说上话的，他们会常聊。学校有个老师家的孩子，是脑瘫，他是能说话，他俩经常还聊一聊。

问：能谈谈比赛得奖之后的表现吗？

董母：他就是兴奋嘛！别的孩子得了两个奖得了一个奖，他还一个都没得的时候，就不说话，脸上的表情就是，"啥时候我能得上一块，我一定要努力"。你看他脸上的表情，就是一句话都不说，也没有激动也没有羡慕的眼神，就是特别平稳，这个时候他就沉下来了。他一得奖，他就会说，"妈妈，妈妈，我终于终于得上奖了！这个要是再不拿就丢人死了，我都去了好多回了，每次都能得奖，这次要是没有，太难看了"。他就是这样的人，但是他在没有得到奖的时候，他不表示。

我觉得他已经是大孩子了，他对这个其实也挺看重的，他得上奖以后，我妹妹呀、他爸爸呀信息就马上发过来了，我就会给他看，因为比赛的时候我不让他拿手机，我怕他晚上睡觉的时候看。当时我让他看，他小姨给他发的88块钱，他一看，就会说"不错不错！这个牌子来得真不容易"。他会这样说。

问：家里如果来客人，他会把自己的这些奖牌拿给人家看吗？

董母：会嘛！我们这一大家子就他比较小，我弟弟家的孩子今年十四岁了，人家男孩子也不玩这些，他就拿出来说一说，让别人夸一夸他。

问：参加特奥回来，他在生活方面，交往能力什么的有什么变化吗？

董母：他最起码身体健康了，也锻炼了身体，见识也广了，自信了。他去了很多回，因为他都是老队员了，他就特别自信。

问：他当时是什么原因被选入运动员领袖计划的？

董母：这个我也不清楚。可能因为他年龄最小吧，老师把他带上可能是因为这么小的孩子能得这么多牌子，觉得他很优秀或者怎么样。因为别的人家都是大孩子，咱们陕西队带了两个，另一个是宝鸡的，马某某，是唐宝宝，已经三四十岁了。

问：您对他参加特奥会有什么看法呢？

董母：我觉得挺好的。孩子又长见识，又那么高兴。我们这种孩子又没有什么特别的出路，只要是对他好的，我们都去，都会去。我都一直陪着他。

问：他参加特奥，您的心态有什么变化吗？

董母：我也觉得挺好的，我都已经开朗了很多。要是当初没有这个特奥的话，你说我在那房子里，不知道啥时候才能出来啊！我会不会抑郁得都不能活了？

多彩的学习生活

问：在聋哑二校主要学习的是什么内容？

董母：他主要学的就是拼音那些，a、o、e那些，1、2、3、4那些。当时他们一个班的孩子大小层次不一，老师给教的时候就是分开的，谁跟谁都不一样，不像他们现在班上就是分两类作业，一类稍微难一点，一类简单一点。

问：在聋哑二校上学时最喜欢哪门课程？

董母：他喜欢唱歌，也喜欢体育。画画儿不行，因为他没有逻辑思维。他特别喜欢唱歌，包括现在他一大早起来，拿着手机唱歌，不管他跑不跑调，他都喜欢。

问：他在聋哑二校上了一年？

董母：上了一年，上了一年以后这边学校就成立了，把聋哑二校的启智的孩子就全盘端过来了，所以这边开始就是二年级了。

问：启智学校这个班上人多吗？

董母：就是十来个。

问：到了启智学校，他表现怎样？

董母：挺好的，这边会更好的。他在启智可以说比别的孩子都强。

问：他现在已经自己上下学了？

董母：嗯，已经能自己回来几年了。我都不用接送，反正我在家等着就可以了，中午做好饭等他就行了。

问：他现在上初三了，平常他的作业需要您给他辅导吗？

董母：他现在的作业我都不用给他辅导。小的时候我还看看，现在不用，他都会，比较简单。我尽量在外面买一些书呀、本子呀，填空的那种，但是他只能做一年级，太抽象的也不行。他们不全为了学习，学的是与人接触、待人接物、买买东西或者做做手工呀，学不了更深的东西。他那些作业根本就不用管。现在给他拿着一个小手机，老师发的作业，微信不是给家长加进群了嘛！我能看见，他也能看见。他一进门，自己主动很快就把作业做了。

问：他现在回家一般做啥作业？

董母：就是老师给布置的那些作业。填个空、简单的加减乘除、写一段小日记。

问：写完作业会让您检查吗？

董母：他说不用检查，我就不检查了。原来我检查过，挺好的。比如他周末去打台球了，我就会把作业从他书包里拿出来看一下，老师的评阅也都是好，他写的字也还行。也不是很漂亮，就是能看，比起他们那些孩子算很好了。（董母招呼访谈者进房间看作业）你看看他现在写的字还有点嚣张了，现在都开始带笔了，有点像大孩子写的字了，我都不太管他。现在作业他都可以，我都让他自立。

问：他数学的这些题会问您吗？

董母：这些他都不会问，他都会做。我都不管。有时候他会偷着用计算器。

问：他做完作业一般会干什么？

董母：写完作业就是看电视，看动画片《熊出没》。其他的玩的，就是在手机上唱歌，玩一些手机上导航啊什么的。他现在手机通到啥程度，就是任何有名气的演员、任何伟人他都知道啥时候生啥时候死，而且他都知道每天的天气是什么样的，雾霾指数等。

问：这些东西他都会跟您说吗？

董母：他都会说，他每天都说。他特别清楚这些，我啥不知道就问毛毛，没记起的我就问他，只要不沾上数学、数字的地方，他脑子特别清楚，而且记性好。他在三年级的时候，生字基本上全都会了。他现在比我认的字都多，比我会写得多。我有时候是提笔忘字嘛，他都知道。

问：他记忆力很不错了。

董母：他在语文方面可以，但是他数学就不行了。你比如买个东西，你给他20块钱，1块2块这种整数可以，几块几毛几的这种他就不行了，他就很费劲。

问：老师在他面前有没有表扬过他？

董母：会表扬，现在有一个小男老师，特别表扬他。"你头发长了，快点理一下，不帅了"。你一理完，他就会说，"你看，这样多帅，看我们的帅孩子"。他就特别自信，高兴地说，"妈妈，老师今天又说我帅了"。之后头发一长，我说他，"你头发脏了，该洗了，你一洗人家老师就会说你帅的"。不管谁都爱听好话。

问：嗯。他还是很优秀的。

董母：我也不是要夸自己的孩子，我们孩子在这个学校里就是最好的。他正常学校上不了，进去就是最坏的。但是在这儿，要比好多孩子好一大截，所以放在这边有点亏，但是也没有别处去。我就想，至少我的孩子是快乐的、健康的就行了。我现在也想开了，也想通了。我这下来这么多年，一直都在他身上转，慢慢儿地把自己心胸给打开了。每个家长都会有这么个过程，有这种孩子的家长，尤其严重。

问：放学后还会主动进行一些运动吗？

董母：就是打打篮球呀，踢踢足球什么的。他最喜欢玩的就是打台球，我们大门口这边有一家台球馆，每个周末的中午两点钟左右，我都会给他15块钱，他去打一个小时，他打台球打得特别好。而且他在家里看电视，看斯诺克，从头看到尾，看那个特别认真。他喜欢那个。

教妈妈用电器

问：他的日常生活能力都正常吧？

董母：嗯，正常。其实现在他会洗碗，就是懒得，现在就是有点懒了，不喜欢动。

问：他在家会都您做家务吗？

董母：前两年会，喜欢做饭，老是偷着去煎鸡蛋。现在好像过了那个阶段了哦！我不是老嫌家里弄得脏的，我爱干净，就不让他做，其实这样也不好，应该让他学。有时候，反正他煮挂面，煮个方便面什么的，热个馒头这些都不用管，用微波炉一下就好了哦。

问：这些电器他都会自己使用吗？

董母：家里所有的电器买回来，他都比我会得快，我还在想，"你难道不怕摆弄坏吗？或者你就是这方面比我通？"手机上边有时候我不太懂，我还问他，他都能一下子给我弄好了。

问：这他的房间，平常都是他自己收拾吗？

董母：嗯，就是他自己收拾，今天我把被子拉了一下。这个床他睡下面，他哥哥在上面睡着。我们房子比较小，还有点冷。他的东西都是他自己收拾，我一直要求他把自己的东西收拾好，弄得整整齐齐的。我一天就是光顾他了，又不干啥。

问：现在穿衣服和买衣服这种事情是他自己做还是您买好的？

董母：这个我们孩子不太讲究，我给他买，我这俩孩子都不讲究。

问：他会不会有自己的审美观，会告诉你谁穿得比较好看，他也要买？

董母：有，他看着楼下谁穿得好看，会说。其实这方面他也不太注重，我们这个孩子我从小就给教育得比较好。而且他在两年前眼睛不是还有斜视嘛，好像进了高压氧舱的孩子就是这样，容易斜视。现在我就给他把眼睛矫正了，做了手术，现在就开始帅了。之前眼睛斜视就帅不起来。

问：他除了数学、算数这方面不太好，其他待人接物、与人交往都很正常。

董母：嗯，这些都很正常。

问：平常和亲戚家的小孩交往吗？

董母：有，我尽量让他跟哥哥姐姐在一起。假期放假的时候，我弟弟家还有个孩子，今年十四岁的小伙子，他们俩经常在一起，在那玩手机、聊天什么的。我让他跟这些正常孩子在一起，能懂一些别的东西，因为他很快就长大了。他现在已经十六岁了，我一直都是这样做的。

问：他跟他哥哥的关系怎么样？

董母：挺好的。他哥说啥就是啥，怕人家对他不好，就特别听话。他哥哥要是去哪里，我会让他哥哥带着他出去。他哥哥也特别听话。反正，能为他做的我们都会想办法去做，再做不到的，我们也没办法。

他小时候就喜欢玩小车啊、手枪啊，但是就没见他能喜欢到哪种程度，他的东西就没有保存得好的。他玩着玩着就想把它拆卸开，看看里面有啥，就给弄烂了。他就没有新东西，所有的都是坏的。我就老说他是坏孩子，说他"你看你哥哥的东西都是新的，你的都是坏的"。他就会说："我哥哥就是啥都好，我啥都不好，一天起来就光说我。"接话接得可快了。他在家里还有一大堆的奖牌，现在还有许多都在学校的展厅里面放着。

问：他平常出去是用手机跟您联系？

董母：他用手机，但是我不太让用。有时间就是微信说几句话，不敢让他打电话，要是打电话他就胡打呢。有时候他会点播一些音乐节目，不一定弄出些啥呢。

问：他在微信上跟您聊天是用的拼音吗？

董母：他打字打得特别好。跟我说的话，你就根本看不出来这孩子有问题。比如我出去了或者不在家，他就会问"妈，你快回来了没？""妈，咱一会儿吃啥饭啊？"打字打得特别好，特别准确，从来没有错别字，比我利索多了。他就是特别刻板，老师教的什么就是什么。

问：一般出去旅游，都是您一个带着他去吗？他爸爸去吗？

董母：他爸爸不爱出去，从不带我们出去玩，连一回都没有。他就是说让我把钱拿上，带孩子出去。

未来成个家开个店

问：您还想让他参加类似特奥的这种体育活动吗？

董母：肯定想嘛！只要他有这样的活动，我肯定想让他继续参加，多点见识也好。

问：他还要在西安启智学校上几年学呢？

董母：他现在是初三，九年级，上完以后，还有三年的职业年级，就像职高一样，就是培养技能的。

问：他有没有跟您交流过以后想干什么？

董母：他也没说干啥，我看他那里头学的课程是陶泥、穿珠子，再然后就是做饭，我感觉那几个最合适他的就是做饭。因为穿珠子，他右手是正常的，但就是不常用，没有左手灵便。做饭是因为他爱吃，有的时候他在电视上还看看那些做饭的节目呢，我觉得应该多少对他有一些启发。再别的，咱走上社会，咱也不知道他能干啥。

问：您希望他以后出去找个工作吗？

董母：肯定希望嘛！在不太受气的情况下，无论干个啥都行。这不是为了挣钱，是让孩子有个事干。最起码他不会在家里生气，还能跟人交流。但是我觉得现在社会上接纳这些孩子还是挺难的，我觉得我们还是挺难的。

问：您知道阳光之家吗？

董母：知道。

问：您是从什么渠道知道的？

董母：我都去过。因为放假的时候孩子不是没法儿出去嘛！西安这边放假得两个月呢，我这个时间就去过几个地方，我就想着假期能不能托养在那些地方。结果去了，那些孩子我都看不上，我觉得都不如这个学校的孩子，都差得很远，会把孩子带跑偏。

问：这期间一直都没打算把他送过去吗？

董母：没有，我不打算把他送那去。将来实在不行的话，我就去开个早餐店啊，小小地弄个什么东西，带上孩子，我俩一起过。让他做一些自己力所能及的事情，这也算一份工作，不一定非要……能融入社会更好，但是如果实在受气得不行，那还不如我自己带着。再说，我一直是做生意的，我也不愁。现在不是他还在上学着呢，我这一天三顿给他做饭，我也脱不开身。

问：他毕业之后基本上就二十岁左右，您对他以后有什么打算？

董母：我是想肯定没什么单位会接受我们，找点活也挺难的。我就自己给他弄个什么工作，然后再看哪里能找到，哪怕丑一点的媳妇儿（笑），否则怎么办呢？我们这个孩子，我觉得应该是可以的，因为他特别好，不像有些不行的孩子。他还给我说，"妈妈，你看哥哥都有女朋友，我这种人将来肯定没有女朋友"。

问：他对于自己身体方面的问题，会自卑吗？

董母：会有一点，比如说他说这句话的时候，就说得我可难受了。"不害怕，妈妈到时候想办法给你找一个"。我就这样安慰他。他就会说像哥哥那样的可以找到女朋友，我这样的肯定没人跟。我就说能找到。他还说，"谁跟我啊，傻了吧唧的"。我说哪里傻了，一点都不傻。我看着挺好的，我自己的孩子咋傻了。

我怕他这种心理，所以我就想着，给他找个肢体稍微残疾的，能来当掌柜的①，懂怎么花钱，带个孩子也挺好的。反正我现在就是这样想着呢，我现在也给我周围的朋友说了，看谁家亲戚有认识远一点的、农村的、肢体上有点残疾的人，之后我们就凑在一起过。不要求很漂亮，就是乖乖的。在我没有任何问题的时候，我可以把他们伺候好，会给他们带孩子的。

问：嗯，现在他有没有享受政府的补贴或者福利政策？

董母：没有。就是办了个残疾证。前两年的时候，政府给孩子一月60块，最后涨到了100块。那个钱领了两年了。残疾证办了很多年了，八九岁的时候就办了。

问：这个补贴是这两年才给的吗？

董母：好像两年前给的。我们那边的补贴要跟贫困户挂钩呢，但是我们还没到那种贫困的程度。所以说，这不是只要是残疾就给钱的这种。这个事还不知道咋弄的，还不知道他爸到底是咋弄的。

问：那您户口都是在延安吗？

董母：嗯，在延安呢！办手续啥的都得在那边办。我还想着把户口弄下来呢，弄到西安来以后，不管有啥事在西安这边就要方便一些，这两年就考虑这个事情呢。

问：他一会儿放学回来是自己回还是您接他呢？

董母：他自己回来，不用接，他自己拿了钥匙，一会儿就回来了。他会开门锁门，我有时候还会忘记锁门，他忘不了。他这些地方都挺好。就是没有逻辑思维，你如果让他写个作文，画个画啥的他就弄不了，难死他了。

问：好的，阿姨，咱今天就先说到这里，辛苦您了，谢谢啦！

---

① 意为管家里的钱财。

董政昊的老师口述

口述者：董政昊的班主任柴老师，女
访谈者、撰稿者：刘欣欣
访谈时间：2018 年 1 月 4 日
访谈地点：西安启智学校

柴老师从董政昊三年级来西安启智学校上学起，到现在九年级，一直是他的班主任。教授的课程是生活数学。

问：老师，请您说一下第一次见到董政昊时的情况。

柴：我带董政昊的时候，好像他是八岁。他原来在西安市第二聋哑学校。他当时就是多动，很不好管理。我记得最清楚的就是，他妈妈带他来学校，我跟他妈妈谈话，他就静不下来，一直动。在桌子上上来下去，上来下去，根本就坐不住。课堂上三十分钟都不行，特别好动。当时就是这样，慢慢跟学校配合之后就好点了。

孩子还是很聪明的，他是学好的很慢，学坏的很快。不停有坏毛病出现，我们不停地给他纠正。但是他学习还是很好的，接触新知识比较快。就是习惯行为来说，跟正常孩子差一些。他蛮聪明的。

问：他在班级里和同学之间的关系怎么样？

柴：处得很好。他就是交流方式不对，他不知道怎么去跟孩子交流。他有一个好的习惯就是，不欺负孩子。虽然他在班里个子最高、能力最强，可是他不去欺负同学。

问：他跟大家的交流的方式是怎样的？

柴：他到现在都没有一个正当的交流方式，比如他要跟你说话，就是"嗨"，然后拍你一下。尽管你不断地给他演示，教他，但是他还是不行。教的时候他是会了，会正确地打招呼，结果实际应用的时候还是掌握不了。

你看看我们办公室和教室都是连接起来的，就是说他在学校的这段时间内，都是在老师的视线范围内，随时都在观察他。我们这的孩子不是在某一节课，或者某一个时间来教。我们属于随时发现，随时订正。

问：老师您说他，他会带情绪吗？

柴：小的时候有。小的时候他总认为在批评他，他不理解，就会有抵抗的情绪。现在，有时候一个眼神，他都会知道了。他现在也有自尊心了，也长大了，我也不能老批评他，看一下他，他就知道刚才那个行为或者动作不合适了。比如有时候大声喊一下他的名字，他就会知道是做错了。

他在家里会跟妈妈顶撞啥的，他妈妈也会给我打电话说这个情况，就让我出面说他。我就会在教室里开班会，也不点名，就说我们班的同学最近在家里什么情况，我一一列举出来，大家一起来讨论这个事情。这样一来，他就知道是在说他，回头再回访，他妈妈就会说有很大的改变了，很听话了。他很听老师的话。

问：他的学习情况怎么样呢？

柴：学习好，我刚才就跟你说了，这个娃学习上面基本没啥障碍。接触新知识快，但是就是忘得也快。知识要不停地反复给他讲，我们这个教材的编排也是螺旋式上升，就是前进的少，复习的比较多，进三步、退两步的那种。每节课他会按照要求去掌握知识点，但下课后就会忘记，得不停地给他说。

问：他比较擅长的是什么学科呢？

柴：我们现在开的这些课他都比较擅长。像音乐课、美术课，他就是美术差一点。其他的都很好，属于在前茅的。

问：他当时去参加特奥是你们推荐的吗？

柴：也是选拔。先是班里面班主任老师推荐一些比较好的学生，然后学校再去选拔，就这样一个程序。

问：他当时就已经表现出运动的天赋了吗？

柴：有特长。相对别的孩子来说，比较好一些。

问：他比较擅长哪个运动呢？

柴：跑步，之后就接触了轮滑。现在就主要是轮滑。

问：他性格属于哪一类的呢？

柴：开朗，但是他不会主动去交流。要是大家在一起，就会有说有笑的。要是把他单独弄出来，他就不开口。他说第一句话特别难，要启发他好长时间，他就是站在那里不说，可能这也是学生的心理障碍吧。要是把他第一句话启发出来了，下面他就能正常地发挥。

你看我们班里，有一个轮流升国旗，国旗下的讲话，基本都是他去，代表我们班。他在我们班属于表达能力比较好的了，就是如果突然把他叫上来，开口很难，之后就好了。

问：您一般用什么方法启发他呢？

柴：一般就是告诉他怎么说。他说出来一句之后，就可以顺着这个思路说下去。

问：他当时参加完特奥回来，跟大家说起过关于特奥的事情吗？

柴：说。大家坐在一起让他说，他就会说出来，这个氛围要好。你让他一个人起来的话，就不行了。教室里把他们参加特奥会的照片贴在那里了，他有时候就会很得意地给大家介绍，说这是我们干啥干啥去了，他会主动讲这些。他在这里面算是程度比较好的了。

问：他的家庭作业或者课堂作业都是独立完成吗？

柴：都是独立完成。在课堂讲的知识，他都能很快接受，就是需要反复地复习。在他的轮滑队里面，他都是属于程度好的了。

问：班上有跟他关系比较好的同学吗？

柴：有啊，像罗同学啊等等，就关系很好，我们班基本都很好，也不打架。他在个人卫生方面也很好，因为他不在学校住，属于走读。

在学校或者班级里来说，他就是老师的小助手，像班里的搞卫生活动啊，基本都是他负责。他会帮我们干很多事情，班务管理类的，像拖地、扫地、提水都是他。我们班十三个人，可以说他就是班长了。

问：他有没有和您有过矛盾呢？

柴：有，那都是小时候的事情了。因为他不理解，我是在教育他帮助他。他就会带情绪，也不是说和你正面起冲突，他就是不听，自己很生气的那种。就是各种不愿意，不高兴，现在都很好了。

问：他在这个学校上到九年级之后，是转到职业班吗？

柴：是的，就是转到职业班了。

问：那职业班还是您带吗？

柴：那不一定的。职业班开设的课程很多的，像家政服务之类的很多课程。

问：那现阶段他学习的是什么内容呢？

柴：现在就是生活语文、生活数学、家政、美术、音乐、体育和计算机这些。我主要带的是生活数学和家政。我们这些学生里面他是很好的，因为我们的学生普遍逻辑思维能力很差，他算是很不错了。生活数学，就是教他们一些和生活实际相关的，买东西之类的。

问：您觉得董政昊从八岁多到现在有什么变化吗？

柴：这变化太大了，他妈妈在这方面应该有最深的感受。当时来的时候，他妈妈都惆怅得不得了，都不愿意出门见人，你看看他妈妈现在多有自信心。他刚来的时候可以说是我们班最差最差的学生，他是插在我们班的，啥啥都不会，学习也不会，各种习惯也没有。上课还老喜欢打别的学生，骚扰人家上课，就没有上课的意识，下课了呢就只会去捣乱。来到这了以后呢，发展到现在这个程度，我感觉很满意。

他已经很好了。我有时候要是去教务上领个东西啥的，我都让他去，他能很好地完成。比较难的我会给他写个条子，他拿着东西就过去了。

问：他有没有做过什么您觉得印象比较深的事情？

柴：就是小时候调皮捣蛋印象深刻。现在我一下子也想不起来，现在很好了。现在班里的卫生啥我都不用操心，他可以打理得很好。他中午不在这，他回家吃饭。我们要把他送到门口，他就自己知道路回去了，来的时候也是自己来。他妈妈之前会来接送，当他妈妈认为可以了，他自己可以来回上下学了，就会跟学校协商。

问：您觉得他现在还有什么待改进的地方？

柴：这个娃就是融入社会之后跟人交流这方面有问题，不能主动跟人交流，去表达自己的想法。只能大家一起的时候才可以，尤其是跟生人，你要跟他说话，他就会有点担心。

问：好的，谢谢老师！

董政昊的同学口述

口述者：董政昊的同学
访谈者、撰稿者：刘欣欣
访谈时间：2018 年 1 月 4 号
访谈地点：西安启智学校

该同学跟董政昊从三年级开始一直是同学，智障程度较严重，不能完整地表述。

问：你和董政昊平时关系好吗？

同学：嗯。

问：那他平常喜欢干什么呢？

同学：他就是喜欢，滑轮滑。喜欢有很多很多的好朋友，陪他玩。

问：他喜欢和你玩吗？

同学：喜欢。

问：他学习好吗？

同学：学习好。我和他不是一个班的。

问：你们平常上什么课在一起呢？

同学：就是轮滑课，还有体能训练。他们班有一个女同学，跟他关系很好。

问：他跟你们在一起的时候都玩些什么呢？

同学：就是说说话啊，玩一些有趣的东西啊，聊天。

问：他喜欢和你聊什么呢？

同学：他喜欢和我说他家里的事情。

问：什么事情呢？

同学：说……说一些我不知道的事情。他家的事情很多，但是我都记不得了。我见过董政昊他妈妈，他妈妈来接他。

问：他妈妈现在还来接吗？

同学：不接了，他自己回家了。他家就在东泰住着，所以他回家。他自己可以。

问：你们中午都在这吃饭吗？

同学：是的，董政昊不是，他是回家吃，睡觉，睡起来之后下午再来上课。我中午在这吃饭睡觉。

问：他回家的路上有同学和他一起吗？

同学：有啊，有两个。他们三个人，他们三个人走路上会聊天，因为他们告诉我了。董政昊给我说，他在他们班学习可好了。

问：你们俩什么时候认识了？

同学：不知道，就认识到现在了。

问：他和别的同学之间有矛盾吗？

同学：没有。有的同学不听话，董政昊就会发飙的，因为他们老惹董政昊生气。董政昊是班长，他们九年级的班长，他们马老师选的。他最喜欢的就是轮滑和踢足球。

问：他轮滑和足球都玩得很好吗？

同学：是的，很好。他在我们这里都很好了。他前几天还给我带了小橘子，我给他带了口香糖和瓜子，他说谢谢我。我说不用谢。同学要互相帮助呢，对吧。董政昊在班里，同学们喜欢跟他玩。

问：好的，谢谢你啦！

董政昊学校生活观察日记

观察时间：2018 年 1 月 4 日

观察地点：西安启智学校

观察者、撰稿者：刘欣欣

下大雪，体育课在室外进行

时　间	工作内容	备　注
14：30	到达操场。	
14：31	开始组队，老师点名。董政昊帮助老师组织学生，对不听话的一个小男生说"快点过来"。	
14：35	老师让他带两个男生去拿堆雪人的工具，他很开心地就去了，去的路上跟同学打闹。	拉扯跟自己走的一个男生的帽子。
14：40	把铲子手套等工具拿回来，他拿得最多。	和同学聊天，有说有笑。
14：45	开始帮同学铲雪，别的同学在那里堆雪人。自己也很开心。会时不时地把雪洒在别的同学身上，一直笑。	
14：50	跟同学一起堆雪人。	铲了足够用的雪。
14：55	跟同学一起堆雪人。	
15：00	跟同学一起堆雪人。	和同学聊天，有说有笑。
15：05	跟同学一起堆雪人。	
15：10	跟同学一起堆雪人。	和同学聊天，有说有笑。
15：15	做好雪人，他去喊老师来看，用手拉着自己的体育老师。	
15：25	老师让大家停下手中的活，他就站在老师跟前，跟同学之间做一些小动作，眼神交流等。	
15：30	老师总结了这节课大家的成果，并表扬了他，说他为班级做贡献。他很开心，向同学炫耀，说"看我多厉害"。和同学一起下课回到教室，路上一直在聊自己的劲儿有多大。	结束课程，和同学开心地打闹着聊天，回到教室。

图书在版编目(CIP)数据

这一次　请听我说.特奥运动员领袖卷/廖梅总主
编;蔡丽娟主编.—上海:上海人民出版社,2021
(特奥口述史)
ISBN 978 - 7 - 208 - 16896 - 1

Ⅰ.①这… Ⅱ.①廖… ②蔡… Ⅲ.①人物-访问记
-中国-现代 Ⅳ.①K820.7

中国版本图书馆 CIP 数据核字(2021)第 002567 号

责任编辑　邵　冲
封面设计　陈酌工作室

特奥口述史
廖　梅 总主编

这一次　请听我说·特奥运动员领袖卷
蔡丽娟 主编

出　　版　上海人民出版社
　　　　　(200001　上海福建中路 193 号)
发　　行　上海人民出版社发行中心
印　　刷　上海商务联西印刷有限公司
开　　本　720×1000　1/16
印　　张　22.5
插　　页　2
字　　数　382,000
版　　次　2021 年 7 月第 1 版
印　　次　2021 年 7 月第 1 次印刷
ISBN 978 - 7 - 208 - 16896 - 1/K · 3039
定　　价　88.00 元